# El tres de Oros
# y el cuatro de Espadas

Ricardo Herranz Barquinero

# *El tres de oros
y el cuatro de espadas*

AACHE Ediciones
*Guadalajara 2024*

aache
ediciones

78

colección LETRAS MAYÚSCULAS

© Ricardo Herranz Barquinero, de los textos. 2024.

Cubierta: composición por Ángela Herranz Bailón.

Producción, maquetación y edición electrónica:
**AACHE Ediciones**
C/ Malvarrosa, 2 (Las Lomas) – Telef. 949 220 438
19005 – Guadalajara
E–Mail: editorial@aache.com
Internet: www.aache.com

Impresión:
**PodiPrint**
C/ Cueva de Viera, 2
29200 – Antequera (Málaga)

*Impreso en España – Printed in Spain.*

ISBN 978–84–19813–37–4
Depósito Legal: GU–111/2024

*A mis padres, que lo dieron todo por mí,
me transmitieron valores,
la guía más importante para caminar por la vida.
Y gracias a ellos soy lo que soy.*

# ÍNDICE

# AGRADECIMIENTOS

A mi hija Ángela por los arreglos, y su portada tan bonita. A mis hermanos Ana y Jaime por la labor divulgativa de la obra y por todo su apoyo.

Y como siempre a Antonio Herrera Casado, entre otras muchas cosas Cronista Provincial de Guadalajara (desde febrero de 1973), muy propio para enlazar con pueblos del señorío de Molina como la propia Molina de Aragón y Tortuera, por sus acertadas palabras. Alguien muy especial que siempre me ha acompañado en mi trayectoria literaria.

# PRÓLOGO

Hace ya muchos años que viajé a Concha, uno de los pueblos de la sesma del Campo del Señorío de Molina, y allí me enteré, hablando con el paisanaje, que por medio del pueblo cruzaba el Camino Real que de Madrid llevaba a Aragón, siendo poco más adelante Tortuera y Embid los lugares de aduana y frontera de los reinos castellano y aragonés. En charla con los habitantes de la que entonces todavía llamaban la Casa del Mayorazgo, me sumí en el túnel del tiempo, de forma sencilla pero muy efectiva, y tras largo parlamento sobre los viajeros ilustres que por allí habían pasado, incluidos los reyes de España en varias ocasiones, subí al tinado de la casa, donde un gran baúl contenía objetos misceláneos, y sobre todo libros, viejos libros de los que entre todos escogí uno, enorme, de casi mil páginas de pergamino escrito a mano con letra apretada, encuadernado en piel y cerrado el conjunto por unos cordones de cuero, que tras su lectura resultó ser el manuscrito primero de la "Historia del Señorío de Molina" que había escrito en el siglo XVII el regidor municipal  y capitán de las milicias del territorio don Diego Sánchez de Portocarrero, de la Orden de Calatrava por más señas. Tras muchos y complejos avatares, ese manuscrito –que reunía todas las características del viejo libro conteniendo historias verdaderas y sueños infantiles– se guarda hoy en el Archivo Regional de Historia.

Con esta noticia pretendo dar paso a la novela que nos ofrece Ricardo Herranz Barquinero, en la que Molina de Aragón, su castillo, y sus historias antiguas, juegan un papel fundamental, teniendo además un hilo conductor que sí pudiera parecer imaginativo y mágico, está anclado en la realidad que he querido exponer al principio de este prólogo: que esos libros viejos, cubiertos de polvo, rellenos de mensajes mágicos, cerrados por llaves a las que solo se llega tras descifrar jeroglíficos, existen en realidad, y al menos una vez en la vida, uno se los encuentra y de ellos puede sacar ovillos y cataratas, porque la vida antigua se enreda en cada página, y sus historias salen y nos rodean, y nos ponen delante nuevos caminos por los que transitar.

El libro añade un estudio exhaustivo sobre las pirámides de Egipto, y unos apuntes sobre numerología, llevando al lector desde la insondable profundidad de las técnicas, autorías y significados de los más grandes edificios de la Humanidad, a las correlaciones que las cosas tienen, en su elemento numérico, en insospechadas relaciones. Esa pasión por el análisis de los números como contenedores de mensajes parece ser la pasión por encontrar el "número de destino" del propio autor. Que se afana en buscar relaciones entre hechos, memorias y lugares. De Pitágoras toma la búsqueda del "número de misión" o lección de vida. Y en esa indagación prosigue durante páginas, poniendo cifras piramidales, fechas de nacimiento y muerte, e incluso sugerencias para conseguir favorables números de la Lotería. En un momento del libro, Herranz nos dice que *"los números, si estás atento, ves cómo nos transmiten siempre información"*. Acaba esa parcela de la obra con su sorpresa por ver cómo siempre que jugaba a las cartas con su madre, le caían el tres de oros y el cuatro de espadas, sacando conclusiones de ese hecho.

El libro acaba con un retrato y memoria de la madre del autor, recientemente fallecida, a cuyo recuerdo van dedicadas todas las líneas del libro, pero sin olvidar tampoco a su padre aunque ya han pasado 17 años. Un libro, este "Tres de Oros y cuatro de Espadas" de Herranz Barquinero, que en su amalgama de ideas, temas, y propuestas, viene a transmitir su profunda convicción de cómo todas las cosas (las visibles, las invisibles, las pasadas y las por venir) están estrechamente relacionadas, y esa serpiente (o catarata, la llaman otros) que con el nombre de vida se nos escapa de las manos, tiene un origen y un final seguros, previstos, insustituibles.

**Antonio Herrera Casado**
*Cronista Provincial de Guadalajara*

# INTRODUCCIÓN

Nos encontramos de repente "caminando por la vida", que diría el cantante Melendi, y a veces no sabemos muy bien cuál es el papel que tenemos que jugar aquí. En ocasiones lo hacemos viviendo como máquinas, unas veces repitiendo los días sin aprender nada, otras veces la vida nos pasa y en otras nos sobrepasa. Por eso en esta novela con notas de ciencia, una pizca de magia y misterio, y mucho número necesario para describir y comparar todo lo que está a nuestro alrededor, he querido fijarme un poco en el pasado, para sacar conclusiones de él. Pues como diría el filósofo George Santayana, "aquellos que no pueden recordar el pasado están condenados a repetirlo" (frase inmortalizada a la entrada del campo de exterminio nazi de Auschwitz, en Polonia).

De esta forma, me he querido fijar en dos acontecimientos históricos: uno de ellos las pandemias que ha sufrido la humanidad desde el siglo XIV hasta ahora y lo que nos ha aportado, pues todas las cosas en la vida tienen su lado bueno y su lado malo. El malo ya lo conocemos, pero tiene el lado bueno de concienciarnos para, en el futuro, estar mejor preparados y que no nos vuelva a ocurrir lo mismo. Aunque por desgracia, la historia nos ha demostrado que todo vuelve a pasar de nuevo. Pero al menos no nos quedamos de brazos cruzados sin hacer nada.

Y el otro punto que describo es un hito histórico por excelencia, como son las Pirámides de Egipto, que "nos pellizcan" para que nos demos cuenta que ante nosotros tenemos algo grandioso, un regalo para disfrutar y para pensar en todo lo que nos aporta y sobre todo cómo fueron creadas de forma tan perfecta, hace tanto tiempo y con unos materiales tan rudimentarios.

Tras estas reflexiones termino con un pequeño recuerdo a mis padres. Ellos actúan como guías espirituales. Unas veces a través de señales infantiles utilizando juguetes, y en otras por medio de gestos o actos muy sutiles que nos transmiten datos o información con algún significado especial. Al final nos damos cuenta que siempre están ahí para ayudarnos y llevarnos de la mano por el camino correcto.

Ah, por cierto, en la misa por mi madre, el reciente 3 de agosto, observamos que "la orquídea del tanatario" (que con todo el sentido nos habían dicho que era suya y debía acompañarla hasta el final), no solamente estaba bien a pesar del tiempo transcurrido desde el 24 de junio, sino que lucía espléndida en el altar de la Iglesia de Tortuera, a pesar de que como es bien sabido, necesita mucha luminosidad… Toda una señal…

## "EL VIAJE"

El portazo fue ensordecedor. Al igual que las pisadas y carreras para llegar a la puerta. Y no digamos la alarma que sonó pasado el punto de control. Supongo que esto último, por sí solo, habría bastado para despertar de su rutina a un pueblo de 3.275 habitantes, alejado del mundanal ruido, pero que tenía algo muy valioso que lo hacía distinto a los demás pueblos.

Algo me había llevado hasta allí aquel jueves 30 de enero de 2020. En el trabajo había pedido el día. Aún lo tenía pendiente del año anterior, y tenía que cogerlo antes de que acabara el mes si no quería perderlo.

Por mi parte, yo lo que buscaba ya lo tenía conmigo, y a buen recaudo dentro de mi mochila. Por tanto, nada más cerrar la puerta a mi espalda, tras aquel sonoro portazo, resoplé profundamente y me puse a caminar, muy, muy despacio. Al menos, eso era lo que yo pensaba que debía hacer para no ser descubierto y tener que rendir cuentas por aquello que me había llevado sin tener porqué hacerlo. Mientras caminaba pensaba que había hecho lo correcto. Había leído una y otra vez aquel letrero que con letras grandes decía "Ejemplares sólo para consulta en Sala". Sin embargo, en ese momento no había tenido la misma paciencia que ahora sí tenía para caminar despacio. Tenía ansiedad, mucha ansiedad, pero a la vez quería leerlo con calma, tranquilamente, más adelante. Estaba claro que yo mismo era pura contradicción…

Aquella sensación de calma tensa me relajó tanto que volví mis pensamientos al momento anterior de haber iniciado la búsqueda por internet. Antes de saber, según aquella base de datos, que solamente había un ejemplar disponible en toda España, y que estaba a 187 kilómetros de donde vivía, en una provincia limítrofe, aunque por la coletilla "de Aragón" diríase que estuviera mucho más lejos. Se trataba de Molina de Aragón, aquel municipio conocido sólo por ser el pueblo más frío de España, aunque tenga otras muchas características interesantes. Por eso me propuse descubrirlas aquel día…

Caminando por el Puente Viejo, sobre el río Gallo, mi imaginación echó a volar, feliz porque ahora tenía en mi mochila un libro muy antiguo y valioso, pero temeroso porque en cualquier momento podrían "echarme el guante".

Despacio, muy despacio, me apoyé sobre la piedra del puente, y mirando las aguas cristalinas del río mis pensamientos se fueron, lenta, muy lentamente...

No había planificado el viaje. Había sido una decisión precipitada. Únicamente había tenido tiempo de coger una mochila. Por un momento me vi emulando a Cela en su "Viaje a la Alcarria". Y ahora quería aprovechar la mejor ocasión para leerlo con avidez, aunque no sería fácil, pues había observado que aquel libro antiguo tenía una apertura complicada… una pequeña cerradura metálica que requería de una llave para poder abrirla, por lo que necesitaba mucha tranquilidad para pensar, y encontrar el sitio adecuado que me diera la pista idónea para averiguar cómo abrir aquel complejo libro...

Pensaba, aunque no era así, que llevaba horas caminando. Entonces, de pronto, el brillo de la luz cambió. El día era fresco y limpio, cargado de repente del aroma de la vegetación. Se notaba una débil brisa, con un ligero enfriamiento del aire. Esto me hizo despertar de mi letargo. De nuevo, mi mente se trasladó al momento anterior a que pudiera localizar aquel ejemplar único...

Mi imaginación voló al momento en que vi aquella escalera de caracol que conducía a un pasillo amplio y de alto techo, cuyo final daba a una galería directamente sobre la terraza. En el otro extremo de la galería, encastrada en la pared de roco, había una enorme puerta metálica, cuya superficie de color negro azabache mostraba los mismos intrincados dibujos que ya había tenido ocasión de ver en la puerta interior.

Siete escalones descendían a una espaciosa habitación, iluminada desde lo alto por una enorme lámpara con forma de estrella. En el centro mismo de la habitación se alzaba un estrado rodeado por tres plataformas con forma de escalones. Sobre el estrado había cinco grandes pedestales de granito. Entonces, miré a mí alrededor, y lo que vi me impresionó. Las paredes estaban cubiertas por enormes estanterías hechas de grandes bloques de piedra, y en las estanterías había cientos, tal vez miles, de libros encuadernados en piel. De todos ellos sobresalía uno grande y misterioso, que acumulaba polvo cuando los que estaban a su alrededor estaban limpios. Pedí que me lo bajaran para echarle un vistazo. Como era voluminoso, su peso se multiplicó al caer sobre la mesa. El ruido que causó el impacto, y la enorme cantidad de polvo que levantó, hizo que volviera una vez más a aquel momento antes de entrar en el pueblo...

Desde la ventanilla del coche de línea (un autocar de la empresa Samar), había contemplado justo antes de llegar a Molina, su Castillo, en todo su esplendor y me había quedado maravillado de su magnitud. El famoso Castillo en que habitó el Cid, que se caracterizó en su exilio por ser amigo de los caudillos musulmanes, y aliarse en ocasiones con ellos en expediciones militares. El Castillo, propiamente dicho, fue obra de Don Manrique, primer señor de Molina de Aragón en el siglo XII. Es espectacular porque en su interior hay bóvedas de crucería, y escritos de soldados que en diferentes épocas ocuparon la fortaleza. En el patio de armas, la residencia del señor, caballerizas, horno, habitaciones, pozo, aljibe, almacenes y calabozo. Pero lo que más me intriga es su inmensidad exterior. Aquellas murallas que no tienen fin, no dejan de asombrarme, por lo que fácilmente me trasladaron a otra época...

Necesitaba esconderme, no obstante me había apropiado de algo ajeno y muy extraño. Era un objeto curioso, puesto que yo sí había visto libros antiguos con la cubierta de piel de vaca y ojales para meter dentro botones artesanales de cuerda, pero no un libro que para abrirse necesitara una llave. De repente me vi caminando por el barrio de la judería, que se extendía desde la calle Arriba hasta la parte baja del Castillo, donde unas recientes excavaciones habían sacado a la luz restos de una sinagoga, con yeserías semejantes a las de la sinagoga de Santa María la Blanca de Toledo, un lagar, la escuela talmúdica, e incluso un hospital.

De ahí me bajé al Monasterio de San Francisco. Fundado a finales del siglo XIII y en la actualidad ocupado por una Residencia de la Tercera Edad, atendida por las Hermanas de la Caridad de Santa Ana, más otra pequeña parte que aloja el Museo Comarcal de Molina de Aragón. Fui hasta allí porque me llamó la atención su torre y el Giraldo de Molina. La torre de la iglesia parece ser que es de finales del siglo XVIII, es de planta cuadrada y tiene tres cuerpos, dos de los cuales sobresalen por encima de la cubierta del templo. En el cuerpo superior de la torre, que está adornado con capiteles y molduras, están colocadas varias campanas, y la torre está rematada por una cúpula sobre la que descansa una veleta de madera, forrada con chapas metálicas, que representa a un arcángel portando a una bandera, que es conocido como el Giraldo de Molina.

Muy cerquita de aquí vi que se encontraba el Museo de Molina. Como estaba confuso y necesitaba respuestas, me metí en él. Este Museo es un estupendo lugar para realizar un viaje a través del tiempo, retrocediendo millones de años a través de cada una de las salas temáticas. Un buen sitio para conocer y aprender el desarrollo de todos los seres que habitaron nuestro planeta, incluido el Ser Humano...

## "La exposición sobre las Pandemias"

De repente me encontré en una sala, concentrado en una interesante explicación sobre la Edad Media, me pareció muy curioso cómo describían esta época tan sombría. El relato era algo así:

"En la segunda mitad del siglo XIV, Europa sufrió un azote terrible, la Peste, que en forma de epidemia diezmó a todo el continente. En sólo cuatro años se calcula que murieron algo así como unos 25 millones de habitantes, que, si tenemos en cuenta la población europea del momento, vino a significar que pereció un tercio de sus habitantes. Fueron años horribles, de devastación, en los que apenas había tiempo de excavar tumbas, tantos y tan rápidamente se acumulaban los muertos, de forma que al final se recurría a acumularlos en montones para proceder a su cremación.

Parece que la peste llegó de China, transportada por los barcos mercantes italianos que tenían contactos frecuentes con los puertos de Asia. Entre las mercancías que transportaban se colaron las ratas que, a su vez, transportaban unas pulgas diminutas que difundieron con una velocidad inusitada la mortal enfermedad. A ello ayudó, y no poco, las condiciones de emplazamiento y salubridad de las ciudades europeas. Casi todas las grandes urbes comerciales se situaban cerca del mar y de los ríos. La población se hacinaba en núcleos muy compactos de viviendas que carecían de toda higiene, con lo que la epidemia encontró el terreno abonado para su expansión.

La peste bubónica tenía unos seis días de incubación y su primera manifestación era una buba, o pústula negra allí donde había picado la pulga. Se inflamaban, casi de inmediato, los nódulos linfáticos del cuello, las axilas y las ingles, y en un santiamén las pústulas cubrían todo el cuello, muriendo el afectado en cuestión de horas. Pero también tenía la peste otras manifestaciones igual de letales y dolorosas: la peste neumónica, que se gestaba en tres días. Encharcaba los pulmones, y el enfermo se ahogaba en su propia sangre. Y la peste septicémica, que penetraba en la sangre haciendo imparable la infección. En apenas un día moría la víctima que la padecía.

La peste se transmitía por el aire, por los esputos de los infectados y por las picaduras de los animales, produciendo tal contaminación que era casi imposible sustraerse a ella.

Como las manifestaciones de los tres tipos de peste eran diferentes, nadie sabía de qué se trataba ni cómo hacerle frente. Se crearon las teorías más disparatadas y se adoptaron las medidas más extrañas. Unos huían a otros lugares, algunos cerraban puertas y ventanas recluyéndose en sus hogares, y las autoridades amurallaban las ciudades en un intento vano de frenar el avance de la peste incontrolable debido a su difusión aérea.

Él pánico se desató en todos los países y las supersticiones encontraron, en aquellos momentos de pavor, un caldo de cultivo idóneo por muy descabelladas que fuesen. La medicina continuaba anclada en los postulados de Galeno y no acertaba siquiera a dar una descripción correcta de la enfermedad, que se conseguiría bien entrado el siglo XX. Sólo unos pocos médicos fueron capaces de dar con el origen de la enfermedad, pero la mayoría se perdió en conceptos difusos como la conjunción de ciertos planetas o una serie de terremotos que se produjeron en la época de Euroasia. Tampoco faltaron los que creían que esa hecatombe se debía a los cambios de temperatura, a la forma de las nubes y otras ideas igual de peregrinas, para culminar con los que creían que la peste era el resultado de la lujuria y de dormir demasiado. Como podemos ver, ¡había opiniones para todos los gustos!, pero ninguna que atajase la enfermedad. Y también hubo quien culpó de la epidemia a los judíos, víctimas propiciatorias de cualquier calamidad que se abatiese sobre el Viejo Continente.

Continuando con las calamidades que se cernían sobre Europa, vemos cómo en aquel ambiente de terror y confusión, especialmente en las ciudades centroeuropeas, podía verse a menudo un extraño espectáculo, digno de una visión apocalíptica o de una película. Largas filas de hombres, vestidos con túnicas raídas, avanzaban flagelándose con furor, mientras proferían salmos invocando la protección divina, y aullaban culpando a los judíos de aquella terrible mortandad. Era la Hermandad de los Flagelantes, que pronto tuvieron muchos adeptos y a los que los atormentados ciudadanos no tardaron en hacer caso, atribuyendo a la comunidad judía la culpa de todos sus males. Éstos tuvieron que huir de muchos lugares, no pocos murieron a manos de los que buscaban venganza ante tanto dolor y de los que aspiraban a hacerse con los bienes de esta, siempre, próspera estirpe. Hubiera bastado comprobar que la peste no respetaba ni a cristianos ni a judíos para comprender que la enfermedad nada tenía que ver con ellos, pero, como tantas veces, el pueblo herido busca siempre un chivo expiatorio en el que descargar su ira.

Los remedios con los que se pretendía atajar el mal tampoco tenían desperdicio. Entre los más efectivos se encontraban los rezos y los amuletos. Y en el terreno material se recomendaba el consumo de higos, avellanas, aceite de oliva y especias, ¡que si no curaban tampoco debían causar daño!. Claro que si uno estaba algo pasado de kilos lo mejor era tomar el sol y abstenerse de dormir con una mujer por lo que pudiera suceder… ¡aunque no sé, en esta última recomendación, cuál podría ser la causa-efecto!.

No faltaban otros consejos de tipo terapéutico como era llevar prendidos ramilletes de hierbas aromáticas, sangrías, que por aquella época eran poco menos que la panacea universal, y dormir en determinadas posturas. Los ricos inventaron sus propios remedios y se fabricaron medicinas con infusiones de oro y plata. Aparte de su coste altísimo, estas medicinas aseguraban que el que las tomaba, desde luego no moría de peste, porque lo hacía envenenado por los metales.

Así que, entre la propia enfermedad y los remedios para combatirla, los muertos se multiplicaban en progresión geométrica. Pero de esta espantosa situación surgió un nuevo pensamiento, una nueva visión de la vida y de la muerte que desembocaría en la luminosa época del Renacimiento. La falta de mano de obra para el trabajo desarrolló la inventiva hacia una mecanización incipiente, mientras que la economía, completamente transformada por la situación, comenzó a apoyarse en el comercio. El mundo de las ideas experimentó una auténtica revolución, mientras el hombre cobró una importancia que no había tenido en la Edad Media cuando el centro de todo era Dios. Nada volvió a ser lo mismo en Europa después de esta epidemia y facilitó que los países se encaminasen hacia un nuevo concepto que sería la Modernidad, pues, por terrible que parezca, ¡lo malo siempre es bueno para algo!"...

En definitiva, podemos decir de la Peste Negra, y otras pandemias, son plagas enormemente cíclicas, pues siempre acuden puntuales a su cita. Pues si las estudiamos en los años "20" de cada siglo, siempre vamos a encontrar algo interesante de ellas, aunque lo que estudiemos sea realmente horroroso. Por ejemplo, si empezamos en "1320", vemos que la Peste Negra, la pandemia de peste más devastadora en la historia de la humanidad que afectó a Europa y Asia, y causó la muerte a cerca de 25 millones de personas sólo en Europa, casi un tercio de la población, la llamaron la Peste Negra porque a medida que avanzaba, le salían a los infectados, manchas negras y moradas por toda la piel. A la gente le tocó apartarse, y entrar en cuarentena. Se inició con dolores de cabeza, fiebre y escalofríos. Durante La Peste Negra, se usaron máscaras que parecían picos de aves llenas de artículos aromáticos. Eran diseñadas para protegerlos del aire podrido, el cual era visto como la causa de la infección.

A continuación, el año "1420" mencionaba la Gran Hambruna provocada por la Peste Negra, generalizada en Europa del Norte, Se debió a la pérdida de las cosechas por el mal tiempo. Europa fue azotada por una hambruna-epidemia que dejó una tasa de mortalidad muy fuerte que se desató tras el calor de verano y la escasez de alimentos. Esto desencadenó conflictos sociales e incrementó la criminalidad, hasta el punto de producirse brotes de canibalismo e infanticidio. Llegando a fallecer 25 millones de personas.

Después, "el 1520", trataba sobre la Viruela. Enfermedad infecciosa, grave y contagiosa causada por el virus "Variola virus" que, en muchos casos, puede ser letal. Esta enfermedad apareció entre los aztecas y ocurrió después de la llegada de los españoles a América. Se requiere un contacto directo y prolongado, con fluidos corporales infectados o con objetos contaminados, tales como sábanas, fundas o ropa para ser contagiados. Esta enfermedad la llevaron los españoles a México, a partir de la llegada de Hernán Cortés el año anterior, y por culpa de ella murieron más de 2.000 indígenas. Aprovecharon su infección para acaparar con todo, en ese país, y robar las riquezas de Tenochtitlán, además de reducir su población en un 40 % en sólo un año. Fue erradicada oficialmente el 9 de diciembre de 1979.

"El 1620" hacía referencia a una Infección desconocida que mató a muchos pobladores de la Costa Este de Norteamérica. Más de 100 colonos de Plymouth, una ciudad del condado de Devon, en el suroeste de Inglaterra, embarcaron a bordo del barco MayFlower, para conquistar Estados Unidos, pero por desgracia no llegaron todos el 11 de noviembre a Cape Cod, pues enfermaron en el barco por un misterioso virus que mató a la mayoría de la embarcación, y además, cuando por fin arribaron, esparcieron el virus en la Costa de Norteamérica. Se tiene constancia que por la humedad y el frío del invierno, la mitad de la tripulación falleció debido a enfermedades pulmonares y resfriados.

"El 1720" trataba sobre la Peste de Marsella. Contaba que El Gran San Antonio, un barco del levante mediterráneo que atracó en Marsella (Francia) el 25 de mayo de 1720, fue el causante de la epidemia. De hecho, su cargamento, consistente en finas sedas y fardos de algodón, estaba contaminado con el bacilo de Yersin, responsable de la peste. Como consecuencia de una serie de graves negligencias, y a pesar de las estrictas medidas de seguridad (que comprendían la puesta en cuarentena de pasajeros y mercancías), la plaga se extendió por la ciudad. El centro de Marsella y los barrios antiguos fueron los más afectados. La peste se extendió rápidamente, causando entre 30.000 y 40.000 muertes de un total de 90.000 habitantes. En la Provenza causó entre 90.000 y 120.000 víctimas sobre una población de unos 400.000 habitantes. El capitán del barco, Jean-Baptiste Chataud, y el teniente alcalde, Jean-Baptiste Estelle, fueron declarados responsables por no aplicar el Reglamento. También es verdad que los responsables de salubridad encargados de hacer cumplir esta regulación actuaron con ligereza, puesto que la alimentación de la población, así como la evacuación de los cadáveres, fue un hecho de importancia en este trágico suceso. La peste acabó con un tercio de la población. En Marsella murieron unas 100.000 personas.

"El 1820" trataba sobre el Cólera, enfermedad endémica en la India y epidémica en Europa. El brote más grave de Cólera ocurrió ese año. Se propagó a través del agua insalubre que era consumida por los humanos. Se inició en Calcuta y continuó por Bangkok, Malasia y Singapur a través del mar, y de ahí se extendió por toda la región hasta Turquía y África. Desde el mundo árabe se expandió por todo el planeta utilizando las rutas comerciales británicas, muriendo más de 100.000 personas sólo en la Isla de Java, en Indonesia. El agente productor del cólera es la "Vibrio cholerae", que se encuentra en las heces e invade el intestino. Las claves de su difusión en esta época hay que buscarlas en el crecimiento desordenado de las ciudades, y sobre todo en un sistema de abastecimiento de agua potable incapaz de segregar de forma correcta el agua limpia de la sucia. En las regiones afectadas, las aguas están siempre contaminadas. La ingestión del agua y el contacto directo con los enfermos son las principales causas de propagación de la epidemia. Los síntomas iniciales son dolores abdominales, seguidos de diarrea, que se hacen cada vez más numerosas y acompañadas de vómitos; también sed, piel arrugada y baja temperatura, que puede llegar a los 32°. Más tarde aparecen calambres en las partes blandas, los ojos se hunden, y un sudor frío recubre al enfermo, que en pocas horas o días muere. La mortalidad del cólera es del 60 % en enfermos de más de 50 años y del 85 % en enfermos de menos edad. El alcoholismo y las enfermedades gastrointestinales crónicas crean una predisposición especial. El tratamiento consiste en baños calientes y administración al enfermo de adrenalina y sueros salinos hipertónicos. En caso de epidemia, las medidas a tomar son: 1° no beber ni tomar alimentos sin antes hervirlos; 2° desinfectar las ropas contaminadas; 3° desinfección de utensilios y deyección del enfermo; y 4° lavarse las manos con jabón cada vez que se haya estado en contacto con un enfermo.

Y, en último lugar…"1920", la Peste Bubónica o "Muerte Negra", y, la Peste Neumónica.

La Peste Bubónica se propaga principalmente por la picadura de pulgas infectadas que habitan en roedores. Mientras que la Peste Neumónica es una de las formas en que se presenta la enfermedad de la peste al propagarse de persona a persona a través del aire, provocando afectación grave en los pulmones, y generando trastornos a la hora de respirar. Por lo que miles de personas murieron en China por falta de conocimientos para su tratamiento, situándose el punto máximo de concentración en la zona de Manchuria, en el noroeste del país.

Pero además, a estas dos enfermedades, habría que añadir la mal llamada "Gripe Española", puesto que comenzó en la base militar de Fort Riley, Kansas (Estados Unidos), y llegó a Europa con el desplazamiento de soldados para participar en la 1ª Guerra Mundial. Debido a la contienda, los gobiernos ejercían la censura sobre la prensa, que no hablaba de la enfermedad, pero España era un país neutral y aquí sí se publicó información sobre la pandemia, de ahí que se la denominase "gripe española", conocida como "madre de todas las epidemias". Los síntomas eran fiebre alta, dolor de oídos, cansancio, diarreas y vómitos, aunque la mayor parte de los muertos se debió a infecciones bacterianas secundarias, en especial neumonía. Una de las razones de que aquella cepa del virus de la gripe fuese tan letal se debió a que los jóvenes entre 20 y 40 años probablemente no habían estado expuestos al virus durante la infancia y no tenían inmunidad. Otra de las causas apunta a que el transporte masivo de tropas, comprendidas entre esas edades durante la guerra, favoreció el contagio. Algunas de las medidas tomadas, que redujeron la virulencia de la gripe, fueron el cierre de colegios, la prohibición de grandes reuniones o el uso extendido de mascarillas. Entre 1918 y 1920 se produjo el fallecimiento de entre 50 y 100 millones de personas en todo el mundo. En España hubo 8 millones de personas infectadas y 300.000 muertos. A finales de la 1ª Guerra Mundial este virus se extendió rápidamente por todo el mundo e infectó a un tercio de la población mundial en tal sólo 18 meses. Los primeros casos se registraron en Estados Unidos. El principal factor de expansión fue el rápido y masivo movimiento de tropas militares alrededor del mundo. En 1920 el virus perdió letalidad y el brote desapareció… Es una lástima que Alexander Fleming no descubriera la penicilina hasta 1928…

De aquella exposición, lo que me dejó más sorprendido fue la conclusión de que la misma bacteria provocó todas las epidemias posteriores a la Peste Negra inicial de 1320, pues fue una única cepa de la "Yersinia Pestis" la que hizo un viaje de ida y vuelta entre Asia y Europa, entre los siglos XIV y XVIII, por lo que esta bacteria causante de la Peste estaría detrás de todas las epidemias de esta enfermedad que han castigado a los humanos desde la Edad Media. Puesto que el patógeno que provocó la pandemia de Peste Negra en la Edad Media europea vino de Asia, y a su vez, también estaría detrás de la 3ª gran epidemia que, tras regresar a Asia, se extendió desde China al resto del planeta.

A continuación prosiguió la charla diciendo que la Peste es la enfermedad de origen animal que más humanos ha matado. A lo largo de la historia se han sucedido al menos tres grandes pandemias: la plaga de Justiniano, que devastó el Imperio bizantino en el siglo VI, la peste negra, que acabó con el 60 % de la población europea en el siglo XIV rebrotando en los siglos siguientes y, por último, la tercera pandemia de peste, surgida en China en el siglo XIX y responsable de la gran mayoría de casos de peste de la actualidad.

Pero, repito una vez más, que lo más inquietante es que la misma bacteria provocó los sucesivos brotes que sufrió Europa, rebrotando en epidemias locales durante unos 400 años, y, es más, sin lugar a dudas, las cepas de "Yersinia Pestis" actuales, proceden de la que asoló Europa en la Edad Media, y sobre todo, hay que hacer hincapié en que las tres grandes plagas están conectadas entre sí, puesto que la raíz de todo estaría en Asia central, desde donde llegó la variedad de la bacteria que provocó la gran mortandad del siglo XIV. Primero llegó al sureste europeo y, desde allí, al resto del continente usando como vía de entrada los grandes puertos del sur como Génova, Marsella o Barcelona. En meses, la Peste Negra llegó a Londres y en un lustro acabó con la vida de hasta el 60 % de los europeos. Al no encontrarse ninguna diferencia entre las cepas de Barcelona y Londres, se llega a la conclusión que una única variedad fue la responsable de la Peste Negra.

Tras la gran pandemia de la Peste Negra, la enfermedad se quedó en Europa, Algunos de esos brotes tuvieron carácter casi de pandemia regional, como la gran peste de Viena, la de 1649 que acabó con casi la mitad de los sevillanos, o la Peste de Marsella de 1720, uno de los últimos grandes brotes en suelo europeo.

Esto confirma la tesis dominante entre los historiadores que defendían la idea de que la peste vino una vez y se quedó en espacios naturales europeos.

En realidad, la cepa que provocó la Peste Negra y asoló Europa durante siglos regresó a Asia. Las cepas modernas descienden de la que provocó la Muerte Negra en la Europa medieval. Se podría afirmar que la Yersinia Pestis que, probablemente, salió de China en 1280, llegando a tierras europeas en 1320 de forma letal, acabó volviendo al país asiático para provocar la tercera gran epidemia iniciada en 1820, matando a unos 10 millones de personas en las décadas siguientes. Y, que sólo una mejor higiene, el reforzamiento del sistema inmunitario y los antibióticos pudieron frenar a la Peste...

Me puse a pensar en las Pandemias que ha habido en el Mundo a lo largo de la historia, y me di cuenta que sumando los dígitos de "1320" me daba 6, si sumaba "1420" me daba 7, sumando "1520" me daba 8, si sumaba "1620" me daba 9, sumando "1720" volvía a empezar la secuencia y me daba 1, si sumaba "1820" me daba 2, sumando "1920" me daba 3, y en el caso de que sumáramos "2020" me daba 4... Por tanto, era evidente que sólo faltaba un número para completar la Secuencia, y ese era el 5, que era el resultado de sumar "2120"... Por tanto, ya lo tenía claro, en 2020 nos esperaría un panorama parecido a 100 años antes. Esto es exactamente lo mismo que había ido ocurriendo en todos "los años veinte" de cada siglo, desde el siglo XIV, pero también es verdad que como había ocurrido en esos períodos, teníamos por delante una buena oportunidad. Pues era la ocasión perfecta para hacer las cosas bien de aquí hasta los próximos 100 años...

Y por desgracia fue así, pues al día siguiente, en nuestro país, se decretó el estado de alarma...

## "LA EXPOSICIÓN SOBRE LAS PIRÁMIDES DE EGIPTO"

Al acabar esta exposición, pasé a otra sala, aquí el tema era totalmente distinto, y más hacia atrás en el tiempo… la conferencia versaba sobre las Pirámides de Egipto. Un estudio en profundidad sobre todo el misterio que las envuelve. Empezó la charla preguntándose porqué después de 4000 años las pirámides siguen semi-intactas. A lo que se respondía que esto tiene una fácil y a la vez compleja respuesta, pues antiguamente se conocía la manera de crear estructuras anti sísmicas, y prueba de ello son todas las construcciones que siguen en pie después de milenios. Y el método no es más que apilar los pesados bloques de formas heterogéneas simétricamente. Comentó que esto lo vemos mucho en Egipto, para lo cual se pensaba que los bloques poseían esas formas porque los colocaban como venían, hasta que se demostró que esto no era así. Ellos cortaban perfectamente los bloques y los apilaban de esa forma heterogénea porque conocían la forma de crear estructuras que se mantuvieran firmes con el paso del tiempo. Lo paradójico es que precisamente la civilización moderna haya descubierto la forma de crear estructuras antisísmicas justo después de fabricar por primera vez el explosivo TNT en 1863.

Y continuó desarrollando en profundidad todo lo relacionado con las pirámides. Alguna vez incluso se hacía ella una pregunta y ella misma se la respondía. Por ejemplo al plantearse,

¿por qué no poner todos los bloques iguales y complicarse con cortes y formas raras? La respuesta más común era la de que fue para ahorrar materiales utilizando los desperdicios, algo que suena lógico… Sin embargo, mirando más a fondo vemos que esto estaba planificado, pues las estructuras seguían un patrón que, si de un lado había una piedra de cierta forma, del otro lado sería prácticamente lo mismo. Hoy en día vemos que la Gran Pirámide sigue intacta después de 3 grandes terremotos en El Cairo, y es más, todo está en su sitio, pues se ha comprobado que nada se ha movido por dentro.

A lo largo de la historia, todas las naciones han practicado ritos bautismales (o iniciación religiosa). En Egipto, los candidatos a la iniciación en los misterios eran primeramente bautizados, se dice que se les prometía como consecuencia la regeneración y el perdón de todos sus perjurios. Una vez bautizados, a los iniciados, o dioses menores, les bastaba con satisfacer su propio ego, ya que se consideraban seres superiores, algo así como dioses, por lo que disponían de su propio lenguaje, mucho más complejo y difícil de interpretar que el de los jeroglíficos que los escribas grababan en la piedra o dibujaban en las tablillas. Por lo que al final las Pirámides se construyeron como un medio de comunicación universal, que sólo debía ser entendido por estos iniciados. Está claro que estos seres superiores podían ser tanto los magos-sacerdotes, como los faraones, incluso los arquitectos que construyeron las Pirámides, o quizás los escribas que nos dejaron los jeroglíficos en las tablillas, papiros o en las paredes de los subterráneos. Hoy en día se comparte la idea de que la Gran Pirámide fue construida por "iniciados" o dioses menores. De hecho, según los modernos masones, a los iniciados se les sometía a un proceso de veintidós años de duro aprendizaje, para que supieran todas las esencias del mundo, en especial geometría y matemáticas.

Fueron casi dioses, pudieron recibir sus conocimientos de civilizaciones asiáticas, que escaparon de grandes cataclismos para refugiarse en las fértiles orillas del Nilo. Sin embargo, llegó a ser tan amplio su saber, reunieron tanta magia y misterio, que no se atrevieron a comunicárselo a los seres inferiores, acaso por temor a que enloquecieran. Por eso decidieron convertir las Pirámides en grandes bibliotecas de lo oculto, en inmensos observatorios astronómicos, en relojes solares.

Y no sólo eso, sino también, en un reloj astronómico. Pues, un dato sorprendente es que el complejo de Guiza (por la Gran Pirámide, también llamada de Keops, o de Jufu, - que fue construida para ser la tumba del faraón Jufu, llamado por los griegos Keops -, durante la IV dinastía, punto culminante del Imperio Antiguo Egipcio, por lo que el reinado de Jufu se suele fechar en el siglo XXVI a.C., hace más de 4.500 años) es, supuestamente, un gran reloj astronómico que marca ciclos de 26.000 años. Esto es llamativo, ya que se estima que cada dicha cantidad de años tienen lugar una serie de eventos electromagnéticos en la Tierra que podrían causar grandes catástrofes naturales. La aguja del reloj serían los ojos de la esfinge.

Los sabios egipcios utilizaron el hermetismo para comunicarse entre ellos y, a la vez, para que fuera descubierto por generaciones futuras. Pero se negaron a que resultara sencillo el acceso a sus conocimientos, por eso se sirvieron de la geometría y de las matemáticas para poner una barrera frente a los ignorantes.

Dentro de su condición de tumbas, las Pirámides fueron provistas de cámaras secretas, a las que se accedía por unos laberintos que sólo podían seguir los arquitectos que los diseñaron. De esta manera se aseguraba el descanso eterno del faraón y de sus familiares, lo mismo que de sus grandes colaboradores.

Tras esta breve introducción, continuaba diciendo que las Pirámides de Egipto están situadas a 16 kilómetros de la capital, El Cairo, y allí se localiza un paisaje rocoso, tras un terreno de acacias y eucaliptos. Sobre una superficie de unos 2 kilómetros cuadrados se ve todo el conjunto de palmeras del valle del Nilo, a este terreno los árabes dieron el nombre de Guiza, y a través de este punto se puede llegar a la Gran Pirámide de Keops. Y, en las proximidades de ésta aparecen otras dos más, que son de menor tamaño. Una se atribuye al faraón Kefrén, que fue el sucesor de Keops, y la otra a Micerino. También se encuentran relativamente cerca otras seis pirámides muy pequeñas, que debieron servir de tumbas a las esposas e hijas de Keops. Y, siguiendo las orillas occidentales del Nilo, yendo hacia el sur, aparecen otros cien conjuntos piramidales, muy pequeños y deteriorados.

La Gran Pirámide de Guiza, a la que también se conoce como la Pirámide de Keops, es la única maravilla del mundo antiguo que sigue en pie. Mide 146 metros de alto, la Pirámide se encuentra junto a otras 2 "hermanas menores": Kefrén, de 136 metros, y Micerino, de 65 metros. Se cree que ordenó su construcción el faraón Keops entre el 2.584 a.C. y el 2.558 a.C. El proceso de construcción duró aproximadamente 27 años, pero no se puede confirmar del todo. A mitad del mandato de este faraón, que gobernó Egipto entre estos años, una cuadrilla de aproximadamente 40 trabajadores organizaba cada día un nuevo cargamento de piedra caliza que era enviada desde el puerto de Wadi al Gurf, frente al Mar Rojo, hasta Guiza. Una vez allí, en la famosa meseta situada a 20 kilómetros de El Cairo, otros cientos de personas se dejaban la vida en la construcción del que fue uno de los monumentos más importantes de la Antigüedad.

No hay otra teoría oficial, además de la de Heródoto (historiador griego, 484 a 425 a.C.), por la que se afirme que la pirámide era una tumba para el faraón Keops, así que sólo podemos especular al respecto con esa idea, a la vez que podemos pensar que, además de marcar los equinoccios, debió tener otra función que desconocemos.

Una pequeña muestra para darnos cuenta que su construcción fue un trabajo colosal, no la tenemos en la Gran Pirámide, sino en el templo funerario inacabado de Micerino, donde se conservaron los burletes salientes que cumplían la misión de proteger los cantos durante el transporte, y que solamente eran retirados en el momento que se colocaba el sillar en el lugar al que estaba destinado. Viendo esos burletes se observa la gran maestría del cantero, el cual sabía que las grandes piedras debían quedar unidas, sin utilizar nada más que una ligerísima argamasa, para que no pudiera introducirse ni un folio entre ellas.

Quienes construyeron las Pirámides eran, más que arquitectos, enormes geómetras y matemáticos.

Sí, porque a través de las leyes matemáticas, la primera confirmación fue que la superficie de la pirámide es 100.000 veces el número Pi en la unidad de medida que ellos utilizaban, el Codo Real. Eso significa que avanzaron en 3.000 años la definición del número Pi, y en una exactitud de seis decimales, cosa que no se consigue hasta el año 500 d.C. en China, y la Gran Pirámide es del 2.500 a.C. Esta es una pirámide muy singular, y única, porque empieza por tener un zócalo que da su unidad de medida, el Codo Real, equivalente a 0,5236 metros.

El número Pi, es sin duda el más conocido y usado de los números irracionales. Este número aparece en la fórmula de las propiedades para muchos cuerpos de la naturaleza circular, pero su definición más intuitiva sería la siguiente: aquel número que resulta de dividir el perímetro de un círculo entre su diámetro. Como tal número irracional no puede ser expresado mediante una fracción de números enteros, y se le suponen infinitos decimales. Sería difícil saber cuántos decimales se han hallado de este número, de hecho, seguramente en estos mismos instantes algún ordenador seguiría añadiendo valores a la lista (en 1995, la Universidad de Tokio tenía hallados 4.294.960.000 decimales, y en la actualidad, se han llegado a calcular hasta más de 31 trillones de decimales).

Aparte de tanto decimal, nosotros aceptaremos el valor simple de 3'14, es decir, suficiente con los dos primeros decimales, pues la precisión milimétrica o de tercer decimal ya es exagerada para cualquier obra de grandes dimensiones, y nadie duda de que la Gran Pirámide lo es.

A lo largo de la historia, y según culturas, este número ha adoptado diferentes valores o aproximaciones. Concretamente se sabe que, al principio, los antiguos egipcios le asignaban un valor de 3'16, y los babilonios un valor exacto de 3. El significado de estas suposiciones es bien sencillo, pues para un babilonio si se hacía girar una rueda de diámetro D una vuelta completa, esta recorrería una distancia igual a 3 veces su diámetro.

Así, los antiguos escribas egipcios realizaron cálculos de áreas de círculos y volúmenes de cilindros con bastante precisión. Los resultados obtenidos con su metodología equivalen a utilizar un valor para el número π de 3,16049... Ello supone un error de tan sólo 0,60 %.

El número π es una constante matemática cuyo valor es igual a la relación existente entre la longitud de una circunferencia y su diámetro. Se trata de un número trascendental (es decir, aquel que no puede ser raíz de una ecuación algebraica, con coeficientes racionales. Así por ejemplo $\sqrt{2}$ es un número irracional, pero no trascendental, pues puede expresarse como la raíz de una ecuación: $x^2-2 = 0$), y no puede expresarse como el cociente de una fracción exacta, ni en forma de raíz, ni como combinación de las cuatro operaciones aritméticas básicas. Es un número decimal, y no es periódico, pues no se repiten sus decimales ni por grupos ni individualmente.

Arquímedes (287 a.C.), uno de los mayores contribuyentes a las matemáticas en los primeros tiempos de la historia, lo calculó con 3 decimales exactos. A partir de este momento las aproximaciones al número π fueron ganando en exactitud, aunque hoy en día en la mayoría de los cálculos prácticos, los matemáticos utilizan sólo los primeros 10 ó 15 decimales, pero lo más curioso es que no existe ninguna repetición periódica de los mismos.

Su valor numérico, con diez decimales, es el siguiente: π = 3,1415926535...

Para que nos hagamos una idea, podemos establecer una relación con fechas para que observemos la aproximación que tenían sobre este número algunos pueblos de la antigüedad por los procedimientos que utilizaban, teniendo en cuenta que no conocían el número π, salvo Arquímedes, y todo esto se deduce de los métodos que utilizaban para calcular el área de un círculo, la longitud de la circunferencia o viceversa.

Resulta curioso comprobar cómo los antiguos escribas egipcios 2.000 años a.C. dieron con un valor para el número π de

3,16049 (es decir, un decimal exacto con π), China, 800 años después, en el 1200 a.C., lo estableció en un número exacto, el 3, al igual que en una anotación de la Biblia, en el año 550 a.C., concretamente en "Reyes 1: 7-23", aunque según un estudio de Posamentier, podría haber un valor "oculto" en los pasajes del Antiguo Testamento, que arrojan para π el valor de 3,1416. Hasta que finalmente Arquímedes, en el 250 a.C. establece un valor de 3,1418, ya muy parecido, pues al menos en esta ocasión ya coinciden 3 decimales exactos.

La metodología que utilizaron los antiguos escribas egipcios se basaba en suponer que un círculo tiene aproximadamente la misma área que un cuadrado cuyo lado es igual al diámetro del círculo menos 1/9 del mismo. Así, en el papiro matemático de Rhind (PMR 50), el escriba egipcio Ahmes calcula el área de un círculo de 9 khet de diámetro como la de un cuadrado cuyo lado es 8 khet.

Ahmes lo resuelve así: Resta al diámetro 1/9 del mismo, que es 1. La diferencia es 8. Ahora multiplica 8 veces 8, que es 64, que es el área del círculo.

Por tanto, el procedimiento consiste en 3 pasos:

1) Calcular 1/9 del diámetro del círculo.

2) Restar al diámetro el resultado anterior.

3) Elevarlo al cuadrado. Esa es la superficie del círculo.

Es lógico pensar que intentaran asimilar el área del círculo al área de otra figura cuyo cálculo fuese más fácil y conocido. En este caso es el cuadrado. Lo difícil es conseguir una aproximación tan grande como realmente lo hicieron. Gráficamente sería un círculo de 9 unidades de diámetro superpuesto con un cuadrado de 8 unidades de lado. Visualmente podríamos observar que ambas áreas son aproximadamente iguales, ya que la superficie de las esquinas del cuadrado que no forman parte del círculo es aproximadamente igual que la de los segmentos circulares que sobresalen del cuadrado que sí forman parte del círculo, con lo cual unas áreas se compensan con otras.

Así, si comparamos las áreas de un círculo y un cuadrado cuyo lado es igual al diámetro del círculo menos 1/9 del mismo, vemos que el resultado es prácticamente igual.

Sin embargo, cabe la pregunta, ¿por qué restaron 1/9 del diámetro, y no 1/8 ó 1/10, u otra fracción?

Si analizamos este procedimiento desde la óptica actual, podemos comprobar que el método egipcio se puede resumir multiplicando una determinada cantidad constante, por el cuadrado del diámetro:

$$S = (d - \frac{1}{9} d)^2 = (8/9 \ d)^2 = 64/81 \ d^2$$

Siendo S la superficie del círculo y $d$ su diámetro.

Esta ecuación expresada en función del radio r sería:

$$S = (d - \frac{1}{9} d)^2 = (8/9 \ d)^2 = (8/9 \ 2r)^2 = 256/81 \ r^2$$

De esta ecuación se puede deducir, por comparación con la conocida fórmula del área de un círculo, $(S = \pi r^2)$, que el método utilizado por los egipcios equivale a considerar $\pi$ como un número racional de valor:

$$\pi = \frac{256}{81} = 3,1604$$

En definitiva, multiplicando el cuadrado del radio por el valor constante $\frac{256}{81}$, o bien el cuadrado del diámetro por $\frac{64}{81}$, obtendremos el mismo valor para el área del círculo que obtendrían los antiguos escribas. Por otra parte, recordemos que estas fracciones representan cuadrados de números, pues:

$\frac{256}{81}$ sería igual a $\frac{16^2}{9^2}$, a la vez que $\frac{64}{81}$ sería igual a $\frac{8^2}{9^2}$

Pero, de nuevo surge otra pregunta, ¿eran conscientes los antiguos egipcios de que el cálculo del área de un círculo consistía en la multiplicación del cuadrado del radio por una cantidad constante? Si la respuesta fuese afirmativa se puede decir que los antiguos matemáticos egipcios conocían el número $\pi$ con la aproximación ya vista de 3,1604, (aunque también habría que hacer un inciso y señalar que los egipcios no conocían los números decimales, sino que utilizaban fracciones de numerador 1). Por tanto, no conocerían la fracción $\frac{256}{81}$ como tal, sino como una suma de fracciones unitarias equivalente a ella.

Continuamos analizando porqué utilizaron esta metodología en la cual restaban 1/9 del diámetro y no otra fracción.

Es de sobra conocido que los antiguos escribas sólo utilizaban fracciones unitarias, es decir, cuyo numerador es la unidad, (a esto habría que añadir dos excepciones: 2/3 y 3/4), por tanto, parece lógico suponer que de haber utilizado otra fracción, ésta debería ser la que tuviese un valor próximo a 1/9, ya que en caso de ser muy diferente, el error en el cálculo del área sería muy grande. Como ejemplo, vamos a aplicar el mismo procedimiento utilizado antes para las fracciones inmediatamente mayor y menor que 1/9, concretamente 1/8 y 1/10:

Para el caso de 1/8:

$$S = (d - \tfrac{1}{8}\, d)^2 = (\,7/8\ d)^2 = (\,7/8\ 2r)^2 = 196/64\ r^2$$

Y, para el caso de 1/10:

$$S = (d - \tfrac{1}{10}\, d)^2 = (\,9/10\ d)^2 = (\,9/10\ 2r)^2 = 324/100\ r^2$$

Cada una de estas ecuaciones corresponde a un valor para $\pi$ diferente, y por tanto un error diferente en el cálculo de las áreas del círculo. Los errores serían los siguientes:

- Para 1/8, el valor de $\pi$ es 3,06250, lo que supone un error del 2,51 %

- Para 1/9, el valor de $\pi$ es 3,16049, lo que supone un error del 0,60 %

- Y, para 1/10, el valor de $\pi$ es 3,24000, lo que supone un error del 3,13 %

Como se puede observar, el valor de $\pi$ más aproximado al real es cuando se utiliza la fracción 1/9, y el error cometido en los cálculos es mucho más pequeño que en los otros casos.

Para hacernos una idea de cómo los antiguos egipcios llegaron a esta conclusión, ellos compararon sus figuras superpuestas y examinaron cuidadosamente cada una de éstas y pudieron ver que en la representación para 1/9 es dónde mejor coinciden las áreas del círculo y del cuadrado. Y comprobaron que era en este caso, (tal vez recortando las figuras dibujadas en un papiro), donde se cometía el menor error.

También es cierto, que no es muy probable que los antiguos escribas pudieran deducir, al menos directamente, que el cálculo del área de un círculo es el producto de la constante 64 / 81 por el cuadrado del diámetro, o bien 256 / 81 en el caso del radio.

Desconocemos si los escribas eran conscientes de ello. En caso de que lo hubiesen sido, se podría decir que conocieron el número $\pi$ con la aproximación 256 / 81 o bien la aproximación a $\pi$ / 4 como resultado de la fracción 64 / 81.

Sin embargo, como hemos dicho antes, sólo utilizaban fracciones unitarias, y por tanto nunca hubiesen trabajado con las fracciones anteriores, y según sus métodos, éstas habrían resultado una suma de fracciones unitarias.

Es de suponer que esas fracciones las habrían obtenido de acuerdo con su procedimiento, es decir, del cuadrado de la resta (1 - 1/9). Tal como realizaban sus operaciones, realizar estas restas y a continuación su cuadrado, para llegar a una suma de fracciones unitarias, resulta complejo. No es probable que lo realizaran, no tenía sentido para sus cálculos.

Los pasos más probables que dieron fue hallar la resta de la unidad menos 1/9, para ello aplicamos el método de Hultsch-Bruins (aplicado a las fracciones 2/n, éste método proviene del llamado algoritmo "greedy" y fue aplicado en el año 1202 por Leonardo de Pisa, más conocido como Fibonacci, para convertir una fracción en suma de fracciones unitarias), y consiste en calcular la mitad de la fracción (o la 3ª parte, etc.), e ir trabajando con la parte restante hasta conseguir fracciones unitarias. En nuestro caso, sería:

$$1 - \frac{1}{9} = \frac{8}{9} \quad \text{Y,} \quad \frac{8}{9} - \frac{1}{2} = \frac{7}{18} = \frac{6+1}{18} = \frac{6}{18} + \frac{1}{18} = \frac{1}{3} + \frac{1}{18}$$

Por tanto,

$$\frac{8}{9} - \frac{1}{2} + \frac{1}{3} + \frac{1}{18}$$

Este procedimiento, tal como se ha realizado, no se cree que haya sido el utilizado por los antiguos egipcios, pero sí pudieron haber hecho lo mismo de una manera gráfica, que así se puede comprender mucho mejor. Se trata de restar 1/9 a la unidad. Si la unidad son los 9 cuadraditos de una figura, restarle 1/9 supone eliminar un cuadradito, por tanto, el resultado son 8 cuadraditos. Lo único que habría que saber es qué proporción de la unidad (de los 9) serían esos 8 cuadraditos.

La mitad de la figura serían 4 cuadraditos y medio, por tanto, equivale a ½, un cuadradito es 1/9, por tanto, será 1/18, y finalmente los 3 cuadraditos restantes equivalen a 3/9, es decir 1/3 de la figura en cuestión. De esta manera, se confirma gráficamente la ecuación $\frac{8}{9} - \frac{1}{2} + \frac{1}{3} + \frac{1}{18}$

Resumiendo, conocer el número $\pi$ implica que conociesen el desarrollo en fracciones unitarias de las fracciones anteriores. Sin embargo, no se conoce ningún desarrollo de ellas y, tal como se ha comentado no eran prácticas, ni simplificarían mucho los cálculos, por tanto, es lógico pensar que no conocían este número. Sólo cabe la posibilidad de haberlo conocido como concepto abstracto, en caso de haberse percatado de que, según su procedimiento, el área del círculo era equivalente a multiplicar un valor constante por el cuadrado del diámetro. Esto lo desconocemos, pero también sabemos que los antiguos escribas egipcios eran eminentemente prácticos y en caso de haberlo conocido, simplemente lo hubiesen obviado, no era útil para sus cálculos, por tanto, es poco probable que buscaran el tipo de descomposiciones anteriormente indicadas.

Por otra parte, sabemos que John Taylor, en 1864, se percató que $\pi$, o un número muy próximo a él, aparece al dividir el perímetro de la pirámide de Keops entre el doble de su altura.

Esta manera de deducir este peculiar número no tendría ninguna importancia si no es porque se obtiene de una manera similar en una esfera: longitud de la circunferencia máxima, dividida entre el diámetro o doble del radio.

Efectivamente, si imaginamos dos pirámides unidas por sus bases inscritas en una esfera, y dividimos su perímetro (suma de sus 4 lados, equiparable a la longitud máxima de la esfera) entre el doble de su altura (doble del radio), obtenemos π. Además, la aproximación es estupenda: 3,1430, mejor todavía que la deducida anteriormente con la que resolvían la superficie del círculo.

Según las mejores mediciones realizadas por Parra Ortiz, los lados de la Gran Pirámide tienen: 230'383; 230'253; 230'454 y 230'391 metros (con lo que se obtiene un valor del perímetro de 921'481 metros), y su altura es de 146,59 metros. Por tanto:

$$\frac{921,481}{146,59 \times 2} = 3,1430 = \pi$$

Hay que hacer notar que esto no solo es válido para la Gran Pirámide sino para cualquier otra pirámide con las mismas proporciones. No se sabe por qué se llega a esta conclusión. Se han dado varias explicaciones y posiblemente la más conocida es la que afirma que para el diseño de la pirámide se utilizó un rodillo, de tal forma que el lado (o el perímetro) de la pirámide tuviese un número determinado de vueltas de este.

De haber sido esto cierto, para que resulte el número π, la altura de la pirámide debería haber sido diseñada con el mismo rodillo, pero en este caso se utilizaría su diámetro multiplicado por el doble del número de vueltas que se dieron para medir un lado. De esta manera, el número π estaría implícito en la construcción, sin que los arquitectos se diesen cuenta de ello.

Así, suponiendo que los arquitectos pretendieran que a cada lado de la pirámide le correspondiesen, por ejemplo, 100 vueltas del rodillo de diámetro $D$ (aunque el resultado final es indiferente del número de vueltas del rodillo), la altura de diseño sería, 200 veces $D$. Es decir:

Lado: $100 \times \pi \times D$

Altura: $200 \times D$

Y, si ahora aplicamos el enunciado inicial: perímetro de la pirámide (4 veces el lado) dividido entre el doble de la altura, tendríamos:

$$\frac{4 \times 100 \times \pi \times D}{2 \times 200 \times D} = \frac{400 \times \pi \times D}{400 \times D} = \pi$$

Como vemos, resulta $\pi$. Sin embargo, de ser así, este procedimiento no lo aplicaron a otras pirámides (de distinta inclinación), las cuales se alternan en el tiempo a lo largo del Reino Antiguo. Hay que tener en cuenta que las pirámides reales construidas después de la Gran Pirámide, que conocemos y que tienen su misma inclinación son: Dyedefra en Abu Rawash, Menkaura en Guiza, Sahura, Nyiserra y Jentkaus II en Abusir. Anterior a la Gran Pirámide está la pirámide de Medum. En este mismo período se construyeron otras con distinta inclinación como las de Jafra, Userkaf, Neferirkara, Djedkara, Teti, Pepy I, Merenra y Pepy II (todas con 53º, seked 5 ¼), y la de Unis (56º, seked 4 ¾), siendo el seked una antigua unidad de medida egipcia usada para medir la inclinación de las caras triangulares de una pirámide recta.

Las pirámides más numerosas son las que tienen una inclinación de sus caras correspondientes a los seked 5 ½ y 5 ¼. Sería de suponer que aquéllas de seked 5 ½, como la Gran Pirámide, fueron construidas con esta técnica del rodillo, y el resto (construidas también en el Reino Antiguo) con otra técnica, pero esta distinción no tiene mucho sentido. Además, no se ha encontrado ninguna prueba de que esto se hiciese así.

Como se ha tratado de demostrar, la existencia del número $\pi$ en una pirámide depende únicamente de su forma, es decir, de la inclinación de sus caras (o seked), por tanto, es muy posible que todo ello provenga de la evolución de las técnicas de construcción de pirámides y los cambios que surgieron en la inclinación de las caras, debidos a la aparición de grietas en algunas de las cámaras de las pirámides y el temor al colapso.

Las primeras pirámides reales fueron escalonadas. Son las de la III Dinastía. Cada uno de los "escalones" se construyó en forma de talud, al igual que las mastabas, pues procedían de éstas. Los ángulos de inclinación de cada uno de sus escalones varían entre 68° y 75°. No obstante, la forma que presenta en su conjunto, es decir, con todos sus escalones, es otro ángulo mucho menor debido a la reducción del tamaño de cada una de las "mastabas" colocadas una encima de otra.

Las pirámides escalonadas reales construidas antes de la Gran Pirámide de las que conocemos sus dimensiones y forma son las de: Dyeser y Sejemjet en Saqqara, Jaba en Zawyet el-Aryam, y Seneferu en Medum.

A partir de los planos de estas pirámides levantados por J. P. Lauer (para las pirámides de Dyeser, Sejemjet y Jaba), y L. Borchardt (para la pirámide de Medum), se ha calculado la inclinación con su conjunto de escalones que tendría cada una de las pirámides, es decir, la inclinación de sus caras si se convirtiesen en pirámides de caras lisas. Siendo los ángulos obtenidos, los siguientes: Pirámide de Dyeser (48° 40'), Pirámide de Sejemjet (51° 48'), Pirámide de Jaba (47° 25'), y Pirámide de Seneferu, en Medum (51° 44').

La pirámide de Dyeser fue la primera de las pirámides construidas, y el ángulo calculado es 3° 10' inferior al de la Gran Pirámide, sin embargo, el obtenido para las pirámides de Sejemjet y de Seneferu (en Medum) es prácticamente el mismo. Además, hemos de recordar que la pirámide escalonada de Medum fue convertida en pirámide de caras lisas por Seneferu, obteniendo el mismo ángulo de inclinación de caras que el presentado anteriormente de los ángulos obtenidos, lo cual corrobora los cálculos realizados.

Por otro lado, antes (o a la vez) de que esta última pirámide fuera transformada en pirámide de caras lisas, Seneferu construyó dos pirámides más. La primera fue la que hoy día es conocida como pirámide romboidal o de doble pendiente en Dashur. Se trataba del proyecto de una pirámide de caras lisas, por tanto, la primera de este tipo en construirse, pero al parecer, cuando aún no llegaba a alcanzar la mitad de la altura proyectada, la pirámide amenazaba con desmoronarse como indicaban las grietas que se estaban produciendo en sus cámaras interiores. Así pues,

Seneferu buscó varias soluciones. La primera de ellas fue disminuir bruscamente la pendiente inicial de 54º 31' a 43º 21' para reducir las presiones internas en las cámaras. De esta manera la pirámide se terminó de construir adquiriendo el aspecto que hoy día presenta.

Otra de las soluciones fue, como ya se ha indicado, transformar la pirámide escalonada de Medum en pirámide de caras lisas, y a la vez, construir una nueva pirámide, también de caras lisas en Dashur, la conocida como pirámide roja. Esta última, con muy poca pendiente, la misma que la parte superior de la romboidal, 43º, para evitar que sucediese lo mismo.

A Seneferu le sucedió su hijo Jufu (más conocido por Keops, segundo faraón de la IV Dinastía), quien construyó la Gran Pirámide con casi 52º de inclinación en sus caras (concretamente 51º 50').

Así, el escenario que se presentaba en el Reino Antiguo, cuando se empezaron a construir las primeras pirámides, es que tenemos una primera pirámide escalonada (Dyeser) cuya inclinación en su conjunto era del orden de unos 48º. El siguiente constructor, Sejemjet, proyecta su pirámide con unos escalones que en conjunto presentan una inclinación de unos 52º. Su sucesor, Jaba, por algún motivo desconocido, proyecta la suya aproximadamente con la misma inclinación que Dyeser y después de éste, Seneferu construye la última pirámide real escalonada también con unos 52º. Y en este momento, durante su reinado, proyecta una pirámide de caras lisas (la romboidal) con una pendiente de unos dos grados y medio mayor, que al parecer no era estable, y para asegurar su estabilidad, disminuyó bruscamente su ángulo a costa de perder altura. De igual manera, vuelve a construir una nueva pirámide gigantesca (la roja), pero esta vez sin arriesgarse, y por ello utiliza el mismo ángulo que la parte superior de la romboidal. Y finalmente, o a la vez, lo que es más interesante para esta hipótesis, utiliza una pirámide escalonada (la de Medum) que ya estaba construida, (se cree que su constructor fue Seneferu, por el hecho de convertirla en pirámide de caras lisas), obteniendo un ángulo de inclinación de sus caras lisas de nuevo de casi unos 52°, el mismo que el de la Gran Pirámide.

Ante este panorama, es lógico pensar que Jufu (Keops), evitara construir su pirámide con inclinaciones superiores a los 52° por los problemas que tuvo su padre, pero tampoco quiso construir con ángulos muy pequeños, posiblemente porque se perdía esbeltez, altura y grandiosidad, y por ello se quedó con un ángulo muy próximo a los 52° que es el que se derivaba de las pirámides escalonadas que al parecer eran estables (merece la pena también mencionar que el hijo y sucesor de Jufu, Dyedefra, construyó su pirámide con 52°, sin embargo, el siguiente rey en el trono, Jafra, se arriesgó con 53°, se supone que se basó en el triángulo sagrado egipcio, de lados 3-4-5, esto es $3^2+4^2=5^2$, pero también porque en este caso las cámaras de la pirámide no estaban en el propio cuerpo de la pirámide como en la de Jufu, sino a ras del suelo y por debajo de él, con lo que el riesgo de colapso era mucho menor), y podía considerarse como seguro. A pesar de ello, aseguró la cámara sepulcral (la conocida como cámara del rey), con 5 cámaras de descarga.

Teniendo todo esto en cuenta, y por lo que hemos visto, se puede decir que el valor de $\pi$ surgió de manera casual a partir de las pirámides escalonadas, en las cuales no se puede deducir el valor de $\pi$, tal como se puede hacer en la Gran Pirámide.

Por ello se piensa que no hay evidencia clara de que los antiguos egipcios conociesen el número $\pi$. De haberlo conocido, seguramente lo habrían ignorado, porque no era útil para sus cálculos.

Si decimos que los egipcios empleaban un valor de $\pi$ equivalente a 3,16 puede resultar engañoso, porque podría "parecer" que usaron ese valor (pero no como número decimal, pues ellos no conocían esos números, sino en forma de fracciones unitarias equivalente a 256 / 81), pero jamás apareció ese número en sus papiros y escritos. Lo correcto es decir que según los métodos que empleaban para hallar áreas de círculos o volúmenes de cilindros, "equivale a considerar $\pi$ con valor de 3,16". Al hilo de la fracción anterior, 256 / 81, debemos decir que resulta muy útil proceder a la descomposición de las fracciones 64 / 81 y 256 / 81 en suma de fracciones unitarias, a la vez que debemos simplificar esta última, pues al ser el numerador mayor que el denominador, nunca podrá reducirse a una suma de fracciones unitarias. De acuerdo con esto, la fracción quedaría simplificada a la siguiente:

$$\frac{256}{81} = \frac{81}{81} + \frac{81}{81} + \frac{81}{81} + \frac{13}{81} = 3 + \frac{13}{81}$$

Por tanto, las fracciones a descomponer son 64/81 y 13/81. La primera sería la aproximación a $\pi/4$ y la segunda los decimales de $\pi$.

Es fácil comprobar matemáticamente que no existen descomposiciones en fracciones unitarias de dos términos para ninguna de las dos fracciones (64/81 y 13/81), ni siquiera, aunque uno de los términos fuese 2/3 ó 3/4.

Dicho lo cual creemos que, posiblemente, utilizaron métodos gráficos para desarrollar su procedimiento del cálculo del área del círculo.

Y, por otra parte, el hecho que el valor de $\pi$ aparezca intrínseco en alguna de las pirámides, es algo fortuito, y puede que se deba al paso de convertir las pirámides escalonadas en caras lisas.

Tras este análisis de la metodología de los antiguos egipcios para el cálculo del área de un círculo, su relación con el número $\pi$, y su presencia en algunas pirámides, (como ya sabemos, el número $\pi$ se obtiene, con gran aproximación, dividiendo el perímetro de la base de la Gran Pirámide por el doble de su altura, es por esto que el valor hallado para $\pi$ en la Gran Pirámide es una muy buena aproximación al valor real de $\pi$, resultando una mejor aproximación incluso que la calculada por los propios egipcios en algunos papiros, con miles de años de antigüedad), esta coincidencia es difícil explicarla como fruto de una pura casualidad, por ello continuamos investigando la presencia de $\pi$ en los primeros documentos, y vemos que la historia del imperio egipcio abarca más de dos mil quinientos años (3100-525 a.C.), y como no vamos a presuponer que un cierto valor del número π sea intrínseco al antiguo pueblo egipcio, buscaremos alguna "primera" referencia documental hacia este número. Tal referencia la encontramos en el anteriormente nombrado *papiro de Rhind o Ahmes,* que se supone perteneciente al Segundo Período Intermedio (1783-1551 a.C.). Dicho papiro fue escrito por el escriba Ahmes aproximadamente en el año 1650 a.C. a partir de escritos de 200 años de antigüedad, según reivindica el propio Ahmes al principio del texto.

Este papiro, *(papiro de Rhin),* de seis metros de longitud y 33 centímetros de anchura, redactado con escritura hierática, es la respuesta a todos los misterios sobre π, y, lo que es más importante, es la mejor fuente de información sobre las matemáticas egipcias que se conoce. Pues bien, en el problema 50 de este papiro nos encontramos con una estimación del número Pi. Allí el escriba nos propone hallar el área de un círculo que tenga 9 jet de diámetro (siendo el jet, una unidad de medida del Antiguo Egipto, equivalente a 100 codos reales, que vimos anteriormente). Y nos indica que esta área es igual al área de un cuadrado que tuviera de lado dicho diámetro, menos una novena parte del mismo. Despejando, obtenemos que la igualdad: Pi = $4 \times (8/9)^2$ que se corresponde con un valor con cuatro decimales de 3,1605. Y la fuente de esta estimación parece estar en la aproximación del área de un círculo a partir del área de un octógono (no regular) trazado ayudándose de un cuadrado de lado igual al diámetro del círculo.

Esta primera referencia es un tanto inútil para lo que estamos discutiendo, pues la construcción de la Gran Pirámide se realizó en el Imperio Antiguo (2635-2154 a.C.), durante el reinado del faraón Keops (2589-2566 a.C.), de la IV Dinastía (2570-2450 a.C.). La Pirámide hubo de estar terminada antes de la muerte del faraón, sucedida sobre el año 2567 a.C.. Luego hablamos de una diferencia de unos 1000 años, que se rebajaría a 800 si aceptamos la antigüedad del origen de los problemas matemáticos que redactó el escriba Ahmes. Y ante esto nos podríamos plantear si ¿tenían los egipcios que construyeron las pirámides la misma concepción acerca del número Pi? Pues no hay forma de saberlo, así que supondremos que no, aunque esto al final sería irrelevante.

Vamos ahora a echar una mirada sobre las dimensiones de la pirámide: su altura es de 146,59 metros, y la longitud de cada lado es de 230,36 metros. El ángulo de inclinación de las caras es de 51° 50'32". Estas dimensiones, en metros actuales, no dan valores enteros, pero usando como unidad de medida el Codo Egipcio (que medía 0,45 metros, a diferencia del codo real, que medía 0,52 metros), obtenemos una altura de 280 codos, y una longitud para cada lado de 440 Codos.

¿Y dónde estaría el número Pi? Pues buscando, buscando… aparece al dividir el doble del ancho de la base entre la altura, es decir:

$$2 \times L/h = 2 \times (440/280) = 3,14 = Pi$$

Expresado de otra manera: $L/h = Pi/2$

Como se puede comprobar, este valor se aproxima mejor al verdadero que al que se deduce de los cálculos que aparecen en el papiro de Rhind (3,16), por lo que suponemos, ya con cierto motivo, que la estimación de $\pi$ dada por el escriba, no se usó para el diseño de las pirámides. Incluso podemos suponer que para entonces aún no se había abstraído el concepto del número Pi…

También es verdad que, si se divide el perímetro de la pirámide por el doble de su altura, se obtiene 3,142. La cifra se parece a $\pi$, pero no lo es. Aparece como resultado de una "casualidad" geométrica, debida al uso del *seked* de 5 palmos y medio utilizado por los arquitectos egipcios. En realidad el *seked* era el ángulo de inclinación de las caras de la pirámide, y se define como "el número de palmos horizontales que corresponden a un codo de altura, siendo por tanto sus unidades palmos/codo".

El *seked* era una unidad de medida que permitía comprobar que la inclinación del edificio fuera siempre la adecuada. De hecho, en todas las pirámides que tienen el mismo *seked* aparece una cifra parecida a $\pi$, como se aprecia en los libros matemáticos egipcios, tal es el caso del papiro de Rhind antes nombrado, por lo que aprender a manejar el *seked* y calcularlo era parte de la formación de los escribas egipcios.

No obstante lo anterior, vemos cómo esta curiosa relación entorno al número π, ha dado lugar a muchas interpretaciones en forma de "inquietantes interrogantes", todo ello resuelto con "imaginativas respuestas", por decirlo de alguna forma...

También ha llevado al hallazgo de otras "sorprendentes" relaciones entre las propiedades de la esfera, cubo y/o cilindro, y las dimensiones de la pirámide, lo cual sólo tiene de sorprendente el que sustituyendo el valor de Pi, que aparece en las propiedades de cualquiera de estos cuerpos por la razón 2xL/h de la pirámide (recordemos que 2xL/h = Pi) aparecerán tales relaciones por una simple cuestión lógica.

Una posible explicación (que más adelante vamos a considerar cierta) de porqué aparece este número en las relaciones dimensionales de la pirámide, nos la da esta frase: "si pensamos que probablemente se servían de ruedas de madera para medir longitudes de forma fácil y exacta, veremos que con una de estas ruedas, hecha de la misma altura que los bloques de piedra, se comprobaba la inclinación rápidamente: cada nueva hilera de piedras debía medir media vuelta menos". Esta explicación fue planteada originariamente por el ingeniero electrónico T. E. Conolly.

En cuanto a las hipótesis de procedimiento constructivo, o por decirlo de otra forma, cómo construir una Gran Pirámide..., ya hemos visto que para construir la Pirámide lo que haríamos sería servirnos de una rueda de igual diámetro que la altura de los bloques (esto es, una rueda de un Codo de diámetro), y que tuviera marcada una cruz centrada en su centro o eje. Dicha cruz nos serviría de referencia para, bien hacer rodar la rueda una vuelta, un cuarto de vuelta, media vuelta, o tres cuartos de vuelta, según necesidad.

Una vez dispuesto, mediante marcas o cordeles en el suelo, el perímetro de la base de la pirámide, colocaríamos la primera hilera de bloques, formando una primera explanada o escalón. A continuación, nos iríamos a una de las esquinas de la pirámide, y sobre la primera hilada, perpendicularmente a su borde o arista exterior-superior, haríamos correr nuestra rueda un cuarto de vuelta sobre la cara superior del bloque ya colocado, en dirección hacia el centro de la pirámide, y trazaríamos una porción de línea paralela a ese lado de la pirámide. En el lado contiguo, y permaneciendo en la misma esquina, repetiríamos la misma operación, y justo en el punto donde se cruzan ambas paralelas obtendríamos el vértice donde iría situada la esquina de la base de la nueva hilera de bloques.

Realizaríamos este proceso en las tres esquinas restantes y así obtendríamos los cuatro vértices que definirían la base de la siguiente hilada de bloques. Además, realizaríamos una comprobación adicional: si el lado de la hilera de abajo midiera "n" vueltas de la rueda, el lado de la hilera superior habría de medir (n-1/2) vueltas de la rueda. De la misma forma, el lado de la siguiente hilera mediría (n-1) vueltas de la rueda. Y podríamos realizar otra serie de comprobaciones, como que el perímetro de la base de una nueva hilera habría de ser (n-2) vueltas de rueda del de la anterior, pero al final todas se suceden de la misma relación.

Ante todo, lo que haríamos sería controlar, mediante las longitudes de cada hilera y su posición, que la pirámide tuviera una pendiente constante. Para ello aplicaríamos 4 vueltas de rueda a la base, y a partir de ahí iríamos subiendo hasta 8 Codos de altura, de tal forma que la primera hilera fuera de 4-1/2 vuelta de la rueda, y desde esta primera hasta arriba iríamos quitando una parte de vueltas de rueda. Pues la 2ª serían 3 vueltas de rueda, la siguiente 3-1/2 vueltas de la rueda, luego 2 vueltas de la rueda, después 2-1/2 vueltas de la rueda, a continuación 1 vuelta de la rueda, y por último 1/2 vuelta de la rueda, hasta llegar a la cúspide o triángulo final.

Teniendo en cuenta un ángulo de elevación de 51º 52′. Dado que operamos con relaciones lado/altura, y que el lado desfasará lo que desfasa la cara que tiene a su izquierda (un extremo) más

lo que desfasa la cara que tiene a su derecha (el otro extremo)…
así pues, obtenemos que el desplazamiento horizontal entre desplazamiento vertical nos da L/h, igual a (PixDiámetro/2)/Diámetro = Pi/2, que nos lleva finalmente a: 2xL/h = Pi.

Justo la tan manida relación: Perímetro = 1 vuelta = Pi x Diámetro. Y, Pendiente = L/h = Pi/2.

Este método constructivo nos lleva hasta una importante consideración:

Da igual qué altura tengan los bloques, siempre y cuando la rueda utilizada para colocarlos tenga el mismo diámetro que dicha altura. Es decir, sea cual sea la altura de cada nueva hilera, la pendiente de las caras de la pirámide se mantendrá constante.

Asimismo, un cilindro de diámetro igual al de la rueda y de una cierta altura, sobre el que se fuera enrollando ordenada y apretadamente un cordel, nos permitiría obtener cordeles de una longitud igual a "n" vueltas de rueda (tantas como vueltas enrolladas), válidos para marcar el terreno o realizar comprobaciones.

Se ha planteado una objeción a este método o teoría constructiva, expresada como: "la pirámide de keops tiene 440 codos de lado, tal cual puede ser visto en las líneas diseñadas en la planta de la base, pero ¿cómo se pueden medir 440 codos contando las vueltas de un cilindro?, pues al final debemos girar el cilindro exactamente 140,564 veces".

En principio, no es imprescindible operar con vueltas enteras. Hay un método alternativo que consiste en ir descontando o cortando vueltas o medias vueltas o cuartos de vuelta de la rueda, de un hilo o cordel inicial de longitud igual a la del lado de la base de la pirámide. Quien dice descontar o cortar, también dice realizar marcas sobre el cordel. Esto nos permite elevar la pirámide a partir de una longitud de lado arbitraria.

Hay que tener en cuenta el error de medición en la base de la Gran Pirámide, que apenas llega a los 3 milímetros, por lo que se hace obligado preguntarse de qué medios se sirvieron los arquitectos egipcios cuando nosotros sólo podemos conseguirlo sirviéndonos de las llamadas "cintas de Invar" (aleación de bajo coeficiente de dilatación térmica) y con unos termómetros de precisión que controlen la temperatura ambiente.

Puede servirnos como último ejemplo el paralelismo existente entre las Pirámides de Keops y de Kefrén, cuyas caras y bases son tan absolutamente paralelas que los geómetras actuales jamás conseguirían algo semejante.

Al final, llegamos a la conclusión que debemos usar un valor lo más exacto posible de Pi, pues el perímetro del círculo no entiende de aproximaciones, sino que contiene implícitamente a Pi tal cual es (realmente esto dependerá de lo "bien" construida que esté la rueda). La división con una calculadora normal nos da:

Longitud del Lado / Perímetro de la Rueda = 440xD / PixD = 440/Pi = 140,05635 vueltas.

O sea, que nos sobran unas 0,056 vueltas... ¿error de precisión? Tan error como que 2xh/L = 2x440 / 280 no es Pi = 3,141592653..., sino más bien 3,142857142...

El caso es que si hallamos la aproximación del número Pi que correspondería a 140 vueltas exactas, obtenemos:

Aproximación Pi = Lado Pirámide / Recorrido 140 vueltas = 440xD / 140xD = 3,142857142...

Con lo cual, igualando:

Lado Pirámide / Recorrido 140 vueltas = 3,142857142... = 2xL/h = 2xLado Pirámide / Altura Pirámide.

Que, expresado de otra manera, resulta:

Altura Pirámide / 2 = Recorrido 140 vueltas

Curioso, o, ¿no tanto? Realmente no es más que una reformulación de la ya conocida relación 2xh/L = 3,142857142, donde se habría trucado el Pi implícito de la rueda para que el recorrido de 140 vueltas fuese igual a la longitud del lado de la pirámide. Es decir, supongamos una rueda que tenga el Pi implícito de la pirámide:

Lado pirámide = 440xD = 140 vueltas de rueda de perímetro: DxPi de Pirámide

Esto nos lleva a preguntarnos, ¿y si en vez de una rueda perfecta usaron una rueda imperfecta, (lo lógico, dada la tosca tecnología de entonces), cuyo Pi intrínseco no fuera el "perfecto" (ese del que ya se saben millones de decimales), ¿sino el "imperfecto" que además ya lleva implícitamente la pirámide?, o dicho de otra manera, ¿es el Pi implícito de la pirámide la consecuencia de haber realizado sus mediciones con una rueda que tuvo susodicho Pi como resultado de su imperfección constructiva?. Esta circunstancia cuadraría todas las cuentas de forma exacta.

De todas formas, tampoco tenemos porqué pretender hilar tan fino. Pues, jugar con el tercer decimal en una construcción de estas dimensiones es casi "matemática recreativa", pues la aritmética de los números aproximados afirma que, si en el resultado de la operación de división deseamos obtener un número con seis cifras exactas (3,14159), debemos tener tanto en el dividendo como en el divisor, por lo menos, las mismas cifras exactas. Esto quiere decir, en la aplicación de la pirámide, que para la obtención de un "Pi" de seis cifras es necesario medir los lados de la base y la altura de la pirámide, con una exactitud hasta de millonésimas del resultado, es decir, hasta de un milímetro. Por ejemplo, el astrónomo Maurais, aporta para la altura de la pirámide 148,208 metros, lo cual parece realizado con cuidados de exactitud hasta de 1 milímetro. Pero, ¿quién garantiza tal exactitud de medición de la pirámide? Recordemos que en los laboratorios del Instituto de Medidas, en donde se efectúan las mediciones más exactas del mundo, en la medición de una longitud no pueden superar tal exactitud (en la medición de una longitud se obtienen solamente 6 cifras exactas). Se comprende entonces como tanto más burda puede ser la medición realizada de la mole de piedra en el desierto. En verdad, en los trabajos más exactos de agrimensura (en la medición de las llamadas "bases") se puede alcanzar en una región la misma exactitud que se logra en el laboratorio, es decir, garantizar 6 cifras en el número. Pero es imposible realizar esto en las condiciones de medición de la pirámide. Pues las dimensiones iniciales, (las verdaderas de la pirámide), hace mucho que no existen en la naturaleza, puesto que el revestimiento de la construcción desapareció y nadie sabe qué espesor tenía.

En cualquier caso, el Pi de la pirámide que hemos obtenido a partir de sus dimensiones en codos y vueltas de rueda, sería un "Pi de diseño", es decir, cifras que provienen de un cierto modo de diseñar la pirámide buscando números enteros para su mejor planificación constructiva, con lo que al final da igual si la rueda era más o menos perfecta, o si la pirámide tenía un Pi implícito más o menos exacto.

Para tratar de comprender el diseño y concepción de la pirámide, vamos a intentar dilucidar en qué cálculos se basaron. Esto en realidad es muy complejo, pues la persona encargada de semejante hazaña sabe que ha de contar con medidas de valores enteros, como lo son los 440 codos de lado y los 280 codos de altura, por ejemplo. Pero aún no se ha llegado hasta esos números. Es más, saben que tendrán que realizar las medidas de longitud con una rueda, pues no disponen de una forma más exacta de hacerlo cuando de grandes distancias se trata. Además, han de hacer un precálculo o estimación de la pendiente de la pirámide, pues dicha pendiente no puede ser excesivamente elevada por razones técnicas y constructivas, ni tampoco puede ser muy baja, debido al alto coste en piedra y superficie construida por altura conseguida. Al final, como lo que interesa es la altura, se intentará conseguir a partir del mínimo área construida y volumen de piedra posible. Así pues, se harán los esbozos basándose en un círculo. Por lo que, se tumba una rueda para medir sobre el suelo, (que tenga un diámetro o altura de un codo), y se traza una línea vertical igual al diámetro de la rueda. Pues bien, ahora se prueban diferentes valores para el lado de la pirámide. En primer lugar, perpendicularmente a la línea vertical, es decir, horizontalmente, y a partir del extremo inferior de dicha línea se traza media vuelta de la rueda hacia la izquierda y otra media hacia la derecha, lo que supone un lado para la pirámide de una vuelta entera. Se unen los extremos de las líneas horizontales con el extremo superior de la línea vertical formando el triángulo, y se observa la pendiente. Si no le gusta, porque, por ejemplo, la pendiente es demasiado baja, pues prueba la siguiente, un cuarto de vuelta hacia un lado, y otro cuarto hacia el otro. Con lo que finalmente, con un cuarto de vuelta hacia un lado y hacia el otro, con el diámetro de la rueda, y la longitud de un codo, se da con la pendiente correcta.

A continuación, se decide la altura de la pirámide: por ejemplo, 200 codos o diámetros de rueda. Ahora bien, ¿cuántos codos ha de tener el lado de la pirámide para esa altura, supuesto que la pendiente es la ya decidida? En principio sólo sabemos que el lado de la base medirá 100 vueltas de su rueda, 50 hacia la izquierda y 50 hacia la derecha de la línea vertical de altura, pero no se sabe cuántos codos corresponden a esa longitud. Después, desde un extremo, vamos colocando la rueda tumbada de forma sucesiva hasta recorrer toda la longitud trazada, mientras se cuenta cuántas veces se desplaza la rueda tumbada, o sea, cuantos codos o diámetros recorre…

Hasta que al final, después de muchas pruebas, se da con el resultado: La pirámide tendrá de alto 280 codos o diámetros de rueda, que corresponden (para la pendiente elegida) a 140 vueltas de la rueda de lado, (y tal lado medirá exactamente 440 codos o diámetros de rueda).

Al final, lo mejor de todo es que para la concepción de la pirámide (hallar los números enteros necesarios), no es imprescindible usar una rueda de diámetro igual a un codo, sino una cualquiera más pequeña de cualquier diámetro, lo cual resulta un interesante y utilísimo instrumento de modelización a escala. Lo de medir los codos que tienen las líneas trazadas tumbando la rueda ya sabemos que tampoco es necesario, pues basta una cuerda que tenga marcada cierto número de veces la medida de un codo, lo que facilitará la tarea.

Además, con el método expuesto, no hace falta saber que 140 vueltas de rueda corresponden aproximadamente a 440 diámetros de rueda, sino que basta hallar el más pequeño de los números de vueltas de rueda que corresponden aproximadamente a un valor entero de diámetros de rueda, y a partir de ahí multiplicar ese número por 2, 3, 4... etc, para ver qué alturas y lado finales nos convencen más. Si después tuviéramos una desviación demasiado grande (esto es, si la división entre diámetros y vueltas finales se alejara de un entero, - que por otra parte es lo lógico pues al multiplicar un número con decimales se multiplican también tales decimales - por ejemplo: 3x100,01 = 300,03), entonces se reajustarán los valores, pero ya partiendo de una aproximación válida, lo cual es sin duda una comodidad. Así, la relación:

440 / π = 140 vueltas

Se obtiene también de multiplicar por 20 la relación:

22 / π = 7 vueltas

Observemos un detalle curioso: el semi-perímetro de la pirámide (el doble del lado de la base) es igual a 880 codos. Si lo dividimos por la altura de la pirámide obtenemos lo siguiente:

(880 / 220) = (22/7) = 3,142857...

O sea, una aproximación bastante buena del valor de π, que se suponía que no se conoció hasta muchos siglos más tarde, cuando lo descubrió Arquímedes. De hecho, esta aproximación es mucho mejor que la del papiro de Rhind (nombrado anteriormente), que sabemos fue posterior en unos 700 años. ¿Qué podemos deducir de ello? Hay al menos cuatro posibilidades:

1.- Los constructores egipcios de la cuarta dinastía conocían ya la aproximación de π por la fracción 22/7, descubierta dos milenios después por Arquímedes. Cuando el Imperio Antiguo se hundió y dio paso al Primer Período Intermedio, que fue una edad oscura, pudieron perderse esos conocimientos matemáticos, lo que daría lugar a que los constructores del Imperio Medio, que le sucedió, sólo conocieran una aproximación peor de π.

2.- Es una pura casualidad. En la segunda pirámide de Guiza, la del faraón Kefrén o Jafra, el cociente de ambas medidas es igual a 3 (o lo era, cuando la pirámide estaba completa). En la tercera pirámide, la más pequeña, la del faraón Menkaure o

Micerinos, la relación es mayor, vale entre 3,2 y 3,3. Que en la primera, la más grande, esa relación valga 3,14 puede ser efecto del azar.

3.- Muy remota y extraña: los extraterrestres enseñaron a los egipcios cómo construir pirámides. Hacer esa relación igual a una aproximación de π fue un mensaje simbólico para que civilizaciones posteriores como la nuestra pudieran intuir que ellos estuvieron aquí. Aunque parezca mentira, esta explicación se ha propuesto en serio y ha dado lugar a numerosas ideas esotéricas, a cuál más absurda, sobre la Gran Pirámide.

4.- Alguna otra razón distinta de las anteriores: En primer lugar, vemos que la primera explicación no es muy creíble, pues los conocimientos técnicos no suelen perderse con tanta facilidad, a menos que sean muy complejos. Pues ya durante la Edad Media europea (que algunos llaman Edad Oscura), no sólo no se perdieron los avances técnicos de los romanos, sino que se añadieron otros, como los molinos de agua y de aire, el arado de reja, el arnés, el estribo, la chimenea, el arbotante, y el reloj mecánico. Por tanto, no parece probable que un dato tan sencillo como la fracción 22/7 cayese en el olvido de los arquitectos durante milenios.

A la vez que la segunda explicación no parece razonable. Lo sería sí, en la Gran Pirámide, el cociente entre el semi-perímetro y la altura hubiese sido 3'1, por ejemplo, pero que sea precisamente 22/7 parece demasiada casualidad.

De la tercera explicación podemos decir, entre otras cosas, que "esos extraterrestres" son demasiado simples. Puesto que si querían dejarnos el legado de una buena aproximación de π, ¿por qué conformarse con 22/7? ¿Por qué no utilizar una mucho mejor? Si eran tan listos como para realizar viajes interestelares, conocerían el valor de π con varios billones de cifras, como ahora nosotros, ¿por qué contentarse con tres?

Ante esta situación, la mayor parte de los investigadores ha optado por la cuarta alternativa (la de alguna otra explicación).

Sí, pero ¿cuál? Se han propuesto dos, que parecen bastante razonables:

a) Un equipo japonés que estudió en Egipto los métodos de construcción de la Gran Pirámide propuso que los egipcios, habrían utilizado ruedas para medir distancias horizontales largas. Por lo que, en lugar de contar codos, contarían las vueltas de una rueda de un codo de diámetro. Si decidieron que la altura de la pirámide fuese igual a 280 codos y que la longitud de cada lado de la base fuese igual a la mitad de esta cifra (140 vueltas de una rueda de un codo de diámetro), esta longitud sería igual a 440 codos. El valor de $\pi$ y su aproximación por la fracción 22/7 habrían aparecido de forma automática, sin que los egipcios se dieran cuenta de ello.

b) La otra explicación se basa en el ángulo de la pirámide. Para medir distancias más cortas que el codo, los egipcios utilizaban el dedo. En un codo cabían 28 dedos. Para medir la inclinación de una rampa, especificaban el número de dedos de la base para ascender un codo. Como sólo utilizaban números enteros, el número de inclinaciones posibles entre 45º y 90º era igual a 28: desde un dedo por codo, hasta 28 dedos por codo (45º). Pues bien, la inclinación de la Gran Pirámide es de 22 dedos por codo, por lo que la relación entre el doble de la longitud de la base (el semi-perímetro), y la altura, resulta ser (88/28) = (22/7). Apareciendo de nuevo el valor 22/7 automáticamente en los resultados. Y, gráficamente lo vemos en un triángulo rectángulo: el cateto corto tendría un valor de 22 dedos, el largo de 28 dedos, y la hipotenusa, nos daría el famoso valor: 51º 52'.

Por ello, supongamos que damos por buena la explicación de la utilización de la rueda (equivalente a un codo de diámetro). Si no fuese eso lo que ocurrió, sí podría haber ocurrido, y eso es lo que importa en este razonamiento. Al utilizar ese método de medida, el valor de $\pi$ se habría introducido automáticamente en las dimensiones de la pirámide, a pesar de que los egipcios de la época podían no conocer la existencia de π. Quizá este experimento mental indica que el valor de π no fue inventado, sino descubierto, esto es, que ya existía antes de que ningún ser humano se fijara en él.

Sigamos con el valor de la altura de la pirámide igual a 280 codos, y que 440 / π = 140 vueltas.

Pues bien, ya habíamos visto que se obtenía de multiplicar por 20 la relación: 22 / π = 7 vueltas

Lo que nos da además una altura de 14 codos (280/20 = 14) y que, por cierto, correspondería a una estimación para el número Pi de 22/7, bastante mejor que la de: 4x(8/9)$^2$ del papiro de Rhind ya comentado. Llegados a este punto, hay que señalar que Apolonio de Perga (siglos III-II a.C.), conocido como "El gran geómetra", usó el valor 22/7 como cota inferior de Pi. Esto nos lleva a preguntarnos si cuando se construyó la pirámide se conocía o se usaba la siguiente regla: "si se hace girar una rueda 7 veces, la distancia recorrida será igual a 22 veces su diámetro". Esta regla es de distinta naturaleza a la que hallamos en el papiro de Rhind, pues relaciona el perímetro con el diámetro, y no el área con el diámetro, como ocurre con dicho papiro. En caso afirmativo, si por aquel entonces se hubiera conocido dicha regla, la persona que se encargó de llevar a cabo la Pirámide habría podido diseñar cómodamente su gran obra.

Después de esta disertación, a mí me gusta decir, como opinión muy personal, que Pi viene de Pirámide…

Podemos decir que, en un "caso práctico", en un modelo de la pirámide a escala 1/20, su base equivaldría a 7 vueltas de rueda, con 22 codos de lado, y una altura de 14 codos.

Llegados a esta conclusión, no hacemos más que confirmar desde el punto de vista constructivo y también de planeamiento y diseño previo, la teoría de T. E. Conolly, que ya de por sí resulta bastante convincente, por lo que está claro el uso del círculo para su construcción. Y más teniendo en cuenta que el área de un círculo es $\pi r^2$…

Otro datos a tener en cuenta, es que los "agrimensores" y constructores de pirámides, trazaban líneas perpendiculares sobre el terreno, utilizando una cuerda de 12 nudos equidistantes. Con este método dibujaban en el suelo triángulos rectángulos de lados 3, 4, y 5, que trasladado al Teorema de Pitágoras, forman la famosa terna: $3^2+4^2=5^2$.

Su método era el siguiente: colocaban un poste nivelado con plomada, marcaban las sombras producidas por el mismo al amanecer y al anochecer, después trazaban la mediatriz con la ayuda de una cuerda, y así obtenían una línea orientada en dirección Norte-Sur. La sombra más corta que producía el poste a lo largo del día estaba siempre orientada al Norte geográfico de la Tierra, y con ella se podría comprobar que el trazado de la mediatriz se había realizado correctamente, ya que debían coincidir sombra y línea calculada. Así, en caso de estar perfectamente orientada, instantes antes de coincidir, la sombra debía ser algo más larga, y lo mismo ocurría para instantes después.

En el punto encontrado, podemos poner otro poste y repetir la operación sucesivamente hasta tener la longitud deseada y perfectamente alineada hacia el Norte.

En cuanto a la forma de alinear la Pirámide, la técnica de nivelación es asombrosa de tan sencilla que es. Pues es igual de simple que colocar dos largos canales dispuestos en cruz y orientados según los cuatro extremos o esquinas. Una vez llenos de agua y selladas las juntas con arcilla o yeso el nivel queda marcado con perfección absoluta. No queda más que señalar puntos y repetir el procedimiento para marcar los 4 lados. Esta vez teniendo en cuenta el asentamiento, que será mayor en las partes medias, por lo que habrá que curvar ligeramente la línea de nivel hacia arriba.

Como bien decía anteriormente, fue en Egipto donde se empezó a emplear el número Pi. Pues si dividimos el perímetro de la Pirámide por el doble de su altura se obtiene un cociente de 3,144, lo que supone un valor muy próximo al del número pi, esto es 3,14159. Dicho de otra forma, la altura de la Pirámide parece ofrecer la misma relación que el radio del círculo con la circunferencia. Esto supone atribuir un conocimiento matemático prodigioso a los constructores de las Pirámides, pues de siempre se ha creído que el valor exacto de $\pi$ lo había descubierto en el siglo VI d.C. el sabio hindú Arya-Bhata, pero sólo llegando al cuarto decimal.

Por otra parte, las cuatro caras que definen la Gran Pirámide no son lisas. Su eje está un poco introducido para dentro, de tal manera que las apotemas están hundidas. No tiene cuatro caras triangulares, sino ocho semicaras triangulares, aunque las apotemas rehundidas presentaban un problema geométrico, y es que, hasta ahora se había definido que la base tenía 440 codos reales y la altura 280 más uno del zócalo. Estos 281 codos están proporcionados con la distancia del Sol en el perihelio, es decir, en el momento en que está más cercano a la Tierra. Mide 147,134 metros, y la distancia al Sol en el perihelio es poco más de 147 millones de kilómetros. Con lo que, si multiplicamos la altura de la pirámide por 1.000 millones…"llegamos al Sol".

En cuanto a las caras de la Gran Pirámide, vemos cómo los ejes de las caras están ligeramente rehundidos. La hilada de recubrimiento que ha quedado en la cara norte nos da con mucha aproximación la inclinación que tenía. Si la aplicamos, no llegamos arriba, nos quedamos cortos, pues no llegamos a la altura de 280 Codos más uno. Es por esto qué, quizás faltaba en la pirámide una coronación. Tal vez el famoso piramidón o piramidión (esto es, la pieza pétrea de forma piramidal que se situaba en la parte más alta de los obeliscos y pirámides, o cúspide, y que simbolizaba el lugar donde se posaba el dios solar Ra o Amón-Ra, en la cúspide del monumento, como punto de unión entre el Cielo y la Tierra). Aunque hasta ahora eran piramidales, por lo que hubiera tenido la misma inclinación, pero a la vez no resolvía el problema de la falta de altura. Lo que estaría coronando la pirámide tenía que ser algo distinto, algo sobrepuesto. Pensando que las aristas de las pirámides representaban los rayos pétreos del Sol, tal vez lo que había arriba fuera un símbolo del Sol, una forma esférica, una esfera.

Como decimos, a la gran pirámide de Keops le falta su piramidón.

Junto a la pirámide Roja (que también se encuentra en Guiza) se halló un piramidón, que se estima sería el que le falta a la Gran Pirámide. Originalmente el piramidón medía 1 metro de altura, algo obviamente imposible ya que los egipcios no conocían el metro.

Después misteriosamente el piramidón fue reemplazado por otro con otras medidas. ¿Casualidad?, no creo, porque es obvio que tuvieron que ocultar el descubrimiento, ya que era inaceptable. Debido a que "el metro como unidad para medir longitudes se estableció en 1791 por la Academia de Ciencias de París... En ese momento se definió como la diezmillonésima parte del cuadrante de un meridiano terrestre". Es decir, el metro se obtiene con datos precisos del mundo, algo que los egipcios claramente no tenían, pero quien fuera el que ideara la construcción de la pirámide sí.

¡No sólo esto!, sino que el piramidón original medía un metro de altura, y cada lado de la base medía 1,57 metros, que multiplicado por dos da 3,14. Una gran aproximación o redondeo a $\pi$. Con esto se puede decir que cada lado de la base mide $\pi/2$. Y podemos afirmar entonces que el piramidón era una especie de modelo a escala de la gran pirámide, y que el "arquitecto" de tal maravilla conocía claramente $\pi$ y el metro. De hecho, las relaciones matemáticas en relación a la Pirámide sólo son posibles si se utiliza como unidad de medida el metro, por lo que definitivamente fue intencional. Además de que el piramidón encaja perfectamente en la gran pirámide.

Para obtener $\pi$, en la Gran Pirámide, basta con multiplicar por dos un lado de la base y dividirlo por la altura.

Aunque, según la reconstrucción de la Gran Pirámide hecha por Miquel Pérez Sánchez Pla, la pirámide estaba coronada no por un piramidón, sino por una esfera con aleaciones metálicas y propiedades electromagnéticas.

Por otra parte, dado que en el vértice de la pirámide había una relación con el número "e", la base de los logaritmos neperianos, es posible que el diámetro de la esfera pudiera ser "e". Si se hace una simulación se puede ver que el perímetro en Codos Reales de la plataforma que trunca la pirámide en su parte superior era el número Pi. Además, la altura del vértice salía muy próxima al cociente de dividir un millón por 3.600. Para los egipcios, el millón era el número del infinito, y 3.600 son los segundos de una hora y un grado. Por lo que podría representar lo infinitamente grande y lo infinitamente pequeño.

De esto no se tiene la certeza hasta que no se mide la dimensión del monumento, y resultó ser 100.000 veces el número Pi.

Además, por otra parte, la suma en Codos Reales de la superficie, el volumen y el perímetro de la Gran Pirámide nos da un múltiplo de 888. Y, extrañamente, el monumento parece tener medidas en metros, lo que es difícilmente explicable. Por lo que, al hacer la transformación de Codos Reales a metros a través del número Phi, ($\Phi$, o también llamada proporción áurea, lo que permite una transformación absolutamente exacta entre ambas unidades), vemos que la suma de la superficie, el volumen y el perímetro en metros lo confirma, al repetir la ley del 888. Por cierto, el análisis del 888 nos lleva seguramente a entender que lo del "666" es un mito… Pues el dios único se oculta tras el 888. Es un tema complejo y apasionante, pues los egipcios utilizaron el 888 como confirmación del espacio y el tiempo, de la Gran Pirámide.

Al hablar del número Phi, tenemos que hacer referencia a las constantes matemáticas en la Gran Pirámide. Puesto que en ella las encontramos como resultado de relaciones entre sus dimensiones. Hablamos de constantes universales muy importantes y usadas actualmente como $\pi$ (pi), $\Phi$ (phi), e (número de Euler), c (constante de la luz), entre otras. Encontramos también el metro, y una medida oficial de los egipcios, que era el codo, que se relaciona con pi y con phi. Es decir, el codo era un disfraz de estas dos constantes, o simplemente una variante de las mismas, ¿cómo lo obtuvieron?, no se sabe, pero lo que está claro es que no es una coincidencia, os obvio que no, pues algo tan perfecto no hay duda de que fue pensado perfectamente...

Damos un paso más, y analizamos la comparativa entre Pirámide de Keops frente a la Pirámide del Sol. Primero analizamos las similitudes entre estas dos pirámides tan lejanas (una en Guiza y la otra en Teotihuacán). La base de la pirámide de Keops es de aproximadamente 230 metros (originalmente), mientras que cada base de la pirámide del Sol de México mide aproximadamente 223 metros, es decir, que salvo un pequeño error del 4 % tienen la misma base. Se dice también que la pirámide del Sol se encuentra justo en la parte opuesta de la Pirámide de Keops. Esto quiere decir que cuando el último rayo del Sol desaparece en la cima de la pirámide mexicana, justo en ese momento, se asoma el primer rayo de sol en la cima de la pirámide en Egipto. También se dice que la pirámide del Sol tiene relación con los equinoccios o los solsticios (al igual que las otras pirámides, incluida la de Keops). El arqueólogo Felipe Solís afirma que "lo que resulta extraordinario es que la pirámide del Sol y multitud de edificios estaban construidos para marcar exactamente el día en el que se iniciaba el equinoccio". Por lo que tomando en consideración la correlación de Orión, notamos que el complejo de Teotihuacán (que justamente tiene 3 pirámides, y una más grande que las demás, como pasa en Guiza) está alineado con el cinturón de Orión, aunque de una forma quizás menos precisa que en Guiza. Qué casualidad!...

Como dato curioso, una rareza que se pudo apreciar en una antigua foto de la RAF (real fuerza aérea británica), es como la luz rasante durante los equinoccios remarca las dos partes en que se dividen las caras de la Gran Pirámide. Este hecho, y su orientación hacia el norte, genera en las caras norte y sur un fenómeno de proyección de sombras durante los equinoccios de primavera y otoño, en los que, hacia el amanecer, y durante unos minutos, la mitad oeste de las caras norte y sur es iluminada por los rayos del Sol, mientras la mitad este permanece en sombra, ocurriendo exactamente lo contrario en el ocaso de la misma fecha. Es el denominado "efecto relámpago", y esta singularidad óptica y geométrica serviría probablemente para señalar las efemérides astronómicas que son los equinoccios, fechas con igual duración del día y la noche.

Ahora bien, vamos a pasar a analizar y comparar cómo se construyeron ambas pirámides: Primero, se supone que la Gran Pirámide se construyó en 20 años, calculemos un poco: 20 años, turnos de 12 horas, 365 días al año, 2 millones de bloques… nos daría un bloque cortado, tallado, trasladado y ubicado cada 2 minutos y medio. Aún no se había inventado la rueda, el acero o el hierro, utilizaron cinceles, martillos de piedra, cuerdas de cáñamo y sobre todo mucha inteligencia. Es decir, hace 47 siglos, cuando el resto del planeta se vestía con pieles de animales, los egipcios construían las pirámides. Por lo que el período de 20 años de construcción se quedaría corto.

Mientras que si tomamos como ejemplo a las pirámides de Teotihuacán, vemos que fueron construidas en 150 años aproximadamente, lo cual es más lógico. Además, la pirámide del Sol posee mucha menos altura que la Gran Pirámide, a pesar de poseer similar base. Con lo que podríamos concluir que la Gran Pirámide, al ser más grande, compleja y abstracta, no pudo ser construida en ese período de tiempo.

Y, más cercano en el tiempo, tenemos el caso de la década de los años sesenta cuando 22 países desmontaron el templo de Abu Simbel, usando tecnologías modernas para protegerlo de la inundación de la presa de Asuán. Tardaron 5 años en desmontarlo y reconstruirlo. Comparemos: Para 2.200 bloques tardaron 5 años, ¿mientras que para 2 millones de bloques tardaron 20 años (y sin la tecnología actual)?…

Al igual que fue muy comentado en Francia que, recientemente, una cantera de arcilla de un volumen algo superior a la mitad de la Pirámide, tardaran 12 años en cubrirla con escombros con un camión cada 3 minutos y utilizando aproximadamente 80 camiones por día. Es decir, tiempos equivalentes para un trabajo proporcional, pero claro está, los egipcios no conocían siquiera lo que era una rueda, y sin embargo apilaron millones de bloques de toneladas sin mucho problema.

De la misma época, también hace poco, en 2013, se ha descubierto que, durante las excavaciones de un antiguo puerto del Mar Rojo, el egiptólogo francés Pierre Tallet, encontró unos papiros que incluían el diario de Merer (uno de los supervisores de la construcción de la Pirámide). Y, al año siguiente, en 2014, el estadounidense Mark Lehner, al frente de la Ancient Egypt Research Association (AERA), halló, junto a las pirámides, las ruinas de un puerto que servía para transportar los materiales a través de canales en el Nilo, y por medio de estos hallazgos se pudo también confirmar que los obreros no eran esclavos, sino trabajadores cualificados y bien alimentados. A la vez que se demostró que no se habían utilizado ruedas ni poleas, sino que una vez que los bloques de piedra llegaban al puerto de Guiza tenían que acarrearlos hasta la obra y colocarlos, pero el método utilizado fue arena húmeda para reducir la fricción, pues como se demostró ese mismo año en la Universidad de Ámsterdam, para "transportar un trineo con una pesada carga, basta humedecer la arena en el grado justo para reducir la fricción y por tanto el esfuerzo". La pista clave de este hallazgo la proporcionaron los propios antiguos egipcios, en una pintura en la tumba de Djehutihotep, del año 1900 a.C., que muestra a un grupo de hombres arrastrando una estatua sobre un trineo, mientras delante, otra persona vierte agua sobre la arena. Donde los egiptólogos veían un gesto ceremonial, el equipo de la Universidad vio una solución práctica, pues sus experimentos muestran que el grado justo de agua, entre un 2 % y un 5 % del volumen de la arena, forma puentes capilares entre los granos que reducen el coeficiente de fricción. Parece una explicación muy plausible lo representado en la pintura de la tumba, pues este equipo ha replicado su estudio inicial con arena de composición similar a la del Nilo, que contiene arcilla y limo.

Mientras que el otro gran obstáculo al que debían enfrentarse los constructores de la Gran Pirámide era el de elevar los bloques de piedra a su lugar. Entre los estudiosos, hay coincidencia en que había un sistema de rampas para subir los bloques. Siendo sus direcciones, ángulos y materiales muy problemáticos para dicha tarea, pero mientras Lehner propone una rampa en espiral apoyada en la pirámide, como una carretera que asciende una montaña, Houdin desarrolla también un modelo de rampa en espiral, pero por el interior de la estructura.

Unos años después, en 2017, el uso de la muografía, técnica similar a la radiografía, permitió detectar una posible cavidad desconocida, y según la egiptóloga Kate Spence, de la Universidad de Cambridge, la posición y la inclinación del hueco sugieren que podría ser una rampa utilizada durante la construcción.

Sea cual fuere el diseño de las rampas, vencer las pendientes con tan pesadas cargas debía ser una tarea ardua, aunque tal vez lo fuera algo menos si los egipcios empleaban el sistema descrito en 2014 por el físico de la Universidad Estatal de Indiana, Joseph West, (otros expertos habían propuesto el posible uso de estructuras cilíndricas de madera que permitían hacer rodar los bloques), nacida de un proyecto para sus estudiantes, y que es notablemente más sencilla, pues consiste en atar tres postes de madera a cada cara del bloque, convirtiendo su sección cuadrada en un polígono de 12 lados... de este modo incluso una sola persona podría hacer rodar un pesado bloque.

Hacemos aquí un inciso, para basarnos en lo sobrenatural y extraordinario, y es que en vez de contar con ayuda "extraterrestre" como diversas teorías así lo confirman, hay quien supone que no sería descabellado que hubieran trasladado los bloques de piedra "volando"... pues dos inquietantes piezas arqueológicas encontradas en Egipto llevan a pensar si en realidad los antiguos egipcios fueron capaces de volar, o incluso de llevar volando las enormes piedras...

En Saqqara (Egipto), fueron hallados dos artefactos que fomentaron la idea de que esta civilización logró este hito, o al menos, que los antiguos egipcios pudieran haber tenido conocimientos de Aviación. Estos descubrimientos son la Mesa de ofrendas de Defdji, y el Pájaro de Saqqara. Ambos objetos han suscitado interpretaciones que nos hacen pensar que los egipcios ya llevaban 4000 años civilizados.

Pues bien, el primero de estos objetos, la Mesa de ofrendas de Defdji, se conserva en el Museo de Antigüedades de Leiden, Países Bajos, y es un enigmático artefacto de más de 40 siglos de antigüedad, y ha dado lugar a interpretaciones fascinantes, pues se diferencia de otras mesas de ofrendas egipcias en que su forma es redonda, así como su meticulosa ornamentación. Hecha de alabastro blanco, la Mesa tiene un diámetro de 49 centímetros y un grosor de 13. Pero lo más sorprendente es su parecido con un instrumento moderno de vuelo conocido como Coordinador de Giro (TC), usado por los pilotos para monitorear la dirección y la velocidad de los cambios de rumbo en un avión.

Las mesas de ofrendas eran comunes en el antiguo Egipto y su función principal era solamente simbólica, sólo para recolectar alimentos y bebidas para el sustento del difunto en el más allá, con un canal para que los líquidos ofrecidos fluyeran sobre ellas.

Pero esta mesa de ofrendas es inusual porque la mayoría de las mesas conocidas son cuadradas o rectangulares. Existen numerosas representaciones de ellas en las paredes de las tumbas y en las estelas de las puertas falsas que servían como puente entre el mundo de los vivos y el de los muertos.

Según los jeroglíficos, en este artefacto hallado en Saqqara, Defdji era un funcionario con títulos destacados como "Conocido del Rey", y, "Amigo Único".

La mesa redonda de Defdji es inusualmente detallada, destacando en el centro un grabado jeroglífico con el signo "hetep" que significa "estar satisfecho, en paz".

El segundo artefacto, conocido como Pájaro de Saqqara, fue descubierto en 1898 por el arqueólogo francés Victor Loret. Este pequeño objeto de madera, que mide 14 centímetros de largo y tiene una envergadura de 18 centímetros, y pesa 39 gramos, ha sido interpretado por algunos como una maqueta de un aeroplano, (prueba de que los antiguos egipcios habían conquistado el cielo). En 1969, el especialista Khalil Messiha dijo que la forma del pájaro, sin patas, y con una cola similar a un timón, podría ser la evidencia de que los egipcios antiguos sí habían llegado a experimentar con el vuelo.

El Pájaro de Saqqara está tallado en madera de sicómoro y originalmente estaba pintado para parecerse a un halcón. Sus alas, ligeramente curvadas hacia abajo y una más larga que la otra, (lo que, combinado con su cola vertical, facilita el giro y retorno al lanzador), han llevado a algunos a especular que podría haber volado de manera similar a un boomerang. Y además, la inscripción ptolemaica que acompaña al objeto dice "Pa-di-Amón" (Regalo de Amón), que lo hacen todavía más misterioso de lo que ya en sí es.

En 1972, las autoridades egipcias incluso organizaron una exposición en el Museo Egipcio de El Cairo, para presentar a Egipto como pionero de la aviación con cuatro mil años de experiencia. La exposición, con el apoyo de los Ministerios de Educación y del Aire, presentó el Pájaro o Planeador de Saqqara, (considerado un oopart, o artefacto fuera de lugar), como parte de una colección de artefactos bajo el lema de aeromodelismo en el Antiguo Egipto.

Actualmente se exhibe el ingenio en la sala 22 del Museo Egipcio de El Cairo.

Jen Leclant, decano de egiptólogos, dice que "no se puede datar perfectamente nada antes del 680 a.C. Antes de eso todo es incierto… Las diferencias podrían sumar o restar 200 años".

Si bien se encontró una inscripción que supuestamente corresponde a Keops dentro de la pirámide, ésta pudo ser implantada después, ya que dentro de las pirámides curiosamente no hay inscripciones, lo que también es extraño, ya que los egipcios acostumbraban a dejar inscripciones por todas partes.

La Gran Pirámide tiene cuatro canales estelares que salen dos en dirección al norte, y dos, en una bifurcación que dan a las Cámaras del Rey y de la Reina, (la primera tiene forma rectangular, de 5,24 metros de ancho, norte-sur, por 10,48 metros de largo, este-oeste, siendo su ancho igual al de la Cámara de la Reina, mientras que ésta está situada en el centro del eje norte-sur de la Pirámide, es abovedada, sin decoración, y de planta rectangular, de 5,65 metros de largo por 5,23 metros de ancho, con distintas alturas de 4,17 y 6,30 metros). Tras esta bifurcación, un camino llegaría hasta la Cámara de la Reina, y el otro, por la parte ascendente, a la gran galería que desemboca en la Cámara del Rey.

La Cámara de la Reina es sin duda una cámara de resonancia en la que hay indicios de que había un "sarcófago" que sería en realidad una cavidad que resonaría no sólo con emisión fotónica, sino también con una emisión desconocida procedente del material activo de la supuesta tumba de Osiris o de cualquier mastaba, y también del material activo del que estaría hecho el propio "sarcófago". Al igual que el "sarcófago" de la Cámara del Rey donde encontramos granito rojo, procedente de una cantera de Asuán, a más de 800 km de distancia, que fue transportado en barcos por el Nilo, (mientras que los bloques de caliza, que componen la mayor parte de la estructura y el antiguo recubrimiento, se extraían de canteras cercanas a la obra), aquí también nos encontramos dos canales, que serían los de ventilación.

Este mal llamado "sarcófago" de la Cámara de la Reina, estaría sellado al vacío, teniendo las mismas características de construcción que el "sarcófago" de la Cámara del Rey y los mal llamados "sarcófagos" para bueyes del Serapeum (o nombre dado por los antiguos romanos a los templos de Serapis y especialmente al construido en Alejandría por Ptolomeo I), o de la supuesta tumba de Osiris, o de cualquiera de las mastabas. O también de cualquiera de los llamados templos.

La emisión desconocida sería emitida gracias no sólo al granito, sino también a las proporciones de construcción del supuesto sarcófago, y también a la cámara del caos y las cinco cámaras de descarga, que excitarían el material activo donde estaría concentrado buena parte de ese poder tecnológico, y que no sería otro sino los casi tres millones de bloques de caliza.

Aquí habría que preguntar a los arqueólogos, ¿para que servirían unos canales de ventilación que estaban tapados por 12 centímetros de pared, y 62 metros más arriba por otros dos tramos más?, tal como descubrió el ingeniero alemán Rudolf Gantenbrink en 1993.

Siguiendo con las emisiones, la otra parte de la señal iría a la gran galería, donde hay bloques de 60 toneladas de material activo, y donde se ha comprobado que hay una acústica muy especial.

Por tanto, la señal entraría en una estancia muy grande, para salir por una cavidad muy pequeña donde está la cámara de los rastrillos. Estos eran de granito. Y por encima de éstos, la abertura es de 60 centímetros, que inyecta señal de la gran galería a la cámara de Campbell.

En estos rastrillos podría producirse emisión radioeléctrica por efecto piezo-eléctrico, mediante las ondas de presión, pero esta emisión "sólo" se desplaza a la velocidad de la luz, y teniendo en cuenta que la estrella más cercana, "Próxima Centauri o Alfa Centauri C" (estrella enana roja), está a 4,22 años luz, ¿cuánto tardaría la señal en llegar a su destino?, está claro que no sería esta la emisión manejada, pues sin duda habría más cosas desconocidas.

La cámara de los rastrillos que antecede a la del Rey, podría servir como un filtro que dejase pasar la frecuencia con la que trabaja la Cámara del Rey, en una especie de frecuencia intermedia, ya que por la bifurcación del canal ascendente que va a la gran galería podían entrar muchas frecuencias procedentes de la supuesta tumba de Osiris o de cualquiera de las cercanas mastabas, que tendrían la misma función que los 24 "sarcófagos" del Serapeum tienen para el complejo de Saqqara. Como la mastaba de Khentkaus, que posiblemente daba señal a la llamada "tumba" de Khentkaus, que también cuenta con un "sarcófago" o cavidad resonante.

Se ha dicho que las piedras de los rastrillos podrían moverse mediante poleas o cuerdas, lo que no parece probable, ya que esta construcción fue diseñada para durar miles de años, y las poleas no guardan relación con la tecnología empleada. Además que no durarían tanto tiempo, eso sin entrar a considerar cómo se movían. De hacerlo sería mediante mecanismos antigravedad por resonancia de esa emisión desconocida, lo que quizá nos podría dar la clave de la antigravedad.

Se ha demostrado que los llamados conductos de ventilación están orientados al cinturón de Orión, el Dios Osiris para los egipcios, y a la estrella Sirio que era Isis, la esposa de Osiris, así como a otras estrellas.

Además, no debemos olvidar que la Tierra gira sobre sí misma y alrededor del Sol, y todo el sistema da una vuelta cada 25.920 años alrededor de la estrella Alción, de las pléyades, además de tener en cuenta el movimiento de precesión, que dura unos 26.000 años, y estas construcciones estaban hechas para durar miles de años. Estos conductos también debían tener algún papel en el funcionamiento de esa máquina.

Las llamadas cinco cámaras de descarga, podrían ser un amplificador al que entraría parte de la señal procedente de la gran galería por la abertura cuadrada de 60 centímetros, para hacer entrar en vibración dichas cámaras.

La señal que entra en la Cámara del Rey, a través de la cámara de los rastrillos, podría sufrir un batido de frecuencia con la emisión del llamado "sarcófago" de la Cámara del Rey, siendo la frecuencia resultante la que hiciese vibrar toda la pirámide. Este sarcófago también es en realidad una sofisticada cavidad resonante cuyo volumen interior es igual a la mitad de la masa de la roca empleada, y estaba sellado al vacío, como ocurre con los llamados "sarcófagos" para bueyes del Serapeum.

Por tanto, vemos que tanto la llamada Cámara del Rey, como la de la Reina, junto con las cámaras de descarga, y la cámara del caos, son en realidad el mecanismo de bombeo que excita el material activo de ese generador láser que no es otro sino los casi tres millones de bloques de caliza que están confinados dentro de una cavidad resonante que estaría formada por las losas de revestimiento que estaban pulidas con calidad óptica, de las cuales sólo quedan las de la parte de arriba de la pirámide de Kefrén. Dichas losas fueron construidas con una calidad óptica sólo comparable a la de la lente mayor del telescopio de Monte Palomar, que se tardó todo un año en construir, utilizando la tecnología más avanzada, y 10 años en terminar de pulir. Teniendo en cuenta que eran 27.000 las losas de revestimiento que cubrían las 10 pirámides de Guiza, (las tres famosas y 7 satélites)… A nosotros, con nuestra tecnología, nos hubiese costado 270.000 años hacer esas losas de revestimiento. Por no hablar de las losas de revestimiento que cubrían las más de 120 pirámides que hay en Egipto. Luego estamos hablando de una tecnología muy superior a la nuestra.

Por otra parte, centrémonos ahora en la importancia de las alineaciones, pues dos alineaciones de Marte con los canales estelares del sur han permitido fijar con total exactitud las fechas inicial y final de la Gran Pirámide. Dentro del reinado de Keops, vemos, a tres años del inicio, una alineación de Marte con uno de los canales, y unos tres años antes del final del reinado se produce la otra. Las conclusiones nacen cuando ves que la distancia temporal que hay entre una y otra es de 6.216 días, y esto es 7 veces 888…

Aquí hago un inciso para decir que una semana tiene 7 días, y en un año hay 52 semanas, (con lo que ya aparece el número 52, de siempre mi número favorito, por diversos motivos). Si dividimos 888 entre 52, obtenemos 17,07. No es por nada, y las casualidades yo siempre digo que no existen, pero curiosamente un 17 del 07 fue cuando falleció mi padre. Con lo que, en 2024, es el 17 aniversario de su fallecimiento, por lo que, si en los cumples se dice el "cumple de oro", tal y como dice mi hermana, en esta ocasión sería algo así como el "aniversario de oro", pero al revés…

Está claro que las alineaciones no podrían señalar otra cosa que no fuera el inicio y el final de la construcción. Y, tal vez, ¿el nacimiento de Keops?, eso podría ser si estuviéramos ante un monumento funerario, pero tiene una trascendencia muy superior.

Aparte de eso, las pirámides de Guiza destacan porque están alineadas perfectamente con los ejes cardinales con un margen de error del 0,6 %. Más preciso que muchas construcciones actuales.

Esta alineación casi perfecta de las Pirámides egipcias pudo deberse a que los egipcios usaron el equinoccio de otoño como guía. Pues según Morton Edgar, el que la 25ª hilada fuera más gruesa que las demás debía ser entendido como el dato que proporcionaba la medida de los equinoccios. Aunque es a Andre Pochan a quien debemos la comprobación de que la Gran Pirámide de Keops fue construida dándole una ligera inclinación, con el propósito de que señalara el instante que se producía el equinoccio. Pues en 1934 consiguió fotografiar la cara meridional del monumento, utilizando un filtro infrarrojo nada más comenzar el equinoccio de primavera. De esta manera probó que las caras norte y sur de la Gran Pirámide pudieron ser utilizadas para indicar con la mayor exactitud el instante justo de los equinoccios. Por este motivo, en la mañana del equinoccio, al incidir los rayos del sol sobre la cara meridional, la mitad situada al oeste comenzaba a iluminarse. Y más tarde, a la caída del sol, idéntico fenómeno podía contemplarse, pero sobre la mitad de la cara oriental. En el período comprendido entre el 21 de marzo y el 21 de junio este fenómeno podía ser visto durante una corta fase de tiempo, aunque sólo a media mañana y mucho antes de la puesta de sol.

Aunque está ligeramente torcida, en términos generales, los lados cuadrados de la Gran Pirámide de Guiza, de 138'8 metros, también conocida como la Gran Pirámide de Khufu, son bastante rectos y están alineados casi perfectamente a lo largo de los puntos cardinales, norte-sureste-oeste.

"Los constructores de la Gran Pirámide de Khufu alinearon el gran monumento con los puntos cardinales con una precisión de más de 4 minutos de arco, o una quinceava parte de un grado", es lo que afirma el arqueólogo e ingeniero Glen Dash.

De hecho, las tres pirámides egipcias más grandes, dos en Guiza y una en Dahshur, están notablemente alineadas de una forma que no se concibe ver en una era en la que no había drones, aviones ni ordenadores. "Las tres pirámides exhiben el mismo tipo de error: giran ligeramente en sentido contrario a las agujas del reloj desde los puntos cardinales", concluye Dash. Y, la clave de todo esto puede ser el ya nombrado equinoccio de otoño.

Pues, si bien existen muchas hipótesis sobre cómo hicieron esto, usando la estrella polar para alinear las pirámides o la sombra del Sol, nunca ha estado completamente claro cómo lo hicieron. A Glen Dash, sin embargo, se le ocurrió otra idea más simple. Su estudio sugiere que los egipcios, hace aproximadamente 4.500 años, podrían haber utilizado el equinoccio de otoño para lograr una alineación perfecta.

El equinoccio se considera como el momento adecuado, dos veces al año, en el que el plano del ecuador de la Tierra pasa por el centro del disco del Sol, y la duración del día y la noche son prácticamente iguales. Anteriormente, las mediciones del equinoccio se habían pasado por alto como un posible método de alineación, ya que se suponía que no proporcionaría suficiente precisión. Pero el trabajo de Dash mostró que hay una manera en que esto podría haber funcionado: usando una vara conocida como gnomon (objeto alargado, similar a un reloj de sol, que tiene una varilla vertical que proyecta sombra sobre el suelo).

Para resolver esto, Dash hizo su propio experimento, comenzando el primer día del equinoccio de otoño en 2016, concretamente el 22 de septiembre, y usando un gnomon para proyectar una sombra. Siguió el punto de la sombra a intervalos regulares, formando una suave curva de puntos. Y al final del día, con una cuerda tensa enrollada alrededor del poste, unió dos de los puntos de la curva que se dibujaba en la superficie, y creó una línea casi perfecta que iba de este a oeste, con lo que Dash llegó a la conclusión que "en el equinoccio, el topógrafo encontrará que la punta de la sombra corre en línea recta y casi perfectamente de este a oeste".

Con su experimento, llevado a cabo en Estados Unidos, aunque lo mismo debería funcionar en Egipto, Dash también demostró que el grado de error tiene lugar, ligeramente, en sentido contrario a las agujas del reloj, lo que es similar al ligero error encontrado en la alineación de las pirámides de Khufu y Khafre, en Guiza, y la pirámide roja en Dashhur.

Todo lo que los antiguos egipcios habrían necesitado para alinear las pirámides, era un día claro y soleado. Por otra parte, los egipcios habrían podido calcular el equinoccio de otoño contando 91 días hacia adelante desde el solsticio de verano.

En realidad, no tenemos ninguna evidencia sólida de que esta técnica podría haber sido utilizada para alinear las pirámides, pero sí que es cierto que esta hipótesis presenta un punto interesante: que algo tan simple como mapear sombras durante el equinoccio de otoño podría haber sido lo suficientemente sofisticado como para alinear algunas de las estructuras antiguas más reconocibles de la humanidad.

Destacamos también el alineamiento de las pirámides de Guiza con la constelación de Orión, representando principalmente al cinturón de Orión, que son las tres estrellas principales: alnitak, alnilam, y, mintaka, y representadas por Keops, Kefrén y Micerino, respectivamente. Este alineamiento es también llamado "correlación de Orión". Recordemos que, hace algunas décadas, Robert Bauval, un ingeniero belga, postuló que las pirámides de Guiza podían estar repartidas por la meseta de tal forma que se correspondieran con dichas estrellas centrales de la constelación de Orión. Pero, ¿cómo se explica la distribución de las pirámides por la meseta de Guiza? Parece evidente que están colocadas de un modo que no resulta aleatorio. No hay más que verlas para darse cuenta de ello. Un elemento que aclara esa disposición es su orientación. La Gran Pirámide, con su cara septentrional orientada con gran precisión al norte, hacia las estrellas circumpolares y la ciudad sagrada de Letópolis, fue el punto de referencia para situar las otras dos.

Una curiosidad en cuanto a los lados de la Gran Pirámide es que tiene 8 lados, aunque parezca imposible. El que tenga 8 lados puede ser producto de la erosión, o simplemente un error, pero la verdad que se puede ver en todo su esplendor durante los equinoccios de primavera y otoño. Es cierto que tener esa base octogonal sobre los cuatro lados durante la construcción, con una precisión milimétrica, sería complicado, y hoy en día, si quisiéramos construir esa misma estructura con sistemas y tecnología modernos, con las técnicas actuales no sería fácil. Puede que fuera un accidente y no lo hicieran a propósito, pero la verdad que es difícil de creer, e inconcebible, que la esquina se rompa en 4 lados, y eso no es natural, pues en un par de ellos se puede imaginar, pero no en 4. Puesto que si fuera algo natural, la estructura del edificio estaría desmoronada y se verían fallos desde dentro, como grietas por todas partes. Como decimos, en una fotografía satelital se pueden ver sus ocho lados durante el equinoccio, e incluso, en el lado sur de la pirámide se ven claramente dos sub-lados.

Otro fenómeno curioso, bien podría ser el del arcoíris en la Pirámide, puesto que los ángulos desde las aristas de la Gran Pirámide son de 42°, y curiosamente a 42° se descompone la luz para formar el arcoíris, (muy importante en algunas civilizaciones antiguas como la nórdica). Si recordamos un vinilo o disco de música antiguo, como el de la portada más icónica del grupo Pink Floyd, vemos que en ella se puede apreciar claramente el fenómeno de la refracción, (o descomposición de la luz) en un prisma, el cual, desde la posición correspondiente, se ve como un triángulo o una pirámide.

Tras este inciso, y como decíamos anteriormente, se llega a la conclusión que este monumento conmemora el milenario de un gran cataclismo. Puesto que la fecha inaugural son 1.000 años astronómicos de 365,25 días, y la del inicio, 983 años solares, de 365,2422 días. El escritor griego Plutarco (46 ó 50, al 120 d.C.), nos sitúa la posición del Sol en las constelaciones, y nos describe la fase en que se halla la Luna. Utilizando un avanzado programa informático de astronomía se puede ver que unas de las fechas en las que se cumplían los datos de Plutarco era exactamente 1.000 años antes del día señalado por el canal que fijaba el final de las obras.

Y, podríamos preguntarnos, ¿qué pudo haber pasado 1.000 años antes de la construcción?, pues muy probablemente se trate del llamado Diluvio Universal. La mitología del génesis egipcio es diluvial, llegando a explicarse en sus templos que el saber de Egipto proviene de siete sabios originarios de una Tierra en la que todos sus habitantes murieron por una inundación repentina. Este tema ligaría con el mito de Osiris, un semidios extranjero que trajo la agricultura y que fue el primer faraón en unificar el Alto y el Bajo Egipto.

Es curioso observar cómo las Pirámides egipcias se hallaban rodeadas, en sus orígenes, de unas paredes cuadrangulares, y se veían acompañadas de otras Pirámides más pequeñas o auxiliares, pero en ningún momento sirvieron de tumbas.

En cuanto a la pirámide de Keops, ésta sería el monumento conmemorativo de una gran destrucción, del diluvio universal, de su milenario. El padre de Keops, Snefru, construyó 3 pirámides. La primera, la de Meidum, que inicialmente era una pirámide escalonada, y al final de su reinado, después de haber construido dos pirámides en Dashur, la recubrieron con la misma inclinación que la Gran Pirámide: 51,84º, (prácticamente 52º, otra vez mi número)... Por lo que parece como si estuvieran ensayando para conseguir la pirámide perfecta, como si tuvieran una cita con la historia.

El nombre oficial del monumento es El Horizonte de Keops. Cuando calculas el círculo del horizonte visible a partir de la curvatura de la Tierra desde la esfera que lo corona – que simbolizaría el Ojo de Horus o *Udyat* -, su radio es 43.200, en metros, un número que corresponde a los segundos de 12 horas. Y su diámetro, 86.400, los segundos de un día. La pirámide está ligada al 432 por varios elementos. Vemos que el monumento tiene 99 hiladas, por lo que, si calculas la longitud de estas hiladas, en Codos Reales, da 86.400.

La esfera de la coronación representa el Sol, por lógica simbólica. La suma de las inclinaciones de cada apotema es 432 por 432 segundos de arco, (esto es, 186.624, lo mismo que si multiplicamos 51,84º por los 60' de cada grado y por los 60" de cada minuto de arco, que daría 186.624 segundos de arco), lo que, multiplicado por las cuatro apotemas, da 864 por 864. Por tanto, el número solar está al menos repetido tres veces: en la inclinación, en la medida de las hileras, y en el diámetro del Horizonte de Keops.

Podríamos pensar que las otras pirámides no se hicieron siguiendo estas medias, porque hablamos de una pirámide simbólica, una especie de enciclopedia pétrea que pretendía fundir el saber del pasado, puesto que el conocimiento que se encuentra en la Gran Pirámide es enciclopédico. Y esta "enciclopedia" nos enseña que conocían los números Pi, el Phi, el "e", el "número plástico"... Tenían conocimientos en matemáticas que nosotros no hemos alcanzado hasta el siglo XX, como es el caso del número plástico, (única solución real de la ecuación $x^3 - x - 1 = 0$, también conocido como constante plástica, relación plástica, número de Pisot mínimo, número de platino, o número de Siegel, el cual es una constante matemática que es la única solución real de la ecuación de tercer grado: $x^3 = x + 1$, y su expansión decimal comienza con: 1,32471...). En Astronomía conocían el movimiento de precesión (o variación principal que experimenta la Tierra en la dirección de su eje de rotación, por lo que, debido a este fenómeno, las coordenadas de las estrellas varían con el transcurso del tiempo; y el período de precesión zodiacal serían 360 grados x 72 años por grado = 25.920 años), a la vez que también las distancias de las estrellas... Por la Geodesia, o ciencia que estudia la forma y dimensiones de la Tierra, se sabe que conocían la Tierra de memoria, por ejemplo que era redonda (enormemente adelantados a su tiempo), y algo excepcionalmente sorprendente: tenían referenciada la Gran Pirámide respecto a un sistema de coordenadas geográficas, algo que nosotros no hicimos hasta el siglo XIX. El desconcierto es total, porque hablamos de una civilización científica avanzada en el 2.500 a.C.

La Gran Pirámide es un monumento distinto de las otras pirámides. Aunque en la actualidad la vemos como una gran escalera, no lo era cuando se construyó. Tenía las caras lisas. Se cree que parece que un terremoto desprendió parte de los bloques, y luego los fueron arrancando para utilizarlos como cantera.

A pesar de todo, quedó una hilera de piedras cuya inclinación hace tiempo que se había medido. Se ajustó la medida gracias a los números, y a Pitágoras, que estuvo 20 años en Egipto y fue ungido sacerdote. Pero con la inclinación perfectamente definida, los bloques de caliza no llegaban hasta arriba, hasta su altura total definida por William F. Petrie en 280 Codos Reales (ya visto que 1 Codo Real = 0,5236 metros). Esto ya lo habíamos comentado, que el monumento quedaba truncado en su vértice, pero lo sorprendente es que contiene una fórmula matemática todavía indescifrada que garantiza que su reconstrucción sea exacta.

En su labor de reedificar la pirámide se entrelazaron números y se llegó a realizar un cálculo interesante para definir la altura del vértice del monumento. El resultado fue igual a 277,7778 Codos Reales, que se obtiene al dividir, como ya dijimos antes, lo infinitamente grande según los egipcios (el millón), dividido por lo infinitamente pequeño (3.600), que es la división de la hora y del grado en segundos. Pero esa altura no permitía llegar a los 280 cr (codos reales), y sólo una esfera representando al Sol podría completar este vacío. Pues bien, hasta ahí lo ya dicho antes, pero hay que tener en cuenta que la reconstrucción de la Gran Pirámide se realizó con una precisión de veintésimas de milímetro, es decir, de un milímetro dividido en 20 partes. Se trata pues de un nivel de precisión 100 veces superior al normal en arquitectura que, sólo se podría conseguir por ordenador. Una vez realizada, nos encontramos con que la superficie de la Gran Pirámide era de 314.159,2 codos reales cuadrados, esto es, cien mil veces el número Pi, y esto representaba adelantarse 3.000 años a la evolución de la ciencia.

Fácilmente, con 2 peculiaridades: 1) un zócalo que mide un codo real (0,5236 metros, esto es, la distancia que va desde el codo hasta la punta de los dedos), y, 2) el centro de las caras (apotemas) ligeramente hundido hacia el interior… Vemos que la medida de la pirámide en el extremo del cuadrado de la base es mayor que la que tiene en el centro.

La primera sorpresa es que el zócalo ya daba la unidad de medida de la pirámide. Y, es más, al medir la Cámara del Rey, se observa que contenía dimensiones exactas en metros: su altura respecto al zócalo era de 43 metros, la diagonal de su muro mayor era de 12 metros, y su volumen de 321 m$^3$. Son demasiadas casualidades.

A partir de la geometría de la Gran Pirámide, se confirmó la presencia del número Pi (3,1416), del codo real (0,5236), y del número Phi o número de oro o divina proporción (1,6180). Además, el perímetro, la superficie, y el volumen de la Gran Pirámide calculados por ordenador demostraban que la reconstrucción era totalmente exacta a través de la ley del número 888.

Hay un montón de elementos relacionados con el número 888, y esta cantidad podría simbolizar la presencia de un dios único primigenio, que está documentado en el IV milenio a.C. y que es anterior al politeísmo conocido de los egipcios. Esta cifra "secreta" que está asociada a toda la geometría del monumento, y que se repite de forma sistemática, no es la única: también aparecen frecuentemente los números 432 y 892.

Para encontrar respuestas para resolver este gran rompecabezas, podemos acudir a la mitología, centrándonos en el mito de Osiris (dios egipcio de la resurrección, símbolo de la fertilidad y la regeneración del Nilo), y se llega a la conclusión de que era la personificación de una civilización madre que transmitió la sabiduría al Antiguo Egipto.

De nuevo, son los datos comprobados a través de las matemáticas y la astronomía los que permitieron establecer la fecha del día de la muerte de Osiris. Comparándola con el momento de la inauguración de la Gran Pirámide, que se había determinado por los canales estelares, se llegó a la conclusión de que había 1.000 años de diferencia entre un día y otro.

Por lo tanto, la Gran Pirámide es el monumento conmemorativo del Milenario del día de la muerte de Osiris. Y, se podría decir con relativa exactitud, que la construcción de la Gran Pirámide duró 17 años y 9 días, culminándose el 3 de octubre del año 2.530 a.C. Estas fechas, de inicio y final de las obras, se han podido establecer a partir de la alineación de dos canales estelares de la Gran Pirámide con el planeta Marte.

Pero los cálculos también han permitido desvelar el significado del nombre del monumento: el Horizonte de Keops. Si la esfera del vértice se transforma en un ojo es exactamente lo que ellos están viendo desde arriba, el horizonte. Esta imagen da aún más pistas sobre un segundo horizonte, cuyo perímetro de visión se establece desde la altura donde está la hipotética, y aún oculta, Cámara Sepulcral. Resulta que este segundo horizonte es la medida del primero multiplicado por 0,888. A partir de ahí, y con otras pruebas, se puede deducir dónde se hallaría esta cámara que podría contener el cadáver momificado del faraón.

Sin embargo, lo que más sorprende es la precisión de los resultados de los cálculos del volumen, el perímetro, y la superficie de la pirámide. Este es el gran enigma. Al final, no sabemos bien cómo la hicieron, no sólo cómo la construyeron sino cómo la proyectaron, porque la Gran Pirámide se convierte en un elemento que concentra una gran cantidad de información.

Es una enciclopedia de piedra, y esta sabiduría es imposible que naciese a lo largo de los seis siglos de historia que llevaba esta civilización, que surgió en el 3.100 a.C.. Y si la pirámide se inauguró en el 2.530 a.C., demostraron sin duda, con seis siglos de diferencia, grandes conocimientos astronómicos, geodésicos, geométricos, y, matemáticos.

Se llega a la conclusión que los egipcios fueron herederos de una sabiduría anterior, de lo contrario no tiene explicación.

A esto se suma el conocimiento geodésico que los egipcios tenían de la Tierra, que es imposible que sea casual. Puesto que en la Gran Pirámide de Keops hay datos proporcionales que nos dan el perímetro medio de la Tierra, la longitud del meridiano, y, el radio polar, con una gran precisión. Pero también nos podemos plantear que, si realmente fueron herederos de una sabiduría anterior, ¿en qué otros monumentos se reflejaría este conocimiento?, y en cuanto a esta pregunta, podemos pensar en la Esfinge de Guiza, que según la egiptología, es contemporánea de la Pirámide de Kefrén, (tan solo tres metros más baja que la Gran Pirámide, y con sillares media tonelada más grandes). Y vemos que el desgaste de la piedra es extraordinario en el cuerpo, pero mucho menor en la cabeza. Sabemos que al estar en una fosa las arenas del desierto la recubrieron, y lo que quedó fuera fue la cabeza (por lo que se tendría que haber desgastado más que el cuerpo que quedó protegido). Pero, sin embargo, ocurrió justo al revés.

La Esfinge (que originariamente tendría cabeza de león), era de entre el 5.000 y el 7.000 a.C., (al menos a esta conclusión llega "NCYT Amazings").

Pero, por encima de todo, lo que sí resulta intrigante, es que los egipcios rodeaban la muerte de un concepto metafísico, lo que no dejaba de representar un elemento mágico. Creían en la teoría del "ba" y del "ka". En su concepto de inmortalidad del alma hacían una distinción entre ambos. El primero era el alma, que representaban con la forma de un gavilán de cabeza humana que abandonaba el cuerpo al producirse la muerte terrenal para viajar al otro mundo, donde viviría en los dominios particulares de la divinidad a la que había sido consagrado.

Una vez el difunto acababa de ser depositado en la tumba, su doble, o el "ka" iba a poder gozar de una mágica existencia, en medio de los objetos familiares o de sus representaciones grabadas en piedra, talladas en la madera, pintadas en la porcelana, o modeladas en imágenes. Por eso las cámaras mortuorias de las Pirámides aparecen repletas de objetos, con los que se suponía que iba a disfrutar el "ka" del difunto. A veces, incluso, se incluía la totalidad de los objetos de una casa, esto es, todos sus muebles, objetos, animales domésticos momificados, y hasta alimentos.

Precisamente este "ka" representaba de alguna manera la esencia del cuerpo al que pertenecía. Es su "esencia vital", pues los egipcios entienden la muerte (el hecho en sí de la extinción de la vida), como el momento en que el "ka" abandona el cuerpo, pero puesto que el hombre sobrevive a la muerte, el "ka" deberá necesariamente unirse de nuevo al difunto en el más allá. También se consideraba el depósito de las energías psíquicas del individuo, debido a que en ciertas prácticas mágicas, como por ejemplo en un embrujamiento, era el "ka" del brujo el que tomaba posesión del "ka" del embrujado.

De la misma manera, la muerte era atribuida al hecho de que el "ka" abandonaba el cuerpo. Con el paso del tiempo, el "ka" llegó a ser igualado a la conciencia: el diablo que moraba en el cuerpo del ser humano. En el instante de la muerte, el "ka" desprendido del cuerpo se transformaba en un fantasma, que mantenía su conciencia, pero se hallaba separado de sus elementos divinos (alma y espíritu) que habían ganado las regiones celestiales. Esto no iba a impedir que el alma, así creían los egipcios, fuera a unirse momentáneamente a su "ka", durante las ceremonias mágicas de invocación, con el fin de enseñar a los sacerdotes las cosas que ocurrían en el más allá. Por decirlo de alguna forma, era como si el "ka" estuviese cumpliendo el papel de médium.

Por otra parte, también los amuletos podían servir para proteger a la momia contra los malos espíritus, los roedores y los profanadores de tumbas. Se suponía que el muerto estaba al tanto de los recursos más temibles, por lo que podía desatar una venganza contra quien dañara su tumba. Como el cocodrilo cuando algo rompe la tranquilidad del agua donde reposa o como la serpiente que es despertada del mejor de sus sueños… Al profanador, la venganza le perseguiría durante años, hasta aniquilarlo cuando menos lo esperase. Al final las amenazas dieron pie a tantos maleficios como los que acosaron y dieron muerte a quienes se atrevieron a interrumpir el sueño eterno de Tutankamón.

Debido al miedo que se tenía a que el profanador rompiera el encanto mágico de las tumbas, se construyeron barreras casi infranqueables en el interior de las Pirámides. Y como las momias iban acompañadas de infinidad de riquezas, (y esto era una tentación irresistible…), lo que hacían era pintar las amenazas por medio de jeroglíficos.

Al final se buscaba una imagen que se pareciera al muerto con la mayor exactitud posible, para que sustituyera a este cuando fuera destruido. De ahí la aparición de estatuas en el interior de las tumbas, instaladas en unas cámaras especiales dentro de la Pirámide.

A la estatua se la dejaba sobre un montículo de arena, el cual tenía el aspecto de una montaña funeraria, para someterla a la influencia de la momia. A ésta se le hacía sostener el cetro mágico, que era la cabeza de serpiente y el látigo de triple correa, y a la vez debía encontrarse adosada al arca donde se había introducido el cadáver. En este momento el fluido del muerto tenía que comenzar a envolver a la estatua, tomando la nuca como punto inicial. Así, mediante estas estatuas mágicas, los magos-sacerdotes estaban convencidos de que podían establecer contacto con el espíritu del muerto.

Y qué decir del faraón… El faraón era Dios, puesto que recibía de los dioses el fluido mágico. Y la unión del Dios y de la Reina estaba representada en las paredes del templo de Luxor. Todo era mágico en su persona, porque su corona estaba formada por la unión de la corona roja del norte y la corona blanca del sur, por lo que se le llamaba "gran hechicera". Iba engastada, en su base, por un círculo, o "gran encantador", que despedía llamas y alcanzaba a los enemigos. Al igual que los dos cuernos de carnero que surgían literalmente de la base de la corona, simbolizaban los polos conductores de la luz benefactora o terrible que causa la vida o la muerte. El cetro del faraón también era mágico, porque brindaba la existencia. El látigo de tres colas proyectaba el fluido mágico y, además, espantaba a los malos espíritus. La maza de piedra blanca no sólo se utilizaba para dar muerte a las víctimas, puesto que con este sacrificio definitivo las permitía adquirir la dignidad suficiente para ser ofrecidas a los dioses, como si esto supusiera una especie de consagración.

Es sabido que los faraones estaban en contacto con los dioses. Tal era el caso por ejemplo de Ramsés, mientras presidía un

Consejo. Al igual que le ocurría en las ceremonias religiosas, en las que mantenía un continuo diálogo con éstos. Por lo general el faraón invocaba su ayuda contra los enemigos, ya fueran divinos o mortales, pero la ayuda debía ser recíproca, puesto que en el caso de que el faraón solicitara unos servicios se hallaba obligado a proporcionar otros como pago.

En una época determinada, bajo la dinastía XVIII, el faraón nunca actuaba solo mientras estaba consultando a los dioses. Entonces debía recurrir a la estatua de Amón, la cual aprobaba o desaprobaba, siempre en un acto público, los decretos que leía el sumo sacerdote. Y las decisiones de la estatua divina eran por medio de unos movimientos de cabeza.

Era muy interesante cómo tenía lugar la mágica defensa de los edificios, llevada a cabo por los sacerdotes contra los seres malignos. Para ello se aseguraban de la pureza del suelo, de la influencia de su propietario, de la oportunidad del día y la hora elegidos para iniciar la construcción y la orientación que se le iba a dar. Por eso se elegía, al ir a edificar un templo, el sexto día del mes, las primeras horas de la mañana y, luego se purificaba el emplazamiento. De tan importante misión se encargaba el mismo faraón, o en su defecto, el sumo sacerdote.

Este ceremonial daba comienzo con el ofrecimiento de sacrificios a los dioses. Una vez la construcción finalizaba eran colgados los amuletos, se grababan fórmulas mágicas, y se instalaban unas estatuas o esfinges. Para contar con una mayor seguridad, debía protegerse el templo con una serpiente, ya fuese figurada o real. Con esta esfinge se protegía la entrada, lo que se acompañaba con la utilización de pesadas puertas y sólidas cerraduras; también podían usarse como defensas obeliscos, mástiles y pilones.

A las invocaciones dirigidas a diosas y dioses para protegerse ante el ataque de reptiles e insectos venenosos, también se le debía acompañar con el riego de todo el lugar de la esencia de ciertas plantas. Dejando éstas, o sus restos, en los rincones del interior.

Si los faraones y los sacerdotes podían hablar con los dioses, también los simples mortales procuraban hacerlo, aunque fuera de una forma indirecta. Por eso la vida del pueblo egipcio estaba cargada de magia, ya fuese negra o blanca. El culto a los muertos y a los dioses contaba con un lugar predominante en la existencia cotidiana, lo que permitía aproximarse al "más allá".

Esto facilitaba que Egipto fuera la tierra mágica por excelencia. Lo apreciamos en el hecho de que se consideraba que los seres vivos y las cosas ofrecían una vida doble, un poder oculto. Tras los objetos visibles, la imaginación de los egipcios había creado todo un mundo misterioso, cuyo espíritu pasaba a la esencia del viento, a los movimientos de las hojas, y a la vida de la Naturaleza, la cual se hallaba repleta de signos y mensajes misteriosos. Tenemos el caso de la Gran Pirámide, que dicen fue levantada con la intención de guardar un mensaje, en el cual se encontrarían las fechas de los grandes acontecimientos futuros. La forma en la que están ordenados los "pasajes" y las fechas, adelantan algunos sucesos muy importantes, al anunciarse: El advenimiento de Jesucristo, y su muerte. La 1ª Guerra Mundial, (se piensa que el pasillo bajo, el mismo que llevaba a la antecámara, marcaba el comienzo de la Gran Guerra de 1914). La paz de 1918 a 1928, y la consiguiente crisis económica de 1928 a 1936, continuando con un período de perturbaciones bélicas hasta bien pasada la 2ª Guerra Mundial, (de 1936 a 1953, pues también se creía que el extremo de la Cámara del Rey se refería a unos acontecimientos que ocurrirían en dicho último año, bien acabada la Guerra)... Hay que tener en cuenta que en la Gran Pirámide hay quien ha visto profecías del futuro, como Peter Lemesurier, quien vaticina que para el año 2034 surgirá el "precursor" del Mesías, y para 2039 dará comienzo la segunda aparición del Mesías en un plano terrenal. Todo esto como fechas más próximas a nosotros, pues sus vaticinios abarcan mucho más allá...

Era bien sabido que los sacerdotes hacían un verdadero negocio con la venta de amuletos, talismanes y otros elementos mágicos. En algunos de estos objetos se grababan fórmulas de encantamiento. También ofrecían talismanes en forma de jeroglíficos que podían representar lo que su futuro poseedor necesitara: la juventud del cuerpo y del espíritu (esto se simbolizaba con una hoja de lechuga), la estabilidad económica (imagen de las cuatro columnas), o el poder (el cetro).

El material de las joyas que proporcionaban los sacerdotes contaba con su propia virtud: el oro, por su condición de metal real, brindaba las mayores ventajas. También los colores encerraban un gran significado, por ejemplo, el verde representaba la salud y, por consiguiente, la proporcionaba.

De otra forma, si el egipcio se colgaba una tablilla de madera mágica en el cuello, sabía que estaba protegido del "mal de ojo". O, por ejemplo, una cuerda provista de 7 nudos, (que se habían realizado pronunciando los sortilegios precisos), "anudaba" para siempre a los siete genios malignos de los días de la semana.

En los últimos años de la civilización egipcia, los amuletos y los talismanes fueron sustituidos por gemas. En estas piedras preciosas se grababan figurillas de dioses y palabras misteriosas.

Por otro lado, los magos egipcios usaban muchas hierbas. Con éstas elaboraban filtros de amor, venenos de corta o larga duración, medicamentos o, incluso también las empleaban para leer el futuro. En estos casos se utilizaba, además, a un niño para que sirviera de vidente. Le situaban delante de una lámpara nueva de aceite, sobre cuya llama debía concentrar su mirada, después el mago comenzaba a pronunciar las invocaciones del ritual y echaba puñados de hierbas mágicas en el fuego. Como el niño caía en un proceso hipnótico de tanto mirar a la llama, y por efectos del humo de lo que se estaba quemando, comenzaba a revelar el futuro, de acuerdo con las preguntas que se le formulaban.

Y, hablando de cosas mágicas, ¿qué puede haber más mágico y fascinante que una momia egipcia? Aunque en primer lugar tendríamos que saber qué es exactamente… Pues no es otra cosa que un cadáver embalsamado según las técnicas de los egipcios. Y, es más, los cadáveres quedaban tan bien conservados, dentro de sus mortajas funerarias, que en ocasiones al ser "desenvueltos" han aparecido como si acabaran de ser sepultados.

Las momias producen intrigan y misterio, incluso terror, si tenemos en cuenta lo que ocurrió hace un siglo, cuando en el Museo de El Cairo depositaron la momia de Ramsés II, (uno de los más poderosos monarcas de Egipto, al haber conquistado todo el Oriente Medio). Era un día húmedo y cálido. Los visitantes del Museo se habían detenido a contemplar el cuerpo reseco y acartonado, cuando… ¡De pronto la momia se incorporó!, o más bien hizo algo más que todo eso: ¡romper con una mano la urna que la cubría y ponerse derecha!

Los visitantes salieron corriendo, aterrorizados ante el hecho de que un cadáver, que debía llevar "dormido" más de 3300 años, hubiera "resucitado". Aunque la explicación a este fenómeno es muy sencilla, (y compleja a la vez): ciertos cadáveres acusan una gran dilatación de sus tejidos al ser sometidos a un cambio brusco de temperatura. Como la momia provenía del Valle de los Reyes en el desierto de Tebas, donde nunca ha llovido, mientras que en el Museo la atmósfera era húmeda y menos cálida… pues todo esto habría provocado el suceso.

Por otra parte, hay que tener en cuenta que cuando se quería realizar un embalsamiento perfecto era preciso disponer de 15 elementos básicos. Entre éstos destacaba la cera de abejas, con la que se tapaban la totalidad de los orificios del cuerpo y los ojos durante el baño de natrón, (sal para fabricar jabón, vidrio y tintes). También se utilizaba mirra, aceite de cedro, goma de palma, cebollas, serrín, pez y alquitrán.

Se empleaban otros productos, sin embargo, hay que tener en cuenta que la sequía casi permanente, la falta de humedad del desierto egipcio, y la colocación de las momias en subterráneos, han colaborado en gran medida a la estupenda conservación de estos cuerpos.

Los familiares añadían a la momia collares, pectorales, amuletos, brazaletes, anillos y sandalias. Por otra parte, en la incisión que los artistas embalsamadores realizaban en el vientre del cadáver, para poder extraer las entrañas, se acostumbraba a colocar una plaquita de oro, en la que se grababa el "ojo mágico" que curaba las heridas.

Además, el cuerpo y el rostro del cadáver, se recubrían con vendas de lino. Pero a los faraones se les añadía una mascarilla en yeso de su cara, que se pintaba con panes de oro. La mascarilla de oro que se pudo encontrar sobre la momia de Tutankamón es considerada una de las obras de orfebrería más hermosa de toda la Historia del Arte, ya que se parecía por completo al rostro de la momia.

Es interesante el hecho de que hace un siglo se examinó la momia de Tutankamón. Se observó que el exceso de ungüentos y perfumes había perjudicado su conservación. Sólo se salvaban la cara y los pies al estar protegidos por unas piezas de oro. El resto del cuerpo apareció como carbonizado, lo mismo que las vendas que lo envolvían. Debajo de la cabeza… sorpresa, un amuleto en forma de corona… ¡de hierro!, cuando, ¡siempre se había creído que este metal nunca fue conocido por la civilización egipcia! La explicación es que pudo pertenecer al ajuar de su suegra, la reina Nefertiti, cuya patria desconocida pudo ser Siria, donde posiblemente ya se estuviera trabajando el hierro.

En cuanto a su cuerpo, podemos decir que sobre él se retiraron más de cien grupos de joyas. Su momia es considerada como una de las que se han encontrado en peor estado. Y este monarca, que murió cuando sólo contaba 18 años, no se merecía esta momia, algo que no quita para que sea el más famoso de entre todos los faraones.

El culto a la momia tuvo su origen en una leyenda, que formaba parte de la religión egipcia, referente a Osiris, hijo mayor del dios de la Tierra, Geb, y de la diosa del cielo, Nut, quien reinó en Egipto enseñando a sus súbditos las artes, la escritura y la agricultura. Pues bien, el mito de Osiris es el relato más elaborado e influyente de la antigua mitología egipcia. Aunque ya lo explicaremos más adelante, brevemente es el asesinato de Osiris, un primitivo rey de Egipto, por su hermano Seth o Tifón, quien despedaza su cuerpo y lo reparte por las cuatro esquinas de la

Tierra. La esposa de Osiris, Isis, busca por toda la Tierra estas partes, las recupera, y restaura el cuerpo de su esposo, concibiendo póstumamente un hijo con él, al que llamó Horus, (representado por un halcón, una de las figuras que más aparecen en las tumbas egipcias).

Isis fue denominada "Reina de los dioses", y "Gran Maga", era hija de Ra, el dios Solar, por lo que llevaba sobre su cabeza el disco solar, y dio nombre al mito Isíaco.

Por otra parte, Osiris, dios del reino de los muertos, presidía un tribunal en el que juzgaban a todos los mortales. Estaba sentado en su trono de oro y revestido de todos sus atributos reales. Pues bien, cuando se acercaba el momento del fallecimiento, todos los difuntos llegaban al Reino de los Muertos, donde pasaban por un juicio. A su izquierda se sentaba Anubis, el dios con cabeza de chacal, protector de los muertos y de la momificación. Y a su derecha se hallaba el dios Thot, al que siempre se representaba como un escriba que tomaba notas de las buenas y malas acciones.

Alrededor de los dioses estaba el jurado, cuyo papel era el de "simples espectadores". Tres grupos de acusados se colocaban ante una gran balanza, en la que se pesaban los pecados y las buenas acciones, o los conjuros favorecedores del difunto. Los acusados cuyas malas acciones pesaban más, eran entregados a un monstruo híbrido, el cual vivía en el poniente, para que los devorase. Los bienaventurados cuyas buenas obras eran superiores, pasaban entre los dioses a una especie de jardín, donde se suponía que iban a dedicarse a cultivar flores. Y, los que tenían el mismo peso de acciones buenas que de acciones malas, eran entregados a un dios del que desconocemos lo que hacía con ellos, pero es posible que fueran a parar a una especie de purgatorio.

Por otra parte, las tablillas de "El Libro de los Muertos" contenían una fórmula mágica para que el difunto pudiese "quedar bien" delante de los dioses. Pues bien, el papiro de estas tablillas se introducía en el sarcófago, colocado entre las piernas de la momia.

Era curioso, y de vergüenza ajena, ver cómo el acusado negaba hasta 36 veces haber cometido pecados. Y además, su declaración de inocencia la hacía a cada uno de los 42 dioses. Aun así, el pecador todavía no se hallaba tranquilo, pues su corazón puesto en el platillo de la balanza podría desmentir sus palabras.

Se llegó a hablar de la maldición de Tutankamón porque en el año 1926 visitaron su tumba unas 13000 personas, en su mayoría de Occidente, y los representantes de unas 300 sociedades científicas. Unos 30 fueron los privilegiados que pudieron adentrarse a observar su tumba, pero a los 4 años tan sólo quedaba con vida el descubridor del sepulcro, pues todos los demás habían ido falleciendo por diversas causas, una de ellas la picadura de mosquito, que con el tiempo se volvió mortal, pero la que más fuerza cobra es el "mal de las cavernas", difundido por unos hongos venenosos microscópicos que se desarrollan en la oscuridad, entre el polvo y los detritus orgánicos. La enfermedad es muy corriente entre las personas que han pasado mucho tiempo recorriendo subterráneos, especialmente cuando están frecuentados por murciélagos.

Al no presentar el interior de las pirámides el más leve rastro de humo es por lo que se descarta el uso de antorchas, y es más, se piensa que puesto que trabajaban encerrados sin acceso a iluminación exterior alguna, lo hacían aplicando un ingenioso sistema de espejos desde una pequeña abertura inicial. Aunque otra teoría más sofisticada sería la del empleo de materiales radiactivos en la momificación, puesto que es inevitable aceptar que los egipcios antiguos conocían algún sistema de iluminación que les permitía dedicarse a largos trabajos de pintura y relieve en el interior de las tumbas, sin usar las mencionadas antorchas ni ningún otro sistema que hubiera ahumado el techo. Se cree que conocían y aprovechaban las propiedades de algunas sustancias radiactivas que se encontraban en estado natural en las orillas del Mar Rojo, para disponer de una fuente de luz fría (algún material semejante a la fosforita), a la vez que se piensa que su poder como conservantes permitió que se utilizaran en algunos de los complicados procesos del embalsamiento.

Por otra parte, los egipcios, antes de realizar el amortajamiento definitivo del cuerpo, colocaban sobre éste varios conjuntos de joyas y unas tablillas con inscripciones. El último sudario se sujetaba con cintas paralelas. En algunas ocasiones, esto era sustituido por una especie de caja de cartón con la forma del cuerpo, en la que se reproducían, con planchas de oro y porcelana, los dibujos del interior del sarcófago, cuyas medidas son: casi 1 metro de ancho, esto es 98 cm, por 2,27 metros de largo, y poco más de 1 metro de altura, en concreto 1,051 metros. Pues bien, aquí hay que tener en cuenta que si dicha altura la dividimos entre dos nos da casi la medida de un codo real... 0'5255 frente a 0'5236 del codo – lo mismo que nos da $\pi/6$; y cuya longitud entre 0'5255 nos da casi 4'32, las tres cifras "mágicas"; pues, por ejemplo, la circunferencia de la Tierra en los Polos entre el perímetro de la Gran Pirámide nos da 43.200.

Podemos hacer aquí un inciso para repasar que $\pi$ se obtiene realizando una circunferencia con un metro de diámetro, la cual equivale a 3,14159 metros.

Es decir, los que construyeron la Gran Pirámide obtuvieron el codo real a partir del metro (porque dividieron 3,14159 entre 6), y para ello debieron conocer la circunferencia de la Tierra en los Polos (40.008 km). Por lo que es bien seguro que sabrían de la existencia del número $\pi$.

A partir de ahí ajustaron el perímetro de la Gran Pirámide en una escala 1: 43.200 del tamaño de la Tierra.

La Gran Pirámide fue construida con unas matemáticas de base 6, pero no era desconocida la base 10.

Si dividimos 43.200 por el gran ciclo precesional (25.920 años), obtenemos la siguiente cifra: 1,6666666667. Ahora nótese: 10/6 = 1,6666666667.

Y especialmente: 43.200 / 10 = 4.320, al igual que 25.920 / 6 = 4.320

Lo que significa que la razón entre la longitud del sarcófago de Keops y el codo real (4,32) no es casual. Y que esta cifra tiene un significado especial, desconocido para nosotros teniendo en cuenta que su uso es universal.

Ello demuestra que los constructores de la Gran Pirámide no sólo vincularon sus dimensiones a las medidas de la Tierra, sino también a la duración del Gran Ciclo Precesional. Y que para ello emplearon tanto la base 10 (con la cual obtuvieron el metro, equivalente a 1/10.000.000 del arco del meridiano entre el Ecuador y el Polo), como la base 6 (con la cual obtuvieron el codo real, unidad de medida de la Gran Pirámide; y conocieron el tamaño real de la Tierra y la duración del gran ciclo precesional de 25.920 años).

Por los conocimientos matemáticos que se demuestran en la Gran Pirámide, hay quien piensa que ésta no fue construida en tiempos de Keops, pues por una serie de razonamientos no se podría atribuir al faraón Keops la autoría de este magno monumento. Entre ellos, que sin lugar a dudas, la Gran Pirámide incorpora importantes relaciones de las matemáticas, de la geometría y de la geodesia: el número Pi, el número Fi y el metro. Y a partir de este último, obtenemos el codo real de la Gran Pirámide (0,5236 metros), calculado como la sexta parte de una circunferencia con un diámetro de un metro, dado por el número 3,14159 (Pi).

No podemos obviar que el metro equivale a una diezmillonésima parte de la distancia existente entre el Polo y el Ecuador terrestre. Eso implica que los constructores de la Gran Pirámide conocían las dimensiones exactas de la Tierra. Una hazaña increíble si pensamos que, en tiempos de Keops, Egipto se hallaría sumida en plena Edad del Cobre.

Sin embargo, el conocimiento matemático y geodésico que se deriva de la Gran Pirámide, va mucho más allá. El zócalo de Gran Pirámide de Guiza tiene un perímetro de 926,1 metros (según Sánchez Pla). Por otra parte, la Tierra tiene un diámetro de 12.742 kilómetros. Si multiplicamos esta medida por Pi (3,14159) obtenemos una circunferencia (el Ecuador terrestre) de 40.030 km. Si dividimos el perímetro del zócalo de la Gran Pirámide (926,1 metros) por el Ecuador terrestre, obtenemos la

escala 1: 43.224, con un margen de error de menos de una mi-
lésima (1,0006) respecto a la cifra 43.200. Y no olvidemos que
la Gran Pirámide incorpora asimismo la llamada "cuadratura
del círculo".

Aquí tendríamos que hacer una precisión: como la Tierra
esta achatada, la circunferencia de su Ecuador es exactamente
de 40.075 km. Si aplicamos la operación anterior, la relación
sería 1: 43.273. En este caso, el margen de error con respecto
a 43.200 es 1: 0017; aproximadamente 2 milésimas. Por otro
lado, también es verdad que la medida más correcta es comparar el perímetro de la Gran Pirámide con la circunferencia de la
Tierra en el Polo.

La cifra 432 se halla en las medidas de la Gran Pirámide (en
concreto en su escala en relación con el Ecuador terrestre), y es
idéntica a otras muchas que podemos hallar en otros contextos
culturales, por ejemplo:

1) El Kali Yuga hindú dura exactamente 432.000 años.

2) Según Beroso, los primeros reyes de Kish, en Sumeria,
   reinaron – antes del Diluvio – durante 432.000 años.

3) En la "cuenta mayor maya" 43.200 días equivalen a 6
   katunes (cada uno de la cuales representa, a su vez, 7.200
   días).

4) En Israel no tenemos el 432, pero sí el 72: los 72 hijos
   de Sem, Cam y Jafet; las 72 letras del nombre sagrado de
   Dios, que a su vez tiene 72 nombres.

5) Leonardo da Vinci pintó un 72 en la Gioconda (debajo
   del puente).

Que el número 432 tiene un valor cosmológico es induda-
ble. Si multiplicamos 432 por 60 obtenemos el número de años
que dura el "Gran Año Precesional". En total, 25.920 años, que
es lo que tarda el planeta Tierra en hacer una órbita retrógrada
por la eclíptica, como consecuencia del bamboleo del eje terrestre (el cual está inclinado 23,5 grados respecto al plano de la
eclíptica). Pero, si nos fijamos bien, si dividimos el Gran Año de

25.920 años por 72, obtenemos el número 360, base de la geometría esférica empleada en la astronomía. No por casualidad cada "arco de grado" del Gran Año equivale a 72 años terrestres (25.920 / 360 = 72). Y, ésta es una relación asimismo reflejada en la Gran Pirámide (432 / 6 = 72).

El número 72, implícito en la Gran Pirámide (es un sexto del número 432), que tal vez derive de la tradición sumeria, pues es el producto de multiplicar 12 por 6, propios de una notación (o numeración) sexagesimal, con base 6. Este número, y el 60, son la base del sistema de numeración sexagesimal, con el cual obtenemos el número de grados de la circunferencia (60 x 6 = 360). Si dividimos 360 (grados de la circunferencia celeste) por el número de casas zodiacales (12, cifra que como vemos no es casual), obtenemos 30, el número de grados de cada casa zodiacal. Y como cada grado equivale a 72 años, una casa zodiacal supone 2.160 años.

Ya hemos visto que la Gran Pirámide es un modelo a escala de la Tierra, que incorpora la relación 1: 43.200, (72 x 6 = 432). Asimismo, el codo real de la Gran Pirámide (0,5326 metros) es una sexta parte del arco de una circunferencia con un diámetro equivalente a un metro geodésico (3,14159 metros). Ello implica que los constructores de la Gran Pirámide emplearon unas matemáticas de base 6 (ó 60), no de base 10, que era la que comúnmente usaban los egipcios. Y, es más, el zócalo de la Gran Pirámide de Guiza tiene una altura de un codo real (0,5236 metros), por lo que nos sirve para registrar, por un lado, el metro terrestre, y por otro, la cifra cósmica universal: el 432. De este modo, la Gran Pirámide no es únicamente un modelo a escala de la Tierra (en su aspecto espacial, o geodésico), sino también del Cielo, (en su aspecto temporal equivalente a la duración del Gran Año Precesional).

Los antiguos, reflejaron la importancia del 6, como residuo de una "sabiduría ancestral", en un símbolo llamado "la flor de la vida": una flor de seis pétalos. Los cristianos la convirtieron en el símbolo conocido como el "crismón" (una X y una R estilizados, que tienen, como la "sexifolia", seis extremidades).

Ello supone que los constructores de la Gran Pirámide podrían incluso no ser egipcios, porque empleaban una notación numérica de base 10; en cambio, la Gran Pirámide parece que se ajusta a un patrón numérico de base 6, ó 60, propio de la numeración sumeria o caldea. Y residuos de esta notación los podemos hallar asimismo en otros entornos culturales como India, América Central o Judea. ¿Quiénes podrían ser, entonces? Pues tal vez se trate de los "annedotus" de los que hablan los babilonios (Oannes o Adapa, entre ellos), los cuales tenían forma pisciforme y residían en el mar (eran anfibios), según el relato de Beroso. Los sumerios se hacían llamar "cabezas negras", tal vez en alusión a un antiguo pueblo proveniente del Este. Y a este respecto, es curioso que también en Melanesia (en Oceanía) es empleado el sistema numérico de base 60. Por lo que todo ello añade nuevos interrogantes al gran misterio que se esconde bajo las piedras de la Gran Pirámide.

Por otra parte, dejando a un lado las pirámides, y pasando a las esfinges, vemos cómo las esfinges egipcias, al contrario de las helenas, se sabe que son hombres, y son anteriores a las Pirámides. De hecho, las Esfinges son las estatuas más antiguas que conoció la Humanidad, en lo que se refiere a la representación del rostro humano.

Las Esfinges y las Pirámides, hoy en día ya no están cubiertas por las arenas del desierto, como estaban antes. Uno de los primeros faraones que se encargó de ello fue Tutmosis IV por una aparición en sueños que tuvo de su padre, en la que le concedía su reinado, pero que le suplicaba le rescatara, apartándole la arena del desierto que le rodeaba y apretaba.

La Gran Esfinge de Gizeh presentaba unas facciones nobles y armoniosas, llevaba una cabeza de serpiente en la frente y un impresionante portabarbas. Además, contaba con nariz, que hoy aparece destruida, y con la totalidad de la cabeza y de los labios.

Hoy en día se tiene la creencia de que la Gran Esfinge de Gizeh, lo mismo que la Pirámide de Keops, se encuentra sobre un terreno telúrico, es decir, encima de unos yacimientos magnéticos que originan unas fuerzas invisibles, gracias a las cuales mantienen una continua unión con las energías cósmicas del Sistema Solar.

Está claro que existen en nuestro planeta doce centros o puntos de aberraciones electromagnéticas, o vórtices viles, es decir, doce supuestos lugares en el mundo donde suceden desapariciones inexplicables, también llamados según Ivan T. Sanderson, "Los doce cementerios del Diablo alrededor del mundo". Estos doce vórtices están situados a lo largo de las mismas líneas de altitud y latitud.

El más conocido de los llamados "vórtices" es el Triángulo de las Bermudas, aunque hay otros como los megalitos argelinos al sur de Tombuctú, el valle del Indo en Pakistán, especialmente la ciudad de Mohenjo-Daro, el volcán Hamakulia en Hawai, el Mar del Diablo cerca de Japón, y la Anomalía del Atlántico Sur. Cinco de los vórtices están en la misma altitud al sur del Ecuador; cinco están en la misma latitud al norte; y los otros dos son los Polos Norte y Sur.

Se cree que todos ellos tienen algo en común, y es que los vórtices están conectados a "energía espiritual", "líneas Ley", o "aberraciones electromagnéticas".

Siguiendo los pasos de aquel científico que buscaba respuestas a la misteriosa muerte de su hijo en el desierto argelino, en el proceso descubrimos algo extraordinario: un vórtice de actividad desconocida y similar al Triángulo de las Bermudas, por lo que las investigaciones nos podrían llevar perfectamente a localizar otros 11 vórtices alrededor del mundo en los que tienen lugar algunos de los episodios más asombrosos e inquietantes que se conocen, como por ejemplo, los ataques inexplicables de animales, las condiciones atmosféricas insólitas, o las desapariciones de aviones de pasajeros en el cielo, que pueden constituir tan sólo el principio de una amenaza aún mayor, por lo que nos podríamos preguntar si podrían haber sido creados estos vórtices por extraterrestres, y si se puede hacer algo para neutralizar estas fuerzas.

El investigador Sanderson, después de realizar infinidad de comprobaciones por todo el mundo, localizó 4 vórtices: La Isla de Pascua, El Mar del Diablo, Las Islas Bermudas y, por supuesto Egipto.

En función de esta teoría, como diría Emmanuel Barceló, es imposible aceptar la idea de que unos arquitectos o unos magos-sacerdotes eligieron el terreno para levantar las Esfinges y las Pirámides solamente en función de la solidez del suelo. Todos ellos debían conocer las condiciones electromagnéticas del mismo. Pero, como no actuaban a la manera del zahorí, debieron saberlo por medio de unos seres superiores, o unos extraterrestres, los cuales se habían adaptado hasta tal punto a las condiciones de la Tierra que no sólo eran mortales sino que estaban convencidos de que su ciencia nada más que podía ser conocida por una casta de iniciados, (si vamos a la obra del francés Schuré, de 1889, "Los grandes iniciados: un estudio de la historia secreta de las religiones", se mencionan a iniciados importantes, o dioses menores, tales como: Krishna, Moisés, Orfeo, Pitágoras, Platón, Jesucristo, o Buda, entre otros. Y se presenta en la obra la noción de que todas estas personalidades religiosas y filosóficas compartían un secreto esotérico. Se cree que la mayoría de los más grandes filósofos y maestros religiosos fueron iniciados en Egipto. Entre éstos destacan Moisés y San Pablo. Pero también Sófocles, Platón, Cicerón, Heráclito y Pitágoras).

Otra de las teorías que se barajan es que las Esfinges y las Pirámides cumplieron algo más que una función de monumentos funerarios. Pudo existir una comunicación tan intensa entre los vivos, (siempre unos privilegiados), y los muertos, que algunos de éstos debieron proporcionar esos grandes conocimientos. Uno de los cuales pudo ser la existencia de ese terreno telúrico o subsuelo electromagnético. O bien que los templos funerarios egipcios servían de intermediarios entre los magos-sacerdotes y el "más allá". Incluso se afirmó que las Esfinges y las Pirámides eran el símbolo de la alianza entre los seres humanos y la Sabiduría Eterna. Dicho de una manera más simple: existía un medio directo de diálogo entre algunos hombres y el mismo Dios o Dioses.

Es por esto que debido al medio de que se habían servido para conseguir estos "conocimientos extraordinarios" todos estos "iniciados" comprendieron que debían comportarse de una forma "humana". Por eso realizaron una obra colosal, en la que estuvo implicada toda la nación egipcia, pero sólo ellos sabían que en los monumentos iban a reunirse energías, saberes y magias secretas, que sólo podrían estar al alcance de quienes las supieran descifrar después de una complicada investigación.

Otro de los grandes enigmas que sugieren las Esfinges, lo mismo que las Pirámides, se refiere a eso que venimos llamando el "más allá". Nuestra idea no es la de pintar un "lugar" como el que nos cuentan ciertas religiones, al hablar de un cielo y de un infierno. Más bien nos aproximamos a otra dimensión desconocida, acaso por un universo formado por la antimateria, opuesto a todo lo que conocemos del nuestro.

Centrándonos concretamente en la Pirámide, vemos que la figura geométrica que destaca de una pirámide es el triángulo. Pues esos necesarios 3 lados componen la totalidad de la pirámide, al igual que se le da forma a la triple vida del ser humano: La figura que compone el neófito en un extremo, el maestro en la otra, y Dios en la tercera, pone de manifiesto los principios básicos de las religiones, y, como diría Max Toht, el neófito sólo llegará a los niveles de su maestro cuando se encuentre en la mejor disposición para establecer una comunicación perfecta con Dios.

Según los rusos, los egipcios provenían de Indonesia, de donde se vieron obligados a escapar hace unos doce mil años por culpa de una catástrofe de origen cósmico, debido a que el impacto de un meteorito gigantesco habría destruido casi todo su país.

El único relato que se tiene en cuenta sobre la construcción de la Gran Pirámide es el de Heródoto, quien afirma que el faraón Keops mandó construirla para que le sirviera como hogar funerario (aunque no se le encontró dentro) en sólo 20 años y con la intervención de cientos de miles de operarios, que eran relevados por una suma igual cada tres meses. Para transportar los grandes bloques de granito se realizó una gran calzada de unos novecientos metros de extensión y dieciocho metros de ancho. Para verla terminada se debió esperar unos diez años, (era de piedra pulimentada, lo que permitía un mejor deslizamiento de los grandes bloques desde el Nilo hasta la planicie de Guiza, y según el agregado naval de Norteamérica F. M. Barber, debía tener un desnivel de 36 metros sobre el Nilo, pues ésta era la única forma posible de conseguir desplazar esas moles sobre una superficie que, además de pulida, necesitaba hallarse muy bien engrasada).

Según Barber, en lo que se refiere a los hombres que desplazaban el bloque, calculó que podían ser 800, bien atados y situados en doble fila, que tirarían de las cuatro gruesas maromas. Con una alineación correcta, trabajando al mismo tiempo, de acuerdo a una canción o a unos gritos salidos de la garganta del tomador de tiempo, se podría contar con la fuerza necesaria para dicho trabajo.

Algo que nunca se hubiera podido conseguir con animales, aunque fueran los bueyes más fuertes, debido a que ni estando bien entrenados llegan éstos a conseguir una sincronización tan perfecta como unos seres humanos. Aunque los arrastradores egipcios debían realizar un esfuerzo escalonado que no podía superar más allá de las pocas horas. Pasado este tiempo, se efectuaba el relevo de los 800 componentes del primer grupo de arrastradores.

Volviendo a los operarios que la llevaron a cabo, muchos años después de todo esto, los griegos creían que las pirámides debían haber sido construidas por mano de obra esclava. Mientras que los arqueólogos creen ahora que la Gran Pirámide de Guiza fue construida por decenas de miles de trabajadores cualificados que se establecieron en poblados cercanos a las pirámides, y que trabajaban por un sueldo, o como una forma de prestación personal, hasta que la construcción fuese completada de esa manera, (fundamentan su afirmación señalando los cementerios de los trabajadores descubiertos en 1990 por los arqueólogos Zahi Hawass y Mak Lehner). Los griegos lo veían como un acto de esclavos por la magnitud de la obra, y pensaban que quien la dirigió era un tirano.

El arquitecto francés Jean-Pierre Houdin tuvo una intuición y creó una teoría que ha ido desarrollando hasta ahora. Houdin afirma haber resuelto el misterio, y para ello realizó investigaciones de campo no invasivas para corroborar su teoría, según la cual, se utilizó una rampa exterior para los primeros 40 metros, y a continuación una rampa interna en forma de escalera de caracol para completar los 146 metros totales. Afirma que la construcción de la Gran Pirámide se realizó mediante una rampa interior y en espiral que permitía la construcción simultánea de la pirámide tanto interior como exteriormente. En las esquinas se situaba un artefacto que permitía girar los bloques en el aire. El hueco en las esquinas se remataba con posterioridad. Pero esta teoría sigue sin resolver el acabado final, pues una vez construida la Pirámide hay que rematar el espacio de la compleja rampa, más el de las esquinas y el del vértice. La construcción de la rampa interna no deja de tener cierta complejidad constructiva de abovedado de la misma y transporte de los bloques a través de ella.

La teoría del arquitecto gallego Marcos Castro Vilas, es mucho más simple e ingeniosa, permitiendo armonizar el acabado interno con el externo sin necesidad de construir complejas rampas interiores ni la utilización de complejos métodos de izado de bloques en altura mediante poleas. Según Marcos, los egipcios construían primero una pirámide escalonada a la que se subían los bloques a los diferentes escalones mediante rampas. Una vez levantada la pirámide escalonada se iba deshaciendo hacia abajo con la ayuda de la fuerza de la gravedad y sin poleas de izado. Se iban desplazando los bloques hacia abajo sucesivamente, siguiendo un esquema Fractal (por cierto, un fractal es un objeto geométrico en el que se repite el mismo patrón a diferentes escalas y con diferente orientación. La expresión fractal viene del latín fractus, que significa fracturado, roto irregular. La expresión y el concepto se atribuyen al matemático Benoit B. Mandelbrot) por el que se dividía el escalón en 3 partes iguales y los bloques de la parte superior se colocaban en el escalón inferior, quedando una pirámide escalonada con escalones más pequeños. Repitiendo de nuevo el proceso de forma sucesiva, como el susodicho fractal, se llegaba a formalizar la pirámide escalonada en una pirámide de paredes lisas. Según esta teoría, de esta forma tan sencilla se construyeron las pirámides, sin necesidad de ningún tipo de artefacto o de polea mecánica que obligara a elevar pesados bloques de piedra. Hay que tener en cuenta que, según Heródoto, el modo de construcción de las pirámides seguía a grandes rasgos las siguientes fases: Primero se construía una pirámide escalonada, y luego, empezando por arriba se iba "puliendo" la pirámide, de modo que la parte inferior fue la última en recibir el acabado final. Este proceso se observa muy bien en esta teoría, pues es muy sencillo, primero se construye una pirámide escalonada, y luego se le da forma empezando siempre desde la cúspide hacia abajo.

Al final, no sabemos cómo lo hicieron realmente, pero lo importante que hay que tener en cuenta son las relaciones matemáticas que aparecen en ella. Lo que no tiene en cuenta ninguna de las teorías de su construcción es justamente la infinidad de características de la pirámide que la hacen única, como sus 8 lados, sus dimensiones con constantes matemáticas, y su precisión milimétrica imposible… Y todo esto con unas herramientas rudimentarias como: cinceles, martillos de piedra, o cuerdas de cáñamo.

Para construir la Gran Pirámide trajeron 130 bloques de granito desde 1.000 kilómetros al sur, pesando cada bloque entre 12 y 70 toneladas.

La pirámide tiene 3 salas ridículamente pequeñas comparadas con la pirámide en sí: La cámara inferior, la intermedia, y la superior. Los albañiles construyeron un pasadizo de 90 metros de largo y 1 metro de ancho muy exacto y milimétrico que da con la cámara inferior. Es posible que con la estrechez del pasadizo que desciende, las condiciones de trabajo debieran ser horribles, pues hacen falta herramientas muy concretas y especiales para mantener a lo largo del pasadizo esa pendiente tan pronunciada con una geometría tan exacta y constante.

Apilaron más de 2 millones de piedras de distintas formas y tamaños, una tarea muy complicada. Cada bloque era tan pesado como un automóvil grande. La cámara superior es perfectamente horizontal y vertical, su perfección es increíble, pues tiene un margen de error de medio milímetro, algo que hoy no podríamos lograr.

La construcción de la Gran Pirámide tenía lugar desde arriba, como ya hemos dicho. Una vez finalizada la cúspide se iban realizando las sucesivas hileras, siempre desde arriba hacia abajo. Para ello se precisaba disponer de 4 rampas y un juego de máquinas de madera, que ayudaban a desplazar los grandes bloques. Empresa que a muchos les parece imposible, puesto que nada más se empleaba el esfuerzo humano y unos elementos de apoyo muy elementales. Además, el simple desplazamiento de un solo bloque llevaría todo un mes.

Aunque la idea más lógica bien podría ser que la construcción se iniciaba desde la base y luego se continuaba hilera tras hilera. Con este método se podían colocar diariamente más de 500 bloques de granito. Sin embargo, dado que cualquiera de las hileras de la base cuenta con más de 50.000 bloques, hubiera llevado casi tres meses finalizar una sola…¿Acaso hemos de suponer que en todo este proceso intervenía un poder superior, que poco tenía que ver con el simple uso de la fuerza física humana o ingenios más o menos eficaces? ¿Debemos seguir pensando en los extraterrestres, o en otro tipo de fuerza sobrenatural?

Se ha podido calcular que la Gran Pirámide está formada por unos 2.300.000 bloques de 2,5 toneladas de peso cada uno. La proporción media de cada bloque es de 1,2 x 1,2 x 0,71 metros. En el caso de que 8 operarios fuesen capaces de transportar diez bloques en tres meses, 100.000 operarios serían capaces de desplazar 125.000 en el mismo espacio de tiempo. Por lo que vemos que todo ello vendría a cubrir los 20 años que Heródoto dijo que se habían empleado para construirla.

Claro que en este descomunal trabajo no sólo intervenían los arrastradores, los operarios que manejaban las rampas y los arquitectos, ya que se ha podido calcular que una cantidad similar trabajaba en las canteras, en las gabarras que navegaban por el Nilo y en los diferentes puntos de recogida de las piedras.

Si a todo lo anterior añadimos los artistas que construyeron el interior de la Pirámide, con sus laberintos, sus salas, sus figuras y sus inscripciones y ornamentos, no nos queda más remedio que aceptar la idea de que en la construcción de las Pirámides se hallaba embarcado todo Egipto.

Pero volviendo a los números de Heródoto, es fácil echar por tierra su teoría de que las Pirámides fueran realizadas en ese tiempo récord. Para que esto pudiera ser cierto, los 2.300.000 bloques de granito hubieran precisado 7.300 jornadas de trabajo. Lo que habría supuesto colocar 315 bloques al día, es decir, 26 por hora a lo largo de 12 horas por jornada. ¿Acaso hemos de pensar que se trabajaba durante la noche porque se contaba con algún tipo de iluminación?

A tanto no llegaba el saber de los egipcios, porque se conoce que descansaban durante la noche. También habría que preguntarse por la iluminación que emplearon los arquitectos, los operarios y artistas que trabajaron en el interior de la Gran Pirámide. Y a esto habría que añadir los medios utilizados para que llegase el aire suficiente a esas larguísimas e intrincadas galerías. Por lo que es fácil concluir que se sirvieron de medios que hoy desconocemos y que podríamos considerar "ocultos".

Y, en cuanto al misterio de los grandes bloques, que ajustaban a la perfección uno sobre otro sin tener que utilizar ningún tipo de argamasa, se ha llegado a la conclusión de que se empleaba una fina capa de mortero muy fluido, que venía a servir como lubricante y relleno. Es posible que ésta desapareciera con el paso del tiempo y el intenso calor después de cumplir su misión, por eso ha costado tanto descubrir su existencia.

A la hora de cortar los grandes bloques de granito en las canteras, la cuestión que resulta inexplicable es, ¿cómo se cortaba la parte del fondo, esa que por hallarse en el interior no permitía ningún tipo de acceso? Se supone que los canteros disponían de unos maravillosos ingenios mecánicos, capaces de introducirse por los cortes realizados desde el exterior, con unas hojas de más de un metro de largo que, al final, tenían que comenzar a cortar "doblando" su punta, que también debía medir más de un metro, para iniciar un corte ciego. Esto resulta increíble. Claro que, si de alguna manera los egipcios hubieran contado con algo parecido a "un láser", similar al que se utiliza en la actualidad para efectuar "cortes limpios" en los materiales más duros y en los más delicados, (como puede ser el tejido humano), el trabajo les hubiera proporcionado los resultados que ahora se plantean.

Otra de las cuestiones más interesantes, en lo que concierne al trabajo de los canteros, es el empleo del taladro. Hay coincidencia que ni siquiera sirviéndose de la más moderna tecnología actual, tampoco con el láser sería posible encontrar una herramienta tan perfecta.

Esto es muy interesante, porque los más eficaces taladros que hoy día se pueden encontrar en el mercado, al trabajar sobre cuarcita o diorita, solamente consiguen una penetración máxima de 0,04 milímetros por vuelta, mientras que los taladros egipcios, como lo demuestran las hélices dejadas en las piedras excavadas y en las maderas, ofrecían un poder de penetración que resultaba hasta cien veces más potente que las perforadoras de la industria petrolífera más moderna.

J. Ralston Skinner y Tons Brunés, han demostrado que las Pirámides se hallan unidas a la cábala judía. Como sabemos, ésta expone las claves secretas de la Biblia, algunas de las cuales "esconden" las raíces básicas, todas ellas de procedencia cósmica, del origen de los seres humanos. Llegan a más en sus teorías, dado que la cábala también hemos de verla en la relación geométrica del área del círculo inscrito en el cuadrado, o la esfera en el cubo. Esto permite llegar a la relación existente entre el diámetro y la circunferencia, cuya valoración numérica se puede expresar en fracciones, como 22/7. Ésta siempre ha sido considerada suprema, ya que se encuentra asociada con el nombre de los dioses Elohím y Jehová, pues dicen que "el primero puede ser equiparado con la circunferencia, mientras que el segundo se parecería al diámetro".

Sin embargo, las Pirámides fueron diseñadas partiendo de una geometría muy avanzada, totalmente secreta, sólo conocida por los iniciados.

Brunés demostró que los antiguos egipcios emplearon el diseño esencial de un círculo inscrito en un cuadrado para dividir, de una forma geométrica, las dos figuras en partes iguales de dos a diez, a la vez que todos sus múltiplos posibles. Esto les permitía no tener que recurrir a mediciones, ni a cálculos aritméticos. Nada más que precisaban una regla y un compás. Dos símbolos que se han encontrado, junto con la Pirámide, en las órdenes masónicas antiguas, y que siguen utilizando las actuales.

También en esta "geometría secreta" o divina, los iniciados egipcios recurrían a la cruz, ya que al unirla con el círculo y el cuadrado les brindaba la solución a todos los problemas geométricos y, además, daba forma a las claves de los números y del alfabeto. Para conseguir esto último solamente necesitaban servirse de las diagonales.

Los antiguos egipcios creían que el círculo, el cuadrado, la cruz y el triángulo, eran signos divinos, y por eso los aplicaron tanto en las Pirámides.

Con el simple hecho de servirse de un círculo inscrito en un cuadrado, que a la vez dividían en cuartos con una cruz, podían componer las figuras geométricas básicas: pentágono, hexágono, octógono y decágono.

Parece ser que Moisés fue un iniciado egipcio, o un dios menor, por eso transmitió sus conocimientos a los arquitectos hebreos que construyeron el Tabernáculo. Estos conocimientos terminaron por ser incorporados a la enseñanza sagrada.

Charles Funk-Hellet, matemático francés, ha demostrado que el codo, una medida básica de los egipcios y de los hebreos, equivalía a π/6, es decir, 523´6 milímetros (Isaac Newton prácticamente llegó a la misma conclusión: que la unidad de medida que utilizaron para trabajar la Gran Pirámide de Keops fue el codo real, o sea 20´63 pulgadas, equivalentes a **_52_´**4 cm.). Cuando Salomón ordenó al arquitecto Hiram Abiff la construcción del Templo, le recomendó que las columnas tuvieran 18 codos de altura y 12 codos de circunferencia en su parte más alta. Dicho de otra manera, un codo equivalía a la duodécima parte de la circunferencia de un arco de 30º, es decir π/6.

Si se restaba la circunferencia de la altura, se obtenía el resultado de 6 codos en línea recta, lo que era igual a la mitad de la circunferencia o al valor exacto de π. Esto nos viene a revelar, asombrosamente, que unos mil años antes del nacimiento de Jesucristo, los hebreos conocían que un codo suponía un valor matemático dependiente de la circunferencia. Esto les permitió resolver π hasta el grado de las diezmilésimas.

Seguidamente emplearon una unidad de medida como el radio de un círculo. Ya los egipcios y los hebreos sabían que el valor trigonométrico de 30º era π/6, es decir, el del codo real, ó 0,5236 de la unidad empleada. Efectivamente 3,1416 entre 6 es igual a 0,5236.

Quien fuera el constructor de la pirámide, no hay duda de que ya conocía pi (π), fi (Φ), el metro y el codo, puesto que se apoyó en dichas bases. Se podría decir que todos estos números se relacionan con datos del mundo. Por ejemplo, el codo egipcio, su mayor secreto es que deriva de π y de Φ, o sea que definitivamente los conocían. El codo, como ya hemos dicho, mide en metros 0,5236. De tal forma que:

$\pi/6 = 0,5236$

$\Phi^2/5 = 0,5236$

$\pi - \Phi^2 = 0,5236$

Como vemos, claramente el codo tenía encriptado pi y fi. Y lo mismo puede decirse en relación con el metro, que como vimos estaban en el piramidón (la pirámide chiquitita que se sitúa en la cúspide de las pirámides) original. De hecho, hay que tener en cuenta que se conoce el metro puesto que todas las relaciones dependen de él (y del codo).

De igual forma, Charles Funk-Hellet ya demostró que los Caldeos, en el año 4000 a.C., disponían de unas series matemáticas que les proporcionaban unos valores precisos del codo, el metro y π. Llegó más lejos, ya que probó que el metro que usamos actualmente, el cual fue desarrollado por los franceses en el siglo XIX, ya era conocido en la antigüedad por los iniciados egipcios. Luego formaba parte de los conocimientos secretos. Precisamente el metro se hallaba unido trigonométricamente con el codo.

Al parecer la Gran Pirámide es un pilar geodésico, para cuya construcción se utilizaron el metro y el codo. Por eso en la Cámara del Rey, el cuadrado doble del piso alcanza la medida de 5,236 metros por 10,472 metros. En realidad, la unidad básica del metro "formaba parte del secreto", con la intención de que todos los cálculos nada más que pudieran ser realizados por los iniciados o sacerdotes. Incluyéndose en esto hasta la duración exacta del año.

De esta Gran Pirámide, el codo real (cr), de 0,5236 metros, fue su principal unidad de medida.

El lado de la base de la pirámide medía 440 cr (230,387 metros), y su altura era de 280 cr (146,610 metros). No obstante, hay que añadirle 1 cr de la altura del zócalo hasta completar un total de 281 cr (147,134 metros) de altitud. El ángulo de inclinación con la base se había estimado hasta ahora en 51,85 grados, con una oscilación en más o en menos de 1 minuto de arco (51,85º +/- 1') a partir de la medición de la hilera de bloques originales de recubrimiento que permanecen en su cara norte.

Y hasta ahora se conocían dos características que no se hallan en ninguna otra pirámide egipcia:

1.- Posee un zócalo donde se asienta la pirámide, que tiene justamente 1 cr de altura. Este hecho sugiere que sus sacerdotes-arquitectos querían darnos a conocer, a las generaciones futuras, la unidad de medida con la que proyectaron y construyeron el monumento, para posibilitar su estudio y comprensión.

La base del zócalo sobresale ligeramente de la pirámide y tiene una inclinación de 75° exactos.

2.- Las apotemas, que son las alturas de los triángulos de las cuatro caras laterales que definen la pirámide, se hallan ligeramente rehundidas hacia el interior de las caras, de tal forma que quedan partidas en dos. Este descubrimiento se lo debemos al arqueólogo británico William Flinders Petrie, (mitad del siglo XIX a mitad del siglo XX), considerado el padre de la arqueología egipcia y primer egiptólogo científico. Fue quien descubrió la irregularidad de las caras laterales de la Gran Pirámide, con sus apotemas ligeramente hundidas hacia el centro del monumento. Realizó el trabajo de metrología científica de la Gran Pirámide, y sus estudios le sirvieron para desmentir las especulaciones pseudocientíficas de Piazzi Smyth.

Recordamos como dato curioso la foto ya nombrada de la Royal Air Force británica, en la que la luz rasante del equinoccio remarca las dos semicaras del sur de la Gran Pirámide. Esta rareza en la estructura de la pirámide fue recogida por el francés André Pochan. Este autor llamó efecto relámpago al fenómeno que produce la luz al saltar repentinamente de una semicara de la Gran Pirámide a la otra durante el amanecer y el atardecer de los equinoccios de primavera y otoño, por lo que esta singularidad geométrica debería tenerse en cuenta. Este logro extraordinario de los sacerdotes-arquitectos de la Gran Pirámide no tiene parangón en la Historia de la Arquitectura, porque transforma a este monumento de forma singular en un marcador equinoccial.

Pochan, (nacido a finales del siglo XIX), hace la descripción hasta ahora más detallada de la Gran Pirámide, pero su importante error en la datación del monumento le hizo perder credibilidad.

Por esto, debemos tener en cuenta que hasta ahora, se había fijado la duración de las obras en 23 años coincidiendo con el reinado de Keops, para el que se había establecido una doble cronología: de 2551 a 2528 a.c., o de 2589 a 2566 a.c., fechas que en la notación astronómica corresponden a los años -2550 a -2527, y, -2588 a -2565.

En la notación histórica se pasa del año 1 a.C. al año 1 d.C., mientras que en la notación astronómica hay un año 0, de tal forma que la secuencia de los años es... -2, -1, 0, 1, 2,...

Diversos especialistas en construcción no se explican cómo pudieron levantarla en un período tan corto de tiempo con los medios que hasta ahora se suponen. Además, la técnica de construcción de pirámides era relativamente reciente, ya que la primera pirámide en piedra fue construida por el arquitecto Imhotep en Saqqara para el faraón Djoser entre -2630 y -2611, menos de un siglo antes.

Incluso Egipto era un estado relativamente joven, ya que se estima que su unificación se produjo entre los años -3200 y -3000, mientras que el inicio del período dinástico se puede fechar hacia -2900.

Por todo ello, aún sorprende más la gran capacidad de sus sacerdotes-arquitectos, así como la decisión del faraón keops de movilizar a todo el reino para levantar un monumento de 2,5 millones de $m^3$ de piedra tallada. Y recordemos que una vez construida la Gran Pirámide la civilización del Antiguo Egipto todavía duró una eternidad: 2.500 años. Para enmarcar históricamente esta obra sólo hemos de recordar que en el mismo siglo -XXVI, más al norte, en el Mediterráneo Oriental, se iniciaba el período Minoico primitivo o antiguo de Creta, es decir, la única de las civilizaciones contemporáneas de la Gran Pirámide que se proyectó hacia el mar.

Egipto debe mucho a su río, pero en aquel tiempo otras civilizaciones coetáneas de las pirámides también nacieron asociadas al cauce de los ríos. Así, en la Baja Mesopotamia, entre el Tigris y el Éufrates floreció Sumeria, una civilización que en la segunda mitad del IV milenio a.C. ya conocía la rueda y la escritura, y que se hallaba en su segundo período protodinástico. Y en el valle del Indo se desarrollaba la cultura de Mohenjo-Daro, ciudad ya nombrada al mencionar los vórtices, la cual ya contaba con una red de distribución de agua y alcantarillado.

Pero ninguna de ellas duró tres milenios, ni dejó una huella comparable a la del Antiguo Egipto.

Tengamos en cuenta que Heródoto, recogió sus "Historias" en 9 libros, y, en el 2º de ellos, "Euterpe", hizo una detallada, aunque inexacta descripción de los monumentos de Guiza.

Recordemos cómo hallamos unos conocimientos científicos desconcertantes, pues se había documentado la posible presencia de tres importantes números matemáticos en la Gran Pirámide:

1.- El número Pi ($\pi = 3,1416$), es aquel que al multiplicarlo por el diámetro de una circunferencia, nos permite calcular el perímetro o la longitud de la misma.

A través de $\pi$ también se puede calcular su área, así como la superficie y el volumen de la esfera. Tiene por valor 3,1415926535, una cifra que suele expresarse como 3,1416. Simbólicamente sería el Número de las Esferas.

2.- El Número de Oro, Sección Áurea, Divina Proporción o Número Fi ($\Phi = 1,6180$), se halla en la naturaleza y en la creación, ya que las proporciones humanas, en algunas plantas o incluso las conchas de algunos moluscos, siguen sus leyes internas. Es por ello por lo que se le considera la proporción de la belleza.

Es igual a $(1 + \sqrt{5})/2$, por lo que su valor es 1,6180339887, una cifra que se expresa como 1,6180.

En cuanto a la proporción del Número de Oro, vemos que su cuadrado y su inverso nos ofrecen una propiedad que sólo cumple dicho Número de Oro, ya que $\Phi^2 = 2,6180$, y, a la vez, $1/\Phi = 0,6180$.

Es decir, el Número de Oro más 1 es igual a su cuadrado ($\Phi + 1 = \Phi^2$), y el Número de Oro menos 1 es igual a su inverso ($\Phi - 1 = 1/\Phi$).

Por tanto, si tomamos el Número de Oro ($\Phi$ = 1,6180), su cuadrado puede obtenerse simplemente sumándole la unidad ($\Phi^2$ = 2,6180), y su inverso resultará de restarle la unidad (1/$\Phi$ = 0,6180).

Además, también podemos hallar este sorprendente número como un juego, mediante la Serie de Fibonacci, obtenida repitiendo el 1 y sumando dos números consecutivos para generar el siguiente: 1, 1, 2, 3, 5, 8, 13, 21, 34, 55, 89, 144, 233, 377, 610, 987, 1.597, 2.584, 4.184, 6.765, 10.946, 17.711, 28.657, 46.368, 75.025, 121.393... Pero, con la particularidad de que si además, en esta serie dividimos cada número que aparece en ella por el número que le precede, se obtiene un resultado sorprendente, y es que a medida que avanzamos en la serie, el resultado de las divisiones citadas va tendiendo (es decir se va acercando cada vez más y más) al valor: 1,6180339887..., cifra que suele presentarse como 1,6180, que es el valor conocido como *¡Proporción Dorada, Número Áureo, Número Fi, o Divina Proporción!*, y que es considerado como el patrón de la proporción perfecta en campos como la arquitectura, la escultura, la pintura y muchos otros. Y sí, en efecto, también aparecen en nuestra Gran Pirámide, tanto los valores de la serie, como la Divina Proporción, lo que consigue que ese enorme montón de millones de bloques de piedra resulte, sin embargo, armonioso a la vista.

Esta serie toma su nombre de un matemático italiano, Leonardo Fibonacci o Leonardo de Pisa (1170-1240). Es posiblemente una de las sucesiones numéricas más conocidas, dadas las propiedades que posee y la gran cantidad de veces que aparece, en asuntos que no parecen tener relación entre sí, como es el caso de algunas proporciones encontradas entre las medidas de la Gran Pirámide.

Tal y como vamos a ver, el 377, el número 14 de la Serie de Fibonacci, se halla en la Gran Pirámide. Concretamente, a partir de la fracción de éste y su número anterior, esto es 377 y su anterior 233. Pues, a partir de esta fracción 377/233, el cociente de dos números consecutivos es igual a 1,6180, ya que en la Serie de Fibonacci cuanto más altos son los números, más exactas son sus aproximaciones al Número de Oro: 377/233 = 610/377 = 987/610 = 1.597/987 = 1,6180. Así, es fácil calcular la fracción 121.393 / 75.025, puesto que dará 1,6180339887, pudiendo obtener hasta 10 cifras decimales exactas.

La Serie de Fibonacci presenta algunas particularidades que parecen dirigidas a los amantes de las curiosidades matemáticas. Así, por ejemplo, el número 12 de la Serie de Fibonacci es el 144, que a su vez es el cuadrado de 12.

Además, Plutarco explica que los antiguos egipcios llamaban al 16 "el número cuadrado" ya que era, a la vez, el perímetro y el área de cuadrado de lado 4, pues ambos son igual a 4 x 4. Y curiosamente el número 16 de la Serie de Fibonacci es el 987, que equivale al cuadrado de 10 veces el número $\pi$, por lo que podemos relacionar al número 987, a la vez, al cuadrado (porque se obtiene a través de un número cuadrado), y al círculo (porque ese número cuadrado se obtiene a través de $\pi$, del Número de las Esferas).

El Número de Oro en la naturaleza, el llamado Ángulo Áureo, se obtiene al dividir los 360º de la circunferencia por el cuadrado del Número de Oro (2,6180).

El Número de Oro, Proporción Áurea o Divina Proporción, se halla en el ser humano, escondido en todos nosotros. Puedes comprobarlo fácilmente. Coge una cinta métrica, mide tu altura y divídela por 1,6180. Hallarás la altura de tu ombligo (que fue, ni más ni menos, el primer canal de tu vida).

Así, si tu altura es de 1,83 metros, la de tu ombligo será, más o menos, de 1,13 m.; si mides 1,75 m., tu ombligo se hallará alrededor de 1,08 m; y si mides 1,67 m., encontrarás tu ombligo cerca de 1,03 m.

Igualmente, el doble de la altura de tu ombligo será la máxima altura hasta donde llegues con la punta de los dedos al poner tu brazo vertical. Si tu altura es de 1,83 m., llegarás hasta 2,26 m.; si es de 1,75 m., te alargarás hasta 2,16 m; y si es de 1,67 m., alcanzarás hasta 2,06 m.

Pero la Proporción Áurea no sólo se halla en el ser humano, sino que geométricamente a través de la espiral logarítmica, también se halla en las plantas, como en las pipas de girasol, o en los moluscos, como en el Nautilus.

3.- El Número *e* es la base de los logaritmos neperianos o naturales, y permite definir el trazado de una catenaria, es decir, la curva que adopta un collar, una cuerda, o una cadena perfectamente flexible, fijados por los extremos y suspendidos libremente.

El logaritmo de un número es el exponente a que debe elevarse otro número, llamado base, para obtener el primero. Así, por ejemplo, el logaritmo de 100 es 2, donde 100 es el número y 10 es la base.

Los logaritmos se usan especialmente para cálculos astronómicos.

Su fórmula es y = (ex + e-x)/2, en la que "y, x", son las coordenadas que definen la catenaria.

Su valor es 2,7182818284, y se suele expresar como 2,7183. No fue descubierto hasta 1614 por el matemático escocés John Napier (también llamado Johannes Neper), quien definió los logaritmos naturales a partir de comparar progresiones aritméticas y geométricas.

Y así, los 3 números irracionales que acabamos de ver (Pi, Fi, y, e), se pueden obtener con mucha aproximación en la Gran Pirámide. Veamos algunos casos:

**1.- La mitad del Número $\pi$ (3,1416 / 2 = 1,5708).**

Se obtiene aproximadamente de la proporción entre el lado de la base de la pirámide (440 cr, o codos reales) y su altura (280 cr). Por tanto, si dividimos el perímetro de la base cuadrada (440 x 4 = 1.760 cr) por su altura (280 cr), obtendremos 2 veces $\pi$.

De ello se deduce que dicho perímetro (1.760 cr) equivalía al perímetro de un círculo que tuviera por radio su altura (280 x

2 $\pi$ = 1.759,3 cr). Esta relación fue descubierta por el matemático inglés John Taylor.

Todo esto no sabemos si se trataba de una sutil referencia a la imposible cuadratura del círculo…

### 2.- El Número de Oro (1,6180).

Se obtiene por aproximación dividiendo la medida comúnmente aceptada de la apotema (356,1 cr) por la semibase (220 cr). Probablemente ya se conocía en la antigüedad que el Número de Oro se hallaba en la Gran Pirámide.

### 3.- La mitad del Número e (2,7183 / 2 = 1,3591).

Se obtiene aproximadamente de la proporción entre el ángulo de inclinación con la base (que hasta hoy se consideraba como $\alpha$ = 51,8428°), y la mitad del ángulo en el vértice ($\beta$ = 38,1572°). Este hecho ha sido puesto de manifiesto por el investigador estadounidense Rick Howard.

El perímetro de la base cuadrada equivale al perímetro del círculo que toma por radio la altura.

La proporción entre apotema y semibase, equivale al Número de Oro o Número $\Phi$. La proporción entre los ángulos $\alpha$ y $\beta$ equivale a la mitad del Número e.

No obstante, el dato científico más sorprendente es la relación, conocida desde la antigüedad, entre la distancia al Sol en el perihelio, de 147.098.660 kilómetros, y la altura total de la Gran Pirámide con el zócalo incluido, de 147,134 metros.

Esta relación inicialmente podía parecer increíble, ya que ¡la distancia mínima al Sol equivale a 1.000 millones de veces la altura de la Gran Pirámide!... Y se cumple con una aproximación de un 99,98 %.

Además, el ingeniero, geógrafo y arqueólogo francés Edme François Jomard, uno de los científicos más destacados que participó en la expedición de Napoleón Bonaparte a Egipto, relacionó la Gran Pirámide con las medidas de la Tierra, un hecho

que ya había avanzado el historiador y geógrafo griego Agatár-
quides, (siglo II a.C.).

La Gran Pirámide contenía unos conocimientos científicos
desconcertantes. Por lo que vemos a través de las matemáticas,
la geometría, la astronomía y la geodesia, que dicha Pirámide
de Keops ya nos ofrecía importantes relaciones científicas antes
de proceder a su reconstrucción informática y a su posterior
análisis.

Y en todo lo anterior resulta clave la relación entre el codo
real y el metro, establecida por los estudios egiptológicos realizados hasta ahora basados en la medida de varas de madera con
marcas en codos reales. El resultado obtenido es 1 codo real =
0,5236 metros.

Al respecto, se produce un hecho curioso: 0,5236 equivale,
a la vez, a $\pi/6$ y a $\Phi^2/5$, ya que 3,1416 / 6 = 0,5236, y, también
2,6180 / 5 = 0,5236.

Es decir, si dividimos el Número $\pi$ entre 6, nos da el mismo
resultado que si dividimos el cuadrado del Número de Oro entre 5. Y en ambos casos obtenemos lo que mide un codo real,
¡en metros!

Es más, si dibujamos una circunferencia de 1 metro de diámetro, e inscribimos un hexágono en la misma, el arco de circunferencia que corresponde a un lado de ese hexágono es igual
a 1 codo real.

El resultado es muy desconcertante, porque nos obliga a preguntarnos si el codo real podía obtenerse geométricamente a
partir del metro…

Una vez reconstruido el modelo de la Gran Pirámide, lo analizamos minuciosamente. Y uno de los resultados más excepcio-
nales obtenidos fue la longitud de la arista. Esta longitud, que
era especialmente significativa porque elevaba el monumento
hacia el cielo, medía exactamente        ¡¡218,00 metros!!

Es decir, parecería como si la Gran Pirámide hubiera sido
diseñada, a la vez, en codos reales y en metros, ya que las dos
principales longitudes que definían su forma se expresaban en

números enteros: el lado de la base medía 440 codos reales, y la arista 218 metros. No sabemos si podría tratarse de una simple casualidad…

El análisis de las medidas de la Cámara del Rey, que se mantiene intacta en el interior del monumento, insistía triplemente en la presencia de medidas exactas en metros: La altura sobre el zócalo es 43,00 metros. La diagonal del muro mayor de la Cámara del Rey mide 12,00 metros. Y el volumen de la Cámara es de 321,00 m³.

Pero si no fuese suficiente, la suma de la base (440 cr) y la altura (280 cr) de la Gran Pirámide es igual a 720 cr, una medida que coincide exactamente con 377,00 metros. Y además de la casualidad que el 377 es el número 14° de la Serie de Fibonacci.

Ante la insistencia de tantas medidas en metros, es obligado que nos preguntemos si ¿los sacerdotes-arquitectos de la Gran Pirámide conocían el metro, y lo usaron como segunda unidad de medida al proyectar el monumento?

Para intentar responder a esta pregunta, veamos si las medidas en metros nos proponen juegos numéricos:

Para ello, sumemos las 9 longitudes obtenidas: las 4 aristas (4 x 218 = 872 metros), más las 4 diagonales de los muros mayores de la Cámara del Rey (4 x 12 = 48 metros), más su altura sobre el zócalo (43 metros). Resultará 963 metros. Y, curiosamente, esta cifra es el triple de 321, el número que expresa el volumen de la Cámara del Rey en m³. ¿Otra casualidad?...

Al llegar a este punto, al haber números que establecían juegos entre ellos o se repetían insistentemente en la Gran Pirámide, podemos recordar que Pitágoras estudió en Egipto, donde vivió entre 10 y 20 años, y donde fue ungido sacerdote, por lo que tuvo acceso a sus conocimientos. Por eso no es extraño que el llamado Teorema de Pitágoras se halle en la Gran Pirámide.

Pitágoras y los pitagóricos afirmaban que "todo es número", por lo que consideraban a los números como divinidades o como entidades abstractas preexistentes e independientes de su unidad de medida.

Este hecho viene confirmado por nuestra cotidiana práctica mental. Si yo levanto la mano y te muestro fijamente la palma abierta con los 5 dedos extendidos, no te preguntarás si te estoy saludando, sino que inconscientemente pensarás en el número 5, con independencia de que te esté mostrando 5 dedos.

Lo importante pues, es el número, no la unidad que expresa. Tanto da que te muestre 5 dedos o 5 lápices, tú pensarás en el número 5.

Basándonos en este concepto, encontraremos otro importante juego numérico, asociado a las medidas enteras que definen el monumento: el lado de la base de 440 cr y la arista de 218 metros. La pirámide tiene 4 lados y 4 aristas. El número que se obtiene de la suma de los 4 lados es 4 x 440 = 1.760; y el que resulta de la suma de las 4 aristas es 4 x 218 = 872. Su diferencia es igual a 888.

Y el 888 es el número que contiene la clave de la Gran Pirámide de keops.

Una vez reconstruido el modelo original de la Gran Pirámide, y a la vista de los resultados que se iban obteniendo, resultaba imprescindible estudiarlo con detalle. En un primer análisis era necesario obtener y estudiar sus magnitudes: el perímetro, la superficie, y el volumen.

A partir de la concepción abstracta del número que nos llega desde los pitagóricos, podemos tomar las magnitudes de la Gran Pirámide simplemente como números, con independencia de la unidad de medida que designaban. Y todo ello da como resultado una extraña ley asociada a un número singular, el 888. Por lo que podríamos hablar de la ley matemática del número 888.

En la Gran Pirámide, las magnitudes se hallan en codos reales y en metros. La investigación desarrollada nos permite concluir lo ya intuido: la relación entre el codo real y el metro que los sacerdotes-arquitectos de la Gran Pirámide usaron en el monumento fue 1 codo real = $cr^2$ /5, o lo que es lo mismo, 1 codo real = 2,61803399 / 5 metros = 0,52360680 metros.

Esta relación es, pues, la que se aplica entre ambas unidades de medida, tanto en el perímetro de la Gran Pirámide, como en su superficie o en su volumen. Por tanto, y como es lógico, para transformar codos reales en metros se ha multiplicado la medida en codos reales por 0,52360680; para hacerlo de cr² a m², se ha multiplicado los cr² dos veces por esa cifra, es decir, por su cuadrado; y para pasar de m³ a m³ se ha multiplicado los cr³ tres veces por dicha cifra, es decir, por su cubo.

Vamos a demostrar que las magnitudes de la Gran Pirámide cumplen la Ley del 888. Para ello vamos a tener en cuenta sus medidas:

a)   Perímetro: 8.388 cr, 4.392 m., y, 12.780 cr + m

b)   Superficie: 314.159 cr, 86.131 m., y, 400.290 cr + m.

c)   Volumen: 17.979.175 cr, 2.580.986 m., y, 20.560.161 cr + m.

Todo ello da una suma de: 18.301.722 cr, 2.671.509 m., y, 20.973.231 cr + m.

Pues bien, en la tabla anterior también se puede aplicar la teoría de conjuntos. Si pongo sobre la mesa una cesta con 3 plátanos, 5 naranjas y 8 manzanas, puedo decir que en la cesta tengo 16 frutas, porque estoy sumando elementos distintos de similar naturaleza. Es por ello por lo que, tanto si entendemos que las magnitudes son sólo números, como si aplicamos la teoría de conjuntos, podemos sumar codos reales o metros con independencia de que sean lineales, cuadrados o cúbicos. Por lo que también podemos sumar los números de las magnitudes obtenidas tal como se hallan en la última columna de la Tabla, donde se suman codos reales y metros.

Dicho esto, observemos las sumas resultantes de cada una de las 3 columnas: 18.301.722, 2.671.509, y, 20.973.231. Separemos las cifras de 4 en 4, es decir, tomémoslas en unidades de 10.000. En la primera columna resultarán 1.830 y 1.722; en la segunda, 267 y 1.509; y en la tercera, 2.097 y 3.231. Sumemos los números 2 a 2 y obtendremos, en todas ellas múltiplos de 888, ya que se cumple 1.830 + 1.722 = 3.552 = 888 x 4, y también, $267 + 1.509 = 1.776 = 888 \times 2$, y, finalmente, $2.097 + 3.231 = 5.328 = 888 \times 6$.

Esta ley resulta muy sorprendente. Aún no sabemos cómo los sacerdotes-arquitectos egipcios pudieron establecerla. Y tampoco cómo pudieron llegar a construir la Gran Pirámide a partir de ella.

En el supuesto de que hoy conociéramos la Ley del 888, y a partir de ella intentásemos construir una pirámide que tuviera un perímetro, una superficie y un volumen prefijados, sólo podríamos hacerlo mediante sucesivas aproximaciones a través del ordenador. Y quién sabe cuánto tiempo necesitaríamos para conseguirlo y si finalmente lo conseguiríamos.

Por tanto, la Ley del 888 presenta un doble enigma:

¿De dónde procedían los conocimientos matemáticos hallados en la Gran Pirámide? Y, los sacerdotes-arquitectos de la Gran Pirámide… ¿cómo consiguieron diseñar el monumento a partir de tener prefijados su perímetro, su superficie y su volumen por la Ley del 888?

Sin embargo, más allá de los enigmas que abre, esta Tabla de la Gran Pirámide nos aporta una importante certeza: La Ley del nº 888 ofrece la prueba irrefutable de que la reconstrucción del modelo original de la Gran Pirámide es totalmente exacta.

Y esta afirmación se basa en que dicha Ley no se cumpliría si hubiera una desviación en el perímetro de la Gran Pirámide de un solo codo real sobre 8.388 codos reales, o de un solo codo real cuadrado en su superficie sobre 314.159 $cr^2$, o de un solo codo real cúbico en su volumen sobre 17.979.175 $cr^3$, lo que en este último caso representaría que si la exactitud de la reconstrucción fuera de un 99,999994 %, no sería suficiente para que la Ley del 888 se cumpliese.

Por tanto…¡La Ley del 888 certifica la reconstrucción exacta del modelo de la Gran Pirámide en sus medidas originales!.

Y la Ley del 888 también confirma que en la Gran Pirámide se usó una unidad de medida prácticamente igual a nuestro metro, que establecía la igualdad ya comentada entre 1 codo real y 0,523606797 metros.

El número 888 vuelve a hallarse asociado con la Gran Pirámide a través de dos alineaciones astronómicas de dos de sus cuatro canales estelares.

Desde cada una de las cámaras del Rey, y, de la Reina, salen dos estrechos canales estelares que inicialmente se creía que eran canales de ventilación.

Se hallan orientados en dirección norte-sur, con una sección variable, pero del orden de 20 x 20 cm. Están perfectamente encajados en la estructura de bloques del interior de la pirámide, y se dirigen dos hacia el norte, y otros dos hacia el sur.

Un astro se alinea con una canal estelar cuando su altura sobre el horizonte coincide con la inclinación del canal. Así, un canal estelar de 45° de inclinación orientado en dirección norte-sur se alineará con un astro situado a 45° sobre el meridiano, es decir, sobre el eje norte-sur, que es donde los astros alcanzan su mayor altura.

Dos alineaciones astronómicas, con los dos canales estelares del sur de la Gran Pirámide, se produjeron separadas por un número de días asociado al número 888. Y las fechas obtenidas coinciden con una de las dos cronologías establecidas para el reinado de Keops.

Si a los días comprendidos entre las dos alineaciones astronómicas les añadimos los dos días ceremoniales del tensado de la cuerda (el equivalente en el Antiguo Egipto a nuestra ceremonia de colocación de la primera piedra), y de la inauguración de la Gran Pirámide, vuelve a repetirse doblemente la asociación con el número 888.

Esta insistencia con el 888, junto con la coincidencia entre las fechas obtenidas y el reinado de keops, nos dan una información excepcional: los sacerdotes-arquitectos de la Gran Pirámide utilizaron las alineaciones de sus canales estelares para establecer las fechas de la construcción del monumento. Y las certificaron asociándolas al número 888, por lo que nos preguntamos, ¿qué podía ser, o qué podía significar el número 888?

Siguiendo con números, vemos que no hay figura geométrica con menor número de lados, sólo 3, que el triángulo, a la vez tan simple y compleja, es más, antes hacíamos referencia al triángulo Isíaco, y nombrábamos a Osiris. Pues bien, Osiris, era el dios egipcio de la luz y de la resurrección, de la agricultura y de la fertilidad, y fue uno de los dioses principales de la mitología egipcia. Se le representaba en forma de hombre momificado, de manera similar a Ptah, dios de Menfis, que fue la capital de Egipto durante el Imperio Antiguo.

Osiris era un semidios extranjero que sin disparar una sola flecha, y haciendo gala de su capacidad de persuasión y de sus superiores conocimientos, habría unificado el Alto y el Bajo Egipto, por lo que se transformó en el primer faraón mítico de Egipto. Osiris habría hecho una importante aportación civilizadora, ya que enseñó la agricultura a los pastores nómadas autóctonos.

Como ya dijimos antes, en el año 28 del reinado de Osiris, su malvado hermano Seth se valió de una treta para asesinarle y usurparle el trono: hizo diseñar un hermoso cofre de pedrerías a la medida de Osiris, e invitó a diferentes cortesanos a entrar en él con el argumento de obsequiárselo a quien encajara en sus medidas. Al entrar el rey, Seth cerró el cofre, lo selló, y con la ayuda de 72 cómplices, lo lanzó al Nilo.

Osiris murió ahogado y su cadáver fue arrastrado por el río hasta el mar, que lo alejó de las costas de Egipto. Su esposa Isis, enterada de que sus restos se hallaban en Fenicia, fue a buscarlo. Pero cuando lo devolvió al país del Nilo, Seth terminó su trabajo de destrucción, y robó el cadáver de Osiris para descuartizarlo en 14 partes.

La fiel Isis recuperó 13 de las 14 partes en que Seth había troceado a su esposo, lo recompuso y recurrió a sus dotes de maga, ya que, insuflándole el aliento de la vida, consiguió resucitarlo. Y a pesar de que la parte que había perdido Osiris era precisamente su falo, valiente ella, lo sustituyó por una caña, y consiguió que el dios resucitado le engendrara un hijo.

Horus, el Halcón, fue el hijo póstumo de Osiris resucitado y de Isis. Y de él se proclamaron descendientes todos los faraones del Antiguo Egipto. Después de engendrar a Horus, Osiris volvió al mundo de los muertos para transformarse en dios de los difuntos, pero su alma divina permaneció inmortal.

Plutarco se ha ocupado de hacernos llegar este mito egipcio, y en su libro "Isis y Osiris" lo relata de esta manera:

"En verdad, el principio y conformación del mundo proviene de una combinación de fuerzas contrarias que no son idénticas en potencia, sino que la mejor siempre predomina. No obstante, el principio del mal no puede quedar aniquilado totalmente, pues se encuentra en la misma esencia del cuerpo y alma del mundo, y siempre en continua lucha con el más excelente.

Osiris es esta recta razón e intelecto que se encuentra en el alma del mundo. Todo aquello que tiene una regla (tierra, viento, agua, cielo, astros), y todo aquello que hay constante, como las estaciones, las temperaturas, toda periodicidad, proviene de Osiris.

Por el contrario, todo aquello que es apasionado, subversivo, irracional e impulsivo, así como cuánto es perecedero y corpóreo, es Tifón. Los desórdenes causados por anormalidades estacionales, los eclipses de Sol, desapariciones de la Luna, son emanaciones y manifestaciones de Tifón. Todo esto queda expresado por el nombre de Seth, apelativo de Tifón, porque significa opresor y tirano, lo que también viene a significar vuelta atrás.

Isis manifiesta la feminidad de la naturaleza, por cuanto es la virtud apta para recibir la generación, y en este sentido lo expresa muy bien Platón, cuando la denomina nodriza y quien todo lo contiene… Tiene, de forma innata, un amor por aquello que es principio primero y soberano, que es idéntico al principio del bien, por lo que lo desea y lo persigue, alejándose siempre de su principio contrario, el del mal".

"...Que los mitos narren que el alma de Osiris es imperecedera, que su cuerpo es despedazado por Tifón en diversos trozos, y que Isis, errante por todas partes, lo busque y lo recomponga. En verdad, el ser, en su carácter inteligible y bueno, está por encima de todo tipo de corrupciones y mudanzas. Él da la forma a la materia sensible. Así como la cera recibe su forma del sello, la materia recibe formas determinantes. Pero estas formas no son eternas, sino que hace mella en ellas el principio del desorden, que ha sido expulsado de las regiones celestes y enviado a este mundo. Este principio lucha contra Horus, que es la imagen que Isis ha procreado como imagen de lo inteligible".

"La narración nos muestra que Horus, el terminado y perfecto, no destruyó completamente a Tifón, sino que le privó de su fuerza y actividad, por lo que se dice que la estatua de Horus posee entre sus manos el miembro viril de Tifón. Siguiendo el hilo del mito, Hermes, cuando hubo quitado a Tifón sus nervios, los utilizó como cuerdas en su lira.

El significado de esto es que la razón dio orden al mundo, trajo al mundo la armonía a partir de lo inarmónico, sin destruir la fuerza opuesta, sino dándole un orden".

"Parece plausible pensar que, para los egipcios, el triángulo rectángulo estuviera considerado como el más perfecto de los triángulos, comparándolo con la figura del universo".

Continuando con Osiris, vemos cómo Plutarco detalló 3 datos astronómicos esenciales que coincidieron en el día de la muerte de Osiris, (que los egipcios celebraban con cuatro días de duelo): era un 17 de athyr, el tercer mes del calendario egipcio, el Sol estaba en la constelación de Escorpión, y la plenitud de la Luna se hallaba bastante menguada, entre el plenilunio y el cuarto menguante. Y añadió un cuarto dato relevante: la Muerte de Osiris se conmemoraba con 4 días de luto en el calendario egipcio. Considerando que la Cristiandad conmemora la muerte de Jesús solamente con un día y medio de luto, bien podríamos preguntarnos ¿qué tragedia ocultaría esta fecha mitológica para conmemorarla con un duelo tan largo?

Es más, la fecha marcada por una de las alineaciones de los canales estelares coincidía exactamente con el día en que se cumplirían 1.000 años exactos desde la fecha de la Muerte de Osiris.

Por tanto, la Gran Pirámide era el monumento conmemorativo del Milenario de la Muerte de Osiris, pero, no sabemos bien qué representaba dicha muerte.

Por otra parte, vemos cómo Beroso, el historiador y astrónomo babilonio que vivió entre los siglos -IV y -III a. C., estableció en 432.000 años el tiempo transcurrido entre la Creación y el Diluvio, posibilidad que quedó reforzada a causa de la insistencia de la Gran Pirámide en el número 432 lo que permitía relacionar el Diluvio con el día de la Muerte de Osiris.

Además, el sacerdote e historiador egipcio Manetón, que escribía en griego y era casi contemporáneo del anterior, referenció las primeras dinastías del Antiguo Egipto al Diluvio. Por otra parte, este gran cataclismo causado por el agua se halla relacionado en diversas mitologías:

En Mesopotamia. A través del poema de Atrahasis o de la epopeya de Gilgamesh. En Israel, a través del Génesis, el primer libro de la Biblia. En Grecia, mediante el Diluvio de Deucalión, y también de forma indirecta, a través de los pitagóricos: ellos llamaban *Ókeanós* – es decir, Océano – al número 9, que asociaban al cielo, ya que consideraban que este se hallaba formado por una gran masa de agua, una especie de mar celeste que rodeaba la Tierra.

En Egipto, de forma indirecta, a través del propio mito de la creación: al principio todo era agua, ya que sólo existía el Nun, el Océano Primigenio, de donde surgió la colina primordial cuando descendieron las aguas.

Todos estos mitos recurrentes son pruebas repetidas de la realidad protohistórica de un *diluvio* en el área del Mediterráneo Oriental.

No obstante, el proceso de investigación nos lleva a concluir que no se trataría propiamente de un diluvio – de difícil justificación científica – sino de un gran cataclismo causado por el agua. Y hemos de recordar que la palabra griega *cataclismos* designaba a la vez a un cataclismo y a un diluvio.

La Muerte de Osiris sería la adecuación mitológica de la realidad protohistórica del Diluvio. Y la Gran Pirámide fue el monumento conmemorativo del Milenario de la Muerte de Osiris, es decir, del Milenario del Diluvio.

Y ahora bien, una vez establecida la fecha de la Muerte de Osiris, surgían nuevos interrogantes…, como por ejemplo, ¿cuál fue la causa de ese gran cataclismo conocido como el Diluvio?

El hecho de que la Gran Pirámide fuese edificada para conmemorar el Milenario de la Muerte de Osiris resuelve uno de los enigmas que nos planteaba el Antiguo Egipto, ¿cuál fue la causa que llevó a Snefru, el padre de Keops, a construir 3 pirámides?

En la Pirámide de Meidum, los sacerdotes-arquitectos del faraón Snefru, levantaron una pirámide escalonada, similar a la construida por Imhotep en Saqqara para el faraón Djoser.

En la Pirámide Romboidal de Dashur, intentaron construir una pirámide perfecta, pero se encontraron con un fracaso tecnológico, ya que el exceso de inclinación y la poca resistencia del suelo les obligaron a rectificar la inclinación de la pirámide para evitar su derrumbe.

En la Pirámide Roja de Dashur, aplicaron la misma inclinación de la parte superior de la Pirámide Romboidal, y consiguieron construir la primera pirámide perfecta.

Finalmente, reformaron la Pirámide de Meidum, recubriéndola con bloques de piedra para transformarla en una pirámide perfecta hasta conseguir la misma inclinación que usarían en la Gran Pirámide.

La Gran Pirámide está formada por 2.300.000 bloques de piedra, cada uno con un peso medio de 2,5 toneladas, aunque los había de mayor tamaño. Esto es, cuando se concluyó, pesaba, aproximadamente, seis millones de toneladas.

Por lo tanto, vemos que en las tres pirámides de Snefru, los sacerdotes-arquitectos reales experimentaron para preparar la construcción de la Gran Pirámide.

No obstante, la complejidad del diseño de la Gran Pirámide lleva a pensar que podía tratarse de un proyecto anterior, concebido lentamente en su madurez por el más insigne de los arquitectos egipcios, Imhotep. Al respecto hay pistas suficientes para establecer una apasionante hipótesis de trabajo: Imhotep podría haber diseñado la totalidad del conjunto monumental de Guiza como un proyecto único.

Si las pirámides hubieran sido sólo monumentos funerarios, no tendría sentido construir tres para el cadáver de un rey. Por tanto, la respuesta a la pasión constructiva de Snefru sólo podía ser una: los faraones de la IV Dinastía sintieron que la civilización del Antiguo Egipto tenía una cita con la historia, de ahí la creación de algo tan especial.

Por eso, durante su reinado, los sacerdotes-arquitectos del rey ensayaron para construir una pirámide única y grandiosa, a fin de que incluyera la sabiduría de sus antepasados como la mejor forma de rendirles homenaje.

No obstante, la tarea de construir la Gran Pirámide recaería después de la muerte de Snefru sobre su hijo Keops, que puso el proyecto bajo la dirección inicial del más insigne de los arquitectos de Snefru: Nefermaat.

La Gran Pirámide sería, pues, un gran cenotafio, (esto es, monumento funerario en el cual no está el cadáver del personaje a quien se dedica), erigido a la memoria de los antepasados muertos en el gran cataclismo conocido como el *Diluvio*, que tuvo lugar 1.000 años antes, y que la mitología egipcia inmortalizó a través de la fecha conmemorativa de la Muerte de Osiris. Por tanto, cabe preguntarse, ¿quiénes eran los antepasados muertos a los que la Gran Pirámide rendía homenaje?, y, ¿qué simbolizaba el mito de Osiris?

Curiosamente, vemos cómo los antiguos egipcios se adelantaron mucho a civilizaciones posteriores. La prueba la tenemos en que a comienzos del siglo XIX sir John Herschel intentó calcular el radio de la Tierra. Para ello situó a dos observadores a 3.050 metros de altura sobre el nivel del mar. Enseguida comprobó que dejaban de verse a una distancia de 12.873 metros, lo que le llevó a deducir que el radio de la Tierra era de 6.793 Km. Pero cometió un error de 419 km, de acuerdo con las mediciones actuales.

Sin embargo, a los "iniciados egipcios", o casi dioses, no les ocurrió esto, ya que la apotema completa de la Gran Pirámide alcanza una medida de 10.000 codos de largo, que viene a ser 1.870 metros. Su radio resultante debía medir 3.570 metros. A ello hay que añadir que los experimentos más modernos han podido comprobar que una luz desaparece completamente en el horizonte a 3.750 metros. Por tanto, cabe preguntarse, ¿cómo estaba tan adelantada la civilización egipcia?, ¿no recibirían alguna "ayuda" externa?

Ya en el siglo pasado, el investigador argentino José Álvarez, pudo demostrar que la Gran Pirámide era la representación de un esquema decimal del sistema solar. Esto le llevó a deducir que la altura del monumento funerario debía ser la millonésima parte de la distancia entre el Sol y la Tierra, pero medida desde los límites de la atmósfera. Y a la vez dedujo que la base de la Pirámide representaba la diezmillonésima parte de la superficie de la Tierra, (510 millones de $m^2$ de la superficie de la Tierra, frente a 53.000 $m^2$ de la base de la pirámide de Keops). Por tanto, nos planteamos seriamente si, ¿no vienen a probar tales conocimientos que los iniciados egipcios eran dioses?

Tan asombroso como lo anterior, o acaso más, resulta saber que el cofre de la Cámara del Rey, dentro de la Gran Pirámide de Keops, presenta unas medidas que coinciden exactamente con infinidad de datos astronómicos, lo que lo convierte en un "atlas del sistema solar" porque en el mismo se representa el peso de la Tierra, el de la Luna, el del Sol con relación a la Tierra, y otros datos como el radio polar de nuestro planeta, pero medido desde un Polo a otro, siempre tomando como base el metro... cuando se supone que aún no lo conocían, pues éste se define como unidad de longitud hace "relativamente poco", en 1792, y curiosamente como la "diezmillonésima parte de la distancia que separa el Polo Norte de la línea del Ecuador terrestre, a través de la superficie terrestre", y de nuevo, casualidad o no, aparece la proporción "diezmillonésima parte"...

Y todo este cúmulo de datos han sido conseguidos partiendo de un cofre que se halla muy estropeado por el paso del tiempo.

Siguiendo con las medidas, por una parte, tenemos la altura de la Gran Pirámide, 146 metros como valor promedio de los cuatro lados, pero a su vez damos por fin con el número esencial de Arquímedes, $\pi$, y lo tenemos en la medición de la pendiente de sus caras: $22/7 = \pi$. Recordemos que este matemático griego es del siglo III a.C., pero mucho tiempo posterior a los egipcios, y no se acercó tanto como ellos, pues fue capaz de determinar el valor de $\pi$ entre el intervalo comprendido por $310/71$, como valor mínimo, y $31/7$ como valor máximo.

Por otro lado, en función de la altura de la Pirámide, si la multiplicamos por $10^6$ obtenemos la distancia al Sol. Incluso en este dato vemos la perfección de los arquitectos y astrónomos egipcios, que demostraron ser más exactos que los astrónomos, aparejadores e ingenieros de la actualidad. Pues ellos calcularon una distancia de $146,60$ por $10^6$ mientras que las últimas mediciones del siglo XX arrojan los siguientes datos: en 1900: $149,46$ por $10^6$, en 1930: $149,93$ por $10^6$, en 1940: $147,97$ por $10^6$, y en 1960: $146,97$ por $10^6$ (prácticamente el mismo resultado de los antiguos egipcios, sin duda la mejor prueba de que construyeron la Gran Pirámide en función de la distancia al Sol).

En su momento, esta Gran Pirámide estaba revestida de mármol, en un conjunto de 9 hectáreas, cuyo espesor era de 2 metros y medio, y que siglos después fue arrancado. Una gran parte de este material se utilizó en los edificios de El Kaherah, la nueva capital del reino árabe, así como una mezquita en el Gran Cairo.

Son sorprendentes los estudios del investigador John Taylor. Cuando multiplicó el perímetro de la Pirámide por dos veces su altura, el resultado se aproximó casi al valor absoluto de π: 3,14159. Y, todos sabemos que éste dato supone el valor que se debe multiplicar por el diámetro de un círculo para conseguir la circunferencia. De esta forma, acababa de saber que los antiguos egipcios conocían el valor de π, cuando hasta entonces se había creído que era un descubrimiento del siglo VI de nuestra era.

A Taylor ya no le cabía ninguna duda de que, al menos, los antiguos egipcios habían conseguido medir la circunferencia de la Tierra y la distancia existente entre el centro de ésta y los Polos. Además, también había observado que la relación entre la altura de la Pirámide con su perímetro era idéntica a la del radio polar de la Tierra con su circunferencia: 2 π.

Taylor se atrevió a proponer la hipótesis de que los arquitectos de las Pirámides pertenecían a una raza "seleccionada" de la línea de Abraham, aunque anterior a éste. Los situó muy próximos a Noé.

Pues bien, para continuar con su labor de investigación, acude al encuentro de Taylor el ya nombrado astrónomo escocés Charles Piazzi Smyth. Éste se pone manos a la obra y comprueba que la Gran Pirámide se encuentra a unos minutos de una latitud de 30º al norte. También descubrió que la sombra de este monumento desaparecía totalmente durante el equinoccio de primavera, lo que le condujo a la idea de que los arquitectos egipcios poseían unos grandes conocimientos de astronomía. Es más, llegó a la conclusión de que, con la llegada de la primavera, en el momento en que el Sol se encontraba muy alto en el cielo, quedaba iluminada toda la Pirámide en su zona norte. Como al mediodía la sombra se acortaba, esto le llevó a suponer que los arquitectos egipcios quisieron, además, que la Pirámide cumpliera las funciones de un gigantesco reloj de sol, pero tan completo que pudiera informar sobre las estaciones y la duración del año.

Piazzi se encontró con unas medidas asombrosas: el perímetro de la estructura del monumento en pulgadas piramidales era similar a 1.000 veces 365'2, que son los días de un año solar. Con lo que los antiguos egipcios se habían adelantado quince siglos a los griegos, a quienes se atribuía ese cálculo.

Unos años más tarde, al sacerdote Joseph Seiss le impresionó el hecho de que el número 5 se repitiera tantas veces en la Pirámide: 5 esquinas, 5 caras (incluyendo la base), a la vez que una pulgada piramidal consistía en la 5ª parte de un 5º del cubo, y, por eso se preguntó "¿nos hallamos ante una simple coincidencia, si tenemos en cuenta que disponemos de 5 sentidos, 5 dedos en cada miembro y que son 5 los libros encontrados de Moisés?".

Más tarde se comprobó que las líneas de longitud y latitud (31º este y 30º norte), que se entrecruzaban en el terreno ocupado por la Gran Pirámide, cubrían una mayor cantidad de territorio que cualquier otra conjunción de líneas similares. Por eso se preguntaron si los antiguos egipcios sabían que la edificaban en el centro exacto del mundo que estaba poblado en aquellos tiempos. Por otra parte, también, si se trazaba un cuadrante en línea recta desde la Pirámide, en un sentido nordeste y noroeste, se podía cubrir la totalidad del Valle del Nilo. Una medida que debió ser muy útil a los arquitectos egipcios, sobre todo para cuando el río que les daba vida quedaba inundado.

El inglés Petrie quería realizar mediciones más exactas, y comprobó la precisión de los trabajos y el encastado de las piedras, pareciéndole la labor de un óptico divino, al ver que las paredes del pasadizo por el que se descendía al sarcófago del faraón sólo presentaban un cuarto de pulgada de desnivel en sus 106 metros de longitud. Y en sus investigaciones descubrió que en la Cámara del Rey se encontraba la relación de $\pi$ en su longitud y su contorno.

El ingeniero David Davidson no creía en estas teorías, pero tras medir varias veces, llegó a la conclusión que "la ciencia y el sistema de pesos y medidas de los antiguos egipcios se basaba en dos funciones de la Tierra y su órbita: la unidad básica del tiempo era el año solar, a la vez que la lineal hemos de verla como una fracción decimal del eje polar sobre el cual gira nuestro planeta".

Don Neroman, presidente del Colegio Francés de Astrólogos, demostró que el codo sagrado utilizado por Smyth y el codo real de Petrie se hallaban unidos por una relación matemática. También probó que la Pirámide ofrecía la altura y el grosor necesarios para que los cálculos proporcionasen un número exacto de cada unidad. Dado que 33 codos sagrados resultaban idénticos a 40 profanos o reales, la base proporcionaba una medida de 440 codos reales ó 363 codos sagrados; y la altura, 280 ó 221. Eran éstos una serie de datos que no se contradecían, sino más bien resultaban complementarios. A su vez, no faltó quien propuso la idea de que los arquitectos egipcios, o los "iniciados", medían la duración del año solar con un codo sagrado, debido a que únicamente ellos podían aprovecharse de la ciencia secreta de la Pirámide.

Hay que tener en cuenta que el origen de las ciencias secretas, o ciencias ocultas, está ligado al comienzo de la escritura, a los sacerdotes egipcios y a los "magos" caldeos, aunque se sabe bastante más de los primeros que de los segundos.

No es fácil definir con precisión lo que llamamos "ciencia oculta o conocimiento secreto". Unas veces es un conocimiento objetivo que se mantiene dentro de un círculo reducido, como las nociones de geometría y astronomía de los sacerdotes egipcios… y en otros, un conjunto de creencias con poca o ninguna base científica que pretende conferir a los "iniciados" poderes adivinatorios, e incluso la capacidad de influir en los acontecimientos.

Con frecuencia se da una mezcla de conocimientos objetivos y creencias sin fundamento. La astronomía, por ejemplo, debe su origen a la astrología. Las minuciosas observaciones del curso de los planetas (estrellas que cambiaban de posición en el cielo), que han acabado desplazándonos del centro del universo, fueron financiadas por poderosos personajes que no tenían otro afán científico que el que les pronosticaran el futuro. De hecho, los modelos de movimiento de los planetas no tenían como objeto crear una imagen del universo, sino predecir su posición para hacer horóscopos a más largo plazo. También es verdad que, como diría Ricardo Aroca, el grupo reducido que posee conocimientos ocultos tiene una ventaja sobre el resto de la sociedad, y esto le puede proporcionar prestigio y poder, pero en ocasiones también puede ser causa de persecución. Mantener en secreto la pertenencia al grupo poseedor de conocimientos, o practicante de creencias no compartidas, puede ser una medida de prudencia para evitar represalias, y además añade el plus de poder que otorga la imaginación ante lo desconocido.

Si echamos la vista atrás, vemos cómo la Historia empieza con la invención de la escritura por parte de los sumerios que habitaban el sur de Mesopotamia en el año 3100 a.C. Y, unos siglos después, el antiguo Egipto, y China desarrollaron sus propios sistemas de escritura, aunque lo más probable es que ya conocieran en parte dicho invento, gracias a las relaciones comerciales que establecían.

Imhotep, el arquitecto de la primera pirámide (la pirámide escalonada del faraón Djoser), fue, según la tradición egipcia, el inventor de la escritura: el arte milagroso que en adelante permitiría guardar y transmitir el conocimiento, el arma más poderosa que existe. La casta sacerdotal egipcia guardó para sí tanto la escritura como sus hallazgos en matemáticas, o medicina, y de ese modo fueron formando el acervo de las "ciencias ocultas", puesto que no eran de general conocimiento de la sociedad y permitían a los sacerdotes, entre otras muchas proezas, anunciar con anticipación las fechas en que el faraón iba a tener a bien traer las periódicas inundaciones que fertilizaban los campos y volver a trazar con exactitud "mágica" las lindes de las parcelas borradas por el agua.

El caudal de ciencias ocultas de los sacerdotes egipcios era algo que se daba por cierto en el mundo antiguo. Una cosa muy parecida sería algo tan simple como ser capaz de predecir un eclipse, lo que hoy en día sería una muestra de tener conocimiento científico y por tanto, gracias a eso, nos permite calcular con antelación la posición de los astros, sin embargo en aquella época no era visto así (Platón habla de las estancias ocultas de los templos egipcios, llenas de secretos escritos sobre papiros en lenguaje jeroglífico). En siglos posteriores, la pérdida de las claves precisas para leer la escritura jeroglífica aumentó el aura de misterio de los conocimientos secretos de los sacerdotes.

El viajero e historiador griego Heródoto, que visitó Egipto en el siglo V a.C., dijo de él que "no era un país como los otros, es un don del Nilo, que no es un río como los otros. Y sus habitantes también son diferentes: leen de derecha a izquierda, y entre otras extrañas costumbres, las mujeres hacen aguas menores de pie, los hombres, que están circuncidados, en cuclillas, y los sacerdotes, todos hombres, se afeitan la cabeza".

La fertilidad de su suelo permitía alimentar una importante población (enorme para los estándares de la época), que se estima en un millón de habitantes al comienzo del Imperio Antiguo, de casi dos millones en la época en que se construyen las pirámides, y de entre cinco y siete millones en la época romana.

La agricultura, basada en una variedad de trigo originaria de Mesopotamia, dependía del riego, que precisa de una organización social capaz de mantener los sistemas de canales y de resolver los conflictos del uso del agua. Como, además, las inundaciones borraban las lindes de los campos y exigían un trabajo constante en el sistema de canales, la autoridad encargada de ambas tareas debía ser especialmente poderosa. Así pues, el sistema de organización social cristaliza pronto en el poder centralizado de un faraón que, apoyado en una potente clase sacerdotal, tiene un carácter divino, posee en último extremo toda la tierra, e incluso *decide* el momento de las inundaciones, ya que ningún suceso meteorológico relacionado con ellas es perceptible en el valle del Nilo, por lo que el origen mágico es completamente plausible, sobre todo si se deja caer con anticipación algún indicio de que la fecha, decidida por el faraón, está próxima. Y al mismo tiempo, el Estado centralizado permite un almacenamiento eficaz de los excedentes de las cosechas en tiempos de bonanza para su distribución en períodos de escasez, lo que refuerza aún más el poder del faraón.

El manejo de los números es necesario para gestionar las cosechas almacenadas; la geometría, para restituir las lindes de los campos, y la astronomía para conocer con certeza la época del año (y así poder indicar al faraón la fecha adecuada para ordenar la inundación anual), en un clima con pocas variaciones, entre mucho y muchísimo calor, y sin una estación definida de lluvias, que, por lo demás son muy escasas. Por tanto, los conocimientos aritméticos, geométricos y astronómicos, permiten una mejor gestión de la economía, y sirven para afianzar el poder político, más aún si se mantienen en secreto por la casta sacerdotal y los funcionarios administrativos educados por ella. Las predicciones, fruto de un conocimiento que podríamos llamar científico, se atribuyen ante el pueblo a poderes mágicos, lo que coloca de lleno la posible ciencia del Antiguo Egipto en el terreno de las ciencias ocultas, donde se mezcla con prácticas mágicas de escaso fundamento científico.

La facilidad con la que se produce la momificación natural de cadáveres en el clima caluroso y seco del desierto está probablemente en el origen del elaborado culto a los muertos, y da paso a las prácticas de preservación de cadáveres, que se convierten en una constante a lo largo de la historia egipcia. Al mismo tiempo, la posibilidad de usar grandes cantidades de mano de obra en los meses en los que las labores agrícolas lo permiten (una mano de obra que, además, puede ser alimentada gracias a las cosechas almacenadas) propicia la construcción de grandes monumentos funerarios que, a la vez que dan trabajo ordenado a la gente para que no caiga en la ociosidad, sirven para poner de manifiesto el enorme poder del faraón.

En la tierra de los faraones nunca se temió a la muerte. Aunque sí se cuidaron de llegar a la misma en el mejor estado. Por eso los poderosos ordenaban que se momificaran sus cadáveres, al mismo tiempo que encargaban que se les rodeara de los objetos más queridos, una vez traspasaran el umbral del "más allá", de sus animales domésticos y hasta de sus alimentos. Incluso en algunos casos también quisieron verse rodeados de sus mujeres…

Para el "iniciado" egipcio, el término "millones de años" no ofrecía el significado que le damos ahora, porque lo veían como algo accesible. Si la muerte era un salto al "más allá", llegar a este momento bien reconciliado con los dioses le daba derecho a la eternidad. Por lo que podemos decir que la muerte suponía una salida de la materia y la vida físicas, para entrar en un estado de perfección, de armonía y de conocimiento idénticos a los de un dios...

Por otra parte, vemos cómo los primeros enterramientos egipcios en unas pirámides truncadas, llamadas mastabas, coinciden con el inicio de las prácticas de momificación artificial, ya que, al no estar el cadáver en contacto con la arena del desierto, la momificación no se producía de forma natural. Las mastabas llegan a tener una altura de 10 metros, con plantas rectangulares de dimensiones del orden de los 50 metros, que ya se orientan en dirección norte-sur. Los monumentos funerarios siguen desde el principio la regla invariable de situarse en la margen izquierda del río, es decir, la de la puesta de sol, que simboliza cada día el fin de la vida.

Bajo el reinado del faraón Djoser, entre los años 2688 y 2649 a.C., aparece un personaje crucial ya nombrado, el gran sacerdote Imhotep, divinizado por generaciones futuras en la figura del dios Thor, que tiene en su haber dos inventos trascendentales: la escritura, y, la primera pirámide escalonada, tumba del faraón.

Muy probablemente, Imhotep tuvo conocimiento de la escritura cuneiforme y desarrolló su propio sistema de escritura, en el que los símbolos que representan sonidos de sílabas eran muy poco abstractos. Imhotep no debió de tener grandes dificultades, dado su cargo, para que el sistema fuera adoptado por la clase sacerdotal y la administración, y se convirtió en una poderosa arma para acrecentar el caudal de conocimientos secretos, cuya preservación ya no dependería de la transmisión oral. (En los últimos 1.500 años, se ha intentado descifrar sin éxito este sistema, como si las figuras tuvieran un significado, a modo de un cómic, en lugar de representar simplemente un sonido). Pasado un tiempo, probablemente para conservar el carácter sagrado de la escritura jeroglífica, se desarrolló un segundo sistema de escritura, llamado *domótico*, de carácter más popular y con símbolos más abstractos y fáciles de reproducir.

Dicha escritura tiene la ventaja de que la información no se degrada, pero, a la vez, cuenta con el inconveniente de que no cambia, lo que favorece precisamente la evolución. Pero en el caso de Egipto, al estar el manejo de la escritura prácticamente restringido a la clase sacerdotal, probablemente con unas estructuras jerárquicas muy rígidas, casi no se produjo ninguna evolución del sistema de escritura jeroglífica durante tres mil años.

El otro invento de Imhotep, aún más duradero que el de la escritura, fue la idea de apilar una sobre otra hasta seis mastabas, dando lugar a la primera pirámide (la pirámide escalonada de Djoser), que mide 62 metros de alto y tiene una base rectangular de 140 metros de largo por 118 de ancho. Desde esta primera pirámide escalonada, el modelo evolucionó a una velocidad sorprendente, y curiosamente en el sentido de hacer una construcción cada vez más elaborada y a la vez más abstracta.

Imhotep participó en la construcción de una segunda pirámide escalonada para la tumba del faraón Sekhemkhet, que quedó inacabada, probablemente porque el monarca sólo reinó seis años. No tuvo mejor suerte el siguiente monarca, el faraón Khafra, cuyo breve reinado tampoco le permitió completar su pirámide. La siguiente, la de Meidium, la inició el faraón Huni, último de la III dinastía, pero correspondió al faraón Snefru (iniciador de la IV dinastía, en pleno apogeo del poder central), llevarla a cabo y, de paso, desarrollar en sólo 24 años el modelo depurado de pirámide. Primero acometió la tarea de terminar la pirámide escalonada de Meidium y, una vez finalizada, intentó utilizarla como núcleo de lo que llamaríamos una "verdadera" pirámide con las caras inclinadas. Pero dos factores hicieron que la empresa fracasara:

- El revestimiento se apoyaba sobre una cimentación menos consistente que el núcleo.

- Los escalones de la pirámide interior estaban inclinados hacia fuera para no retener la lluvia, lo que facilitaba el deslizamiento de la parte añadida.

Ambos factores hicieron que la parte exterior de la pirámide se abriera, como la piel de un plátano, y se desplomara.

Probablemente, al mismo tiempo se estaba construyendo la "pirámide quebrada" de Dashur, que se había empezado como una pila de mastabas, pero llegados al primer piso, para evitar los problemas de la pirámide Meidium, se cambió el procedimiento constructivo y se prosiguió la obra con sucesivas hiladas horizontales de sillares, reduciéndose de paso la inclinación de las caras, por lo que el resultado es una figura geométrica de pendiente quebrada.

Da idea del enorme poder del faraón y de la laboriosidad de los constructores, el que fueran capaces de iniciar y terminar otra pirámide, la tercera, durante los 24 años de su reinado ("la pirámide roja"), la primera verdadera pirámide que sería el modelo de las siguientes. El nombre proviene del color de la piedra arenisca de los bloques de su masa interior. De hecho, estaba cubierta de sillares de caliza blanca pulida, tallados de tal manera que la superficie escalonada de arenisca de cada cara se convertía en una superficie inclinada blanca y lisa, dando lugar al sólido geométrico perfecto de una pirámide de base cuadrada. La piedra blanca del revestimiento fue desmontada y usada en la Edad Media para construir edificios en El Cairo musulmán. Esta pirámide, donde se supone fue enterrado Snefru, tiene una altura de 104 metros, y su base es un cuadrado de 220 metros de lado. Según algunas inscripciones, parece haberse construido en sólo diez años.

Desde 2670 a.C., fecha en la que probablemente comienza Imhotep a construir la primera pirámide escalonada, hasta 2580 a.C., en que empieza la construcción de la pirámide roja, transcurrieron sólo noventa años, un tiempo increíblemente corto para la evolución de un modelo en sus aspectos constructivo y de diseño, aunque bien es verdad que estos están íntimamente ligados. El intento fallido de la pirámide de Meidium demuestra que mucho antes, sólo cincuenta o sesenta años después del inicio de la primera pirámide escalonada, ya había surgido la idea de la geometría perfecta, idea que debió de esperar hasta dar con un procedimiento constructivo adecuado, con un solo intento titubeante intermedio, para consolidarse.

Dominada la técnica y establecido el modelo, se dieron ya las condiciones para la construcción de las 3 grandes pirámides. Keops o khufu, sucesor de Snefru, construyó la mayor pirámide jamás edificada (y el edificio más alto del mundo durante cuatro mil años), empresa que ocupó la mayor parte, si no la totalidad, de sus 23 años de ejercicio del poder. Su sucesor, Djedefre, construyó otra pirámide de la que sólo sabemos que fue demolida por los romanos para aprovechar la piedra.

Junto a la pirámide de Khufu están las de los dos siguientes faraones, Khafra (Kefrén) y Menkaura (Micerino), con alturas de 143'5 y 65'5 metros, y lado de la base de 215'25 y 103 metros respectivamente, que, desprovistas en su casi totalidad del revestimiento pulido de caliza blanca (este estuvo coronado por el ya comentado "piramidón" dorado y las acompañaba la gran esfinge, esculpida probablemente durante la égida de Menkaura), forman el impresionante conjunto de Guiza, cerca de El Cairo, que da fe del éxito de sus constructores en el empeño de alcanzar la eternidad. El último faraón de la IV dinastía, Shepseskaf, gobernó sólo cinco años, en los que construyó una modesta mastaba.

A partir de 2500 a.C., con la V dinastía, se produce un proceso de descentralización política, con un poder creciente de los señores locales, que debilita progresivamente el poder central y acaba con la posibilidad de llevar a cabo obras de semejante envergadura, salvo durante algunos cortos períodos de fuerte poder central, como el ejercido por Ramsés II entre los años 1279 y 1213 a.C.

La gran pirámide de Khufu, o Keops, es la mayor de las ciento veintiocho descubiertas hasta ahora en Egipto. El motivo de la colosal construcción está claro: demostrar el inmenso poder del faraón. El arquitecto Hemon continúa con el modelo ya establecido por la pirámide roja de Snefru, que es de una simplicidad asombrosa. Para definir la pirámide, únicamente se precisan tres datos: la altura, el lado de la base, y la orientación. Cabe especular que la intención de la forma y la orientación es señalar el punto en el cielo nocturno respecto al que giran todas las estrellas.

Tengamos en cuenta que, en aquella época, no había, como hay en nuestros días, una estrella polar. La prolongación del eje de giro de la Tierra describe sobre el firmamento una circunferencia de unos 30 grados de diámetro, volviendo a la misma posición cada algo más de veinticinco mil años. Cada siglo se desplaza medio grado (aproximadamente el diámetro aparente del Sol o la Luna), de manera que coincidirá exactamente con la estrella polar hacia el año 2100. En la época de la construcción de la gran pirámide, la estrella más próxima al punto de giro del firmamento era Thuban, de la constelación del Dragón, a casi cinco grados de distancia (diez soles) del polo norte celeste. La ausencia de una estrella polar de referencia no hacía fácil la orientación exacta, que, no obstante, debían considerar importante, ya que al construir el revestimiento de la pirámide intentaron hacer una corrección respecto a la orientación del núcleo. Y, de hecho, las otras dos grandes pirámides tampoco están exactamente orientadas en la misma dirección y muestran unas diferencias ínfimas de ángulo respecto al norte verdadero.

Se ha especulado con que el movimiento del eje de la Tierra respecto a la estrella Thuban de referencia pudo haber sido causa de los titubeos en la orientación. En todo caso, un observador situado a una distancia conveniente al sur de una pirámide (unos dos tercios del tamaño de la planta) la verá como una flecha cuyo extremo coincide con el punto respecto al que giran las estrellas a lo largo de la noche. No parece un mal lugar para que el espíritu del faraón alcance con seguridad el cielo en su camino hacia la eternidad.

La geometría de la gran pirámide es impecable, y su replanteo, increíblemente exacto. Al parecer, el error en altura de los vértices de la base de la gran pirámide es menor de 40 milímetros y el descuadre de los lados no llega a los 150 milímetros, lo que da fe de un increíble manejo de la geometría por parte de los responsables de la construcción (y dado el grado de deterioro del revestimiento, no es imposible que en esas cifras haya una considerable dosis de voluntarismo). La construcción en sí era muy simple: bloques de piedra arenisca de tamaño relativamente manejable que, unidos con una argamasa de cal, se apilaban en tongadas horizontales. Lo que no está tan claro, y ha sido (y sigue siendo) objeto de especulaciones, es cómo se las arreglaban para subir los bloques. La utilización de rampas de tierra por donde arrastrarlos era relativamente factible para la mitad inferior de la altura de la pirámide (las siete octavas partes de su volumen), pero para la mitad superior debieron usarse balancines de madera o algún otro artificio. Hay quien cree, y no parece absurdo, que la pirámide iba construyéndose de manera que lo edificado servía de rampa en espiral para seguir subiendo bloques, y luego se iba cerrando la rampa.

Un problema añadido era saber de antemano cuánto iba a vivir el faraón con el fin de decidir el tamaño de la pirámide. El padre de la historia de la construcción, Auguste Choisy, sugiere que se iban añadiendo capas, como las de una cebolla, de manera que la pirámide estaba siempre creciendo y al tiempo lista para ser terminada cuando la salud del faraón empezara a flaquear. Pero sea cual fuera el procedimiento, se calcula que la cantidad de horas de trabajo empleadas fue el equivalente a veinte mil personas trabajando durante veinte años (unos mil millones de horas de trabajo), y si el trabajo era estacional, el número de personas tuvo que ser mucho mayor.

La población estimada de Egipto, que era un estado unificado, en aquella época rondaba como ya se ha dicho los dos millones de habitantes, por lo que la fuerza de trabajo necesaria para la empresa era del orden del 1 % de la población total. En cualquier caso, para manejar de manera eficaz tales cantidades de obreros, la capacidad de organización e intendencia requeridas son tan sorprendentes como la propia construcción.

La historia de la gran pirámide ha estado dominada por dos creencias: la de que enormes tesoros en la cámara mortuoria del faraón esperaban a quien fuera capaz de descubrirlos, y la de que los sacerdotes egipcios habían dejado cifradas en sus medidas las claves de conocimientos ocultos al común de los mortales.

La búsqueda eficaz del tesoro de la gran pirámide debió de producirse muy pronto, en los primeros siglos de existencia de la tumba, pese a las elaboradas precauciones tomadas por sus constructores, si es que alguna vez hubo tesoro, ya que, hasta el momento, no se han encontrado más que estrechas galerías que conducen a cámaras vacías dentro de la enorme mole. Curiosamente, ni siquiera la cámara principal de la supuesta tumba real está decorada con jeroglíficos, como sí sucede en otros enterramientos menos fastuosos.

La hipótesis del saqueo "temprano" de la tumba es inconsistente. Hay evidencias históricas de que existió de forma continuada, hasta la época romana, vigilancia o alguna forma de culto a cargo de unos guardianes o sacerdotes de la tumba. En esto algunos han querido ver el origen de sociedades secretas, como la masonería o los *illuminati*, por lo que cabe la posibilidad de que el faraón Khufu esté enterrado en algún otro sitio, y que el objeto de la pirámide no fuera exactamente el que suponemos.

Las primeras referencias externas de la pirámide provienen de Heródoto, que dice haber recibido una detallada información matemática por parte de los guardianes de la pirámide, que también le contaron que bajo el enorme montón de piedras había un lago alimentado por las aguas del Nilo, en cuyo centro, en una isla, estaba la tumba del faraón Keops (este es el nombre griego dado por el historiador al faraón Khufu, y es el que hemos usado hasta que hace unos años se ha corregido el error lingüístico). A lo largo de los siglos, otros viajeros han dado cuenta de la existencia de la pirámide, e incluso de haber llevado a cabo visitas a las galerías descendentes, las únicas conocidas gracias a la cortesía de los sacerdotes encargados de la custodia.

La cristianización, que a partir del siglo IV d.C. acabó con la religión tradicional, con los templos y con la escritura jeroglífica, terminó también con el cuerpo de guardianes que durante tres mil años cuidaron del monumento. Sabemos que en el siglo VI d.C. estaba abandonado a su suerte, protegido sólo por su enorme mole. Tenemos escasas referencias sobre su estado hasta el año 820 d.C., cuando el califa de Damasco Abdullah Al Mamum, quien era al parecer un hombre instruido, organizó una excavación en busca de los tesoros materiales e intelectuales que se suponía estaban ocultos en el interior de la pirámide. Tras explorar las galerías descendentes conocidas, encontró un camino ascendente, bloqueado con unos enormes cierres de granito (durante la construcción, dejaban una gran losa de granito, a modo de puerta guillotina, sostenida por puntales de madera que, al retirarlos, hacían que la puerta quedara perfectamente encajada). Sus obreros no fueron capaces de romper los cierres, por lo que procedió a excavar un túnel paralelo en la fábrica de bloques de arenisca, soslayando el granito que le impedía el paso. De este modo fue capaz de acceder a las cámaras del rey y la reina, así como al resto de las galerías superiores. Pero lo encontró todo vacío y tuvo que pagar de su bolsillo los trabajos que había pensado financiar con el "tesoro" oculto. Poco después, una serie de violentos terremotos resquebrajaron el revestimiento de caliza blanca pulida, y en los siguientes siglos se usó como material de construcción en El Cairo.

En el siglo XVI, la Gran Pirámide comenzó a despertar otro tipo de interés. Girolamo Cardano había publicado la teoría de que los antiguos sacerdotes egipcios conocían el tamaño exacto de la Tierra, y que la medida estaba "cifrada" en las dimensiones de la Gran Pirámide. Un siglo después, en 1637, el astrónomo y matemático inglés John Greaves viajó a Egipto para medir la pirámide y comprobar la hipótesis de Cardano. Desgraciadamente, el estado del edificio le impidió tomar medidas exactas, aunque sí pudo explorar las galerías interiores, con lo que su relato volvió a reavivar el interés sobre la milenaria construcción.

A finales del siglo XVII, Isaac Newton intentaba determinar el diámetro de la Tierra para hallar el valor de la constante de la gravitación universal, que, multiplicada por la masa de dos cuerpos, y dividida por el cuadrado de su distancia, daba la fuerza de atracción mutua, (según su revolucionaria y acertada teoría, aunque curiosamente, a día de hoy la constante de la gravitación no ha sido determinada ni de lejos con la misma precisión que otros parámetros del mundo físico, ya que diferentes procedimientos experimentales arrojan resultados ligeramente distintos, nada menos que en la cuarta cifra significativa, lo que es escandaloso).

Mientras que Galileo no habría dedicado ni cinco minutos a las elucubraciones sobre los pretendidos conocimientos de los sacerdotes egipcios y su curiosa manía de transmitirlos a la posterioridad a través de las medidas de un montón de piedras; como el genio no parece estar reñido con la credulidad, Newton no puso en cuestión la ciencia de los antiguos sacerdotes egipcios, sino que teorizó sobre si el número cifrado en las dimensiones de la pirámide correspondería al diámetro medio de la Tierra o al local de la latitud de la pirámide, y, además, se encontró con que las medidas de la base de la pirámide y de su altura no tenían un divisor común, como si ambas se hubieran decidido usando diferentes unidades de medidas. Todo ello resulta aún más sorprendente si tenemos en cuenta la dificultad de determinar tanto las dimensiones originales, por el estado de deterioro y los restos del revestimiento acumulados alrededor de su base, como el valor exacto del codo sagrado. Pero Newton, después de dedicar al tema un tiempo que no merecía, llegó a la conclusión de que, para la medida de la base de la pirámide se había empleado el "codo sagrado" (un codo y un palmo, al decir de Ezequiel), y para la altura, el "codo profano". Ya muerto Newton, Nathaniel Davidson exploró las galerías superiores de la pirámide, y encontró un nuevo hueco sobre la cámara real, probablemente dispuesto para reducir el peso de la fábrica sobre su techo.

La expedición de conquista francesa, liderada por Napoleón, que permaneció en Egipto desde 1798 hasta 1802, llevó a cabo una ingente labor de levantamiento de planos de los antiguos monumentos (fueron luego publicados, entre 1809 y 1829, con el título de "Description de L'Egypte") y se ocupó de la gran pirámide. Edme-Françoise Jonard limpió de restos su base, aún convencido de que sus dimensiones estaban relacionadas con la verdadera medida de la Tierra. Para entonces las ciencias ocultas egipcias ya estaban junto a Pitágoras, Zoroastro, el Templo de Salomón, los mitos griegos, la cábala, etc, en el ideario colectivo del ocultismo.

En los siglos siguientes han seguido apareciendo pozos, conductos de ventilación, cámaras superpuestas a la encontrada por Davidson, siempre vacías de contenido, y se ha teorizado sobre la función de los conductos que, según algunos investigadores, apuntaban a determinadas estrellas. Paralelamente, han continuado los esfuerzos para determinar las medidas exactas a partir de la referencia que proporcionan algunas de las piedras del revestimiento, encontradas en buen estado, con el propósito de deducir de estas medidas los mensajes matemáticos ocultos que trataban de hacernos llegar los antiguos sacerdotes a través del monumento.

En cuanto a las medidas, hemos de decir que, para convertir en un número la longitud de algo, es necesario emplear una unidad de medida, y según la unidad que se emplee, el número será distinto. Las teorías numéricas con más adeptos utilizan como unidad la pulgada (25,4 milímetros), que tiene la ventaja de proporcionar números muy grandes que, además, pueden variar a voluntad, a poco que se teorice que la pulgada egipcia era algo menor o mayor que la inglesa. Así pues, manejando una medida de "codo sagrado" de 25 pulgadas, puede justificarse que la medida de la altura de la pirámide coincide con el número de días del año. Más sentido tienen las especulaciones que usan el cociente entre longitudes, ya que entonces desaparece el problema de la unidad de medida. No olvidemos que un segmento, el doble de largo que otro, sigue siendo el doble, los midamos en metros, pies, codos sagrados o profanos.

Hasta 1925 no fue liberada completamente de escombros la base de la gran pirámide, lo que permitió, en primer lugar, comprobar el perfecto alineamiento norte-sur de su planta y obtener medidas exactas con las que especular. Algunas de las coincidencias más mencionadas son las siguientes:

- El perímetro de la base es media milla marina, es decir, la longitud de medio minuto de meridiano (ello implica que los constructores de la pirámide no sólo conocían el tamaño de la Tierra, sino que, además habían adivinado que en el futuro se tomaría la convención de dividir la circunferencia en 360 grados, y el grado, en 60 minutos).

- El perímetro de la base dividido por la altura da aproximadamente $2\pi$ (relación entre la longitud de la circunferencia y su radio), coincidencia que entra dentro de lo posible. Cualquiera que sea capaz de dibujar una circunferencia con cierta precisión y medir su longitud con cuidado puede obtener el valor de $\pi$ con cierta aproximación (el valor de $\pi$ siempre es aproximado) y expresarlo mediante el cociente de dos números enteros, ya que los egipcios, como ya hemos dicho, no manejaban decimales (aunque, si ellos conocían el valor exacto del diámetro de La Tierra, es posible cualquier cosa), $22/7 = 3,142$ no es una mala aproximación del valor de $\pi$, y desde luego estaba dentro de sus posibilidades dibujar una circunferencia de radio 3,5 codos (o cualquier otra unidad) y medir luego la longitud de la circunferencia: casi exactamente 22 codos.

Las medidas que ahora manejamos de lado de la base, 230'3 metros, y de altura probable, 146'6 metros, dan un cociente entre el perímetro de la base y la altura de 230'3 por 4/146'6 = 6'284, es decir, 2 $\pi$. Una excelente aproximación. Pero si aplicamos el mismo criterio a la segunda gran pirámide, la de Khafra (Kefrén para los griegos), de dimensiones muy      parecidas (215'25 metros de lado de base y 143'5 metros de altura), obtenemos exactamente 6, por lo que los sacerdotes de la siguiente generación ya no tenían mensajes que transmitir, o el mensaje ya era  distinto.

El empleo de π en la definición de la altura, de ser cierto, explicaría que, para encontrar una unidad de medida común para base y altura (enigma que preocupó a Newton), haya que descender a la pulgada, cuya dimensión es menor que el margen de error de las medidas. En tiempos más recientes se barajan hipótesis ligadas a los extraterrestres, que incluirían misteriosos cristales colocados en la cima de las pirámides con el fin de focalizar la energía necesaria para el funcionamiento de sus naves. Esto explicaría la construcción de pirámides por otras antiguas civilizaciones no relacionadas con la egipcia. Los numerólogos rechazan de plano, por absurda, la explicación de los extraterrestres, pero continúan tratando de desentrañar los importantes mensajes que los sacerdotes egipcios trataron de hacernos llegar a través de los milenios, unos mensajes laboriosamente escondidos en una construcción tan maravillosamente simple que está definida sólo por tres números: lado de base, altura, y, orientación.

La orientación de las Pirámides es siempre aproximativa, pero con la de Keops no sucede lo mismo: los cuatro lados que le sirven de base miran a los cuatro puntos cardinales. La diferencia no es sino de cuatro minutos y medio, y esta exactitud es verdaderamente prodigiosa cuando pensamos en lo difícil que es la orientación de uno de nuestros monumentos, aún con ayuda de la brújula.

Relata Heródoto, que los sacerdotes egipcios le habían enseñado que las proporciones establecidas por la Gran Pirámide entre el lado de la base y la altura eran tales que, el cuadrado construido sobre la altura vertical igualaba exactamente la superficie de cada una de las caras triangulares, lo cual ha sido probado por medio de medidas modernas. Esta indicación nos muestra, además, que en todo tiempo la Pirámide de Keops se ha considerado como un monumento construido, desde el principio, en base a relaciones rigurosamente matemáticas. Ha aquí una nueva prueba: Se sabe que entre una circunferencia y su diámetro hay una relación constante bien conocida. Basta multiplicar el diámetro por 3,1416. Los geómetras antiguos conocían esta relación, aunque sólo de una manera aproximada. Sumando los cuatro lados de la base de la Pirámide, cuyo valor primitivo era de 232,805 metros por un lado, tenemos que el perímetro o contorno tiene 931,22 metros. Si dividimos ahora este número por dos veces la altura de la pirámide, que es de 148,208 metros, encontramos exactamente 3,1416, o sea, la relación de la circunferencia con su diámetro. Este monumento, único en el mundo, es la representación material del número $\pi$, que ha desempeñado un papel tan importante en la historia de las matemáticas.

Por lo que no nos extraña en absoluto que los sabios egipcios tenían nociones extremadamente precisas sobre una multitud de cuestiones que los sabios de siglos posteriores han creído descubrir. Nos preguntamos si conocían nuestros instrumentos de óptica, y es razonable creerlo, porque después de los descubrimientos hechos en los últimos años, vemos que conocían el trabajo del vidrio y las propiedades de las lentes, al encontrar de aquella época algún objeto semejante a los vidrios de nuestros relojeros. Como por ejemplo, alguna lente planoconvexa, del tamaño de un botón. Aunque por desgracia, opacas, al ser encontradas en tumbas. Por tanto, los pueblos antiguos conocían el uso de las lentes, y de éstas al microscopio y a los anteojos no había más que un paso, y probablemente fue franqueado por los egipcios.

En cuanto a las revelaciones astronómicas de la Gran Pirámide, basta una ojeada a la historia de la astronomía para darse cuenta de los esfuerzos cumplidos por largos siglos para llegar a conocer la distancia de la Tierra al Sol. Al principio de sus investigaciones, los griegos imaginaban al Sol del tamaño del Peloponeso, y fijaban su distancia en 15 kilómetros poco más o menos. Aristarco de Samos lo creía más alejado... 8.000.000

de km. Número que fue juzgado exacto por Ptolomeo y Copérnico. Képler aumentó esa distancia a 58.000.000 de km. Ya en tiempos de Luis XIV, en el siglo XVII, se subió la distancia a 125.000.000 de km. Pero todavía estaban muy lejos de la verdad. Fue necesario llegar a 1864 para encontrar una cifra más aproximada aunque un poco más alta de la realidad, 154.000.000 de km. Y, actualmente, en estos últimos años, gracias a los progresos de la fotografía celeste, los astrónomos han podido determinar la distancia que nos separa del astro central, y según las medidas recientes, ya podemos adoptar la cifra de 149.400.000 de km, (en números redondos podemos decir 150.000.000 de km).

Y bien, resulta que multiplicando la altura de la Gran Pirámide por un millón, se encuentra esa distancia, o sea 148.208.000 de km. Es decir, prácticamente la misma cifra.

Cuando durante muchos siglos las naciones civilizadas han malgastado sumas fabulosas y los sabios no han dudado en exponer su vida en expediciones lejanas para resolver "el más importante de los problemas astronómicos", es verdaderamente admirable pensar que esta solución estaba simbolizada y materializada, por decirlo así, en la Gran Pirámide desde hacía muchos siglos, y que les habría bastado a nuestros astrónomos modernos saber leer los símbolos escondidos en esas dimensiones, y saber asimismo que los constructores de este edificio habían llegado a una aproximación de la que nos hubiéramos enorgullecido a finales del siglo XIX, para evitar un sinnúmero de esfuerzos tanto intelectuales como materiales.

Los astrónomos egipcios no detuvieron allí sus cálculos, y al medir la Tierra, (la medida empleada por ellos, el codo, longitud que se mide desde el codo hasta la uña del dedo medio de la mano y que vale medio metro, poco más o menos, usándose el codo natural de los egipcios por 450 mm, y el real por 525 mm), parece fundada sobre las dimensiones de nuestro Globo Terráqueo. En los últimos tiempos, el célebre astrónomo Clarke, ha deducido por medios recientes el radio polar de la Tierra, y se puede calcular en 6.356.521 metros, y este número no es otro que el de la medida piramidal, pues como ya dijimos anteriormente el radio polar (6.356,752 km) es igual a **43.200** alturas de la pirámide, (6.356,189 km), siendo el ya "famoso 43200" los segundos que tiene el día, (segundos de 12 horas).

Así pues, los egipcios que midieron con aproximación pasmosa diferentes grados del meridiano coinciden con nosotros hasta en los últimos decimales, y tenían adoptado como unidad de medida lineal la diezmillonésima parte del radio polar terrestre.

Si pasamos ahora a los datos relativos al calendario, obtendremos resultados de una precisión desconcertante. Dividiendo el lado de la Gran Pirámide por el "codo" empleado en su construcción, se encuentra la duración del año sideral, o sea el tiempo que el Sol gasta en volver al mismo punto del cielo, 365 días. En cuando a la duración del año civil de nuestro calendario, que los griegos y los romanos no pudieron determinar exactamente, la encontramos multiplicando por 3,1416 la longitud de la antesala que precede a la cámara del rey, valuada en pulgadas piramidales y que nos da 365 días.

Ahora, si multiplicamos la pulgada piramidal (esto es, la 25ª parte del "codo sagrado", es decir, 2'5426924 cm), por 100 millares, obtendremos la longitud recorrida por la Tierra sobre su órbita en un día de 24 horas, y esto con una aproximación superior a la que dan la yarda inglesa o el metro francés. ¿Qué decir ahora de las medidas del interior del cofre ya mencionado, que se relacionan exactamente con la densidad del Globo Terráqueo? Este cofre, colocado en la Cámara del Rey, y que no fue destinado jamás a servir de sepultura, ofrece la misma capacidad que el Arca de la Alianza construida por los hebreos; allí no puede haber una coincidencia fortuita: los unos copiaron a los otros.

El corredor de entrada a la Gran Pirámide miraba a la estrella polar de esa época, y está orientado teniendo en cuenta la precisión de los equinoccios, fenómeno por el cual vuelve a coincidir el polo celeste con las mismas estrellas al cabo de 25.765 años, (cuando el Polo pasará por Hércules, y nuestra estrella polar volverá a servir para orientarnos).

Este descubrimiento hecho en época remota, y confirmado en los tiempos modernos por astrónomos de primera talla, tales como John Herschell y Piazzi-Smith, nos brindó una indicación preciosa para fijar la fecha de la construcción del gigantesco edificio. Este procedimiento, que ha dado un resultado exacto y acorde con las inscripciones para el Zodíaco de Dendera, proporciona aplicado a la Gran Pirámide una fecha mucho más reciente que la supuesta por los egiptólogos. El procedimiento en cuestión indica la fecha de 2.170 años a.C. Y dado que la Pirámide no tiene inscripción alguna que indique la fecha en que fue construida, no es fácil decidirse por dicha fecha.

Sea lo que fuere, los historiadores están de acuerdo hasta aquí en la afirmación de los hechos siguientes: los antiguos egipcios no hicieron ninguna alusión a la relación de la circunferencia con el diámetro; no se ve en ninguna parte que hubieran tenido idea de la distancia del Sol a la Tierra, de la medida del Globo Terráqueo, ni de su peso y su temperatura media, dato que también se halla en la Pirámide. La medida piramidal tampoco se empleaba vulgarmente, y nadie sabía entonces qué era la diezmillonésima parte del radio polar terrestre.

Que todas las conquistas de la ciencia moderna estuvieran en la Gran Pirámide en estado de grandezas naturales, además de las medidas que encierran…, las cuales nos demuestran todo aquello que nos aportan; parece totalmente inexplicable de acuerdo con nuestros conocimientos sobre la civilización antigua, pero es un hecho que en vano se tratará de negar, y que llena a nuestros más grandes sabios de sorpresa y admiración.

Igualmente inexplicable sería el caso del fundador del culto mormón, José Smith, quien recibió una revelación divina a través de un ángel que le entregó un libro con las hojas de metal y escritura jeroglífica, al tiempo que unas gafas mágicas que le permitían descifrar su significado oculto. El libro incluía pasajes completos de la Biblia en la versión llamada de King James, publicada en tiempos del rey Jacobo I de Inglaterra, la más usada entre los protestantes. Desgraciadamente, una vez descifrado, el libro de las hojas metálicas desapareció, al igual que las gafas.

El montón de piedras, o tierra geometrizada, es una manera tan obvia de construir un edificio duradero que aparece en culturas con poca o ninguna relación con el antiguo Egipto, lo que incita al origen extraterrestre del diseño. Las construcciones piramidales de grandes dimensiones no han sido patrimonio exclusivo de los egipcios (dan fe de ello los templos de Angkor, en el subcontinente indio, y las pirámides mayas en América, sin el menor nexo cultural con egipcios y caldeos), pero, por el contrario, sí cabe señalar los zigurats babilónicos, que sí tenían relación con los egipcios.

Hablábamos antes del "codo" como unidad de medida, pues bien, curiosamente, los sacerdotes egipcios usaban el codo sagrado, cuya dimensión exacta se mantuvo en secreto, y, fue a través de Moisés conservada "su medida" por la clase sacerdotal de las tribus judías tras el éxodo. Aun así, sabemos – gracias a la indiscreción de Ezequiel – que el codo sagrado, o, al menos, su versión judía, mide "un codo y un palmo", lo que sitúa la medida algo por encima de los 50 centímetros.

La posesión de una unidad de medida es fundamental. En cualquier obra de arquitectura, por pequeña que sea, intervienen muchas personas, por lo que es necesario un sistema que asegure el encaje de los elementos producidos por individuos distintos y, a menudo, en lugares diferentes. Si no hay un sistema establecido de medidas, es necesario organizarlo de forma inequívoca, al menos para cada obra. La cosa se complica si se trata, como en la tradición griega, de producir algo semejante a otro edificio situado en otro lugar. La solución es acudir a la proporción, que es un dato mucho más fiable que la medida. Personas distintas que midan dos longitudes con cuidado, seguramente no coincidirán en los números de las medidas, pero sí en la proporción entre ambas. Así, si se codifican las medidas de los elementos de un edificio en términos de proporción, se evita la ambigüedad de la medida, y basta establecer una sola dimensión en una obra para que su construcción pueda llevarse a cabo de forma inequívoca. E incluso sirve para hacer edificios de tamaños distintos, pero con el mismo impacto visual.

El lenguaje proporcional se mantiene, sin embargo, en otros campos, como, por ejemplo, el de las recetas de cocina. Una vez establecido el paradigma de la proporción, se plantea el interrogante de porqué unas proporciones y no otras. El rechazo instintivo a la arbitrariedad impulsa la búsqueda de la proporción perfecta; esto es, ¿cuál es la mejor proporción? No hay certeza de quién resuelve el problema, aunque parece que fue Eudoxos, discípulo de Platón, hacia 370 a.C. Aunque lo que es seguro es que, ya en el siglo III a.C., Euclides recogió en su obra *"Los Elementos"* la solución:

La proporción perfecta es la de un rectángulo de lados A y B tal que el lado grande A sea al pequeño B como la suma de ambos lados A + B sea al grande A.

Es decir: $A : B = (A+B) : A$

El valor de $A : B$, que se designa con la letra griega $\varphi$ (Phi en honor a Fidias, el gran escultor griego, 490 a.C. a 432 a.C.), resulta ser 1,618…

Euclides no sólo nos da el valor, sino que ofrece una construcción geométrica de un rectángulo de proporción $\varphi$. De la construcción resulta que añadiendo o restando cuadrados al dicho rectángulo se obtienen siempre otros rectángulos de la misma proporción, y su secuencia permite dibujar una espiral perfecta que aparece con frecuencia en la naturaleza, con ejemplos que ya nombramos en su momento, como el más hermoso de todos (la concha de Nautilus), hasta la disposición de las semillas del girasol.

En nuestros días encontramos otra vez el número de oro en la proporción de las tarjetas de crédito (86 x 54 milímetros), si bien es cierto que con las esquinas redondeadas por motivos prácticos, y con un ligero desajuste, posiblemente consecuencia de un redondeo.

Pero no acaban aquí los prodigios del número de oro (que, por cierto, no adquirió su dorado nombre hasta el siglo XIX), φ es precisamente la proporción entre la diagonal y el lado del pentágono regular que a su vez es el germen de una sucesión creciente y decreciente de pentágonos regulares y estrellados en los que la proporción áurea aparece por doquier.

La figura que destaca en esta construcción es precisamente la del pentagrama, asociada a las prácticas mágicas desde mucho antes de que Euclides dejara constancia de la construcción del número de oro. De hecho, el pentagrama aparece en inscripciones babilónicas, monedas griegas, y, probablemente ya era conocido por los pitagóricos.

De lo anteriormente expuesto podría deducirse que el número de oro es simplemente una invención geométrica fruto de una construcción ingeniosa, pero nada más lejos de la realidad. La proporción áurea está íntimamente asociada a la ley de crecimiento (o decrecimiento) geométrica y a su contrapartida numérica. Podemos hacer la prueba de dibujar un rectángulo de cualquier proporción e ir añadiendo cuadrados siempre al lado largo. Antes del décimo paso ya tendremos un rectángulo de proporción áurea, y lo mismo sucede si en lugar de añadir cuadrados los vamos restando.

El mismo resultado se obtiene partiendo del cociente de dos números arbitrarios y estableciendo una sucesión en la que el denominador de cada término sea el numerador del anterior, mientras que a su vez, el numerador sea la suma del numerador y denominador del precedente, (por lo que en virtud de lo antes expuesto sería más propio hablar de descubrimiento del número de oro, más que de invención).

Y, a continuación, perfectamente podríamos dar un salto, y cambiar de "números para progresiones", a "números de cartas". Y, para ello tenemos la teoría de John B. Schmaltz, para quien la baraja de cartas moderna bien podía haberse creado tomando como referencia el año solar egipcio que se habría calculado al medir la Gran Pirámide. Y es por eso por lo que aseguraba que las 52 cartas de la baraja tienen que representar las semanas del año; las 12 figuras, los meses; los 13 naipes de cada palo, las lunaciones; y los 4 palos, las estaciones. Además, la suma total de las cartas (asignando a la sota el número 11, a la reina el 12 y al rey el 13) darían 364 días, que al añadir el "comodín" o "joker" como el guarismo mágico de 1'234, conseguiríamos un total de 365'234 días al año.

Esto de las 52 cartas de la baraja me hizo pensar en un juego, el "despistao", al que jugábamos con mi madre. Mi pequeño homenaje para ella porque le encantaba jugar a este juego (en él se reparten 6 cartas a cada jugador, y las restantes se colocan en el centro, boca abajo y en un mazo. Se empieza robando, si alguno tiene un rey lo coloca en la mesa, y si se tiene alguna carta cuyo palo coincida con uno de los que haya en la mesa, se coloca debajo si es inferior en un número a la que hay, siendo el objetivo del juego quedarse el primero sin cartas). Pues bien, estas 52 cartas, si las repartimos entre *4* (por ejemplo cuando jugábamos mis hermanos y yo con ella), da 13, (día en que nació mi madre). Y, por otra parte, es curioso pero dado que *3* es su mes de nacimiento… por alguna extraña circunstancia, cuando jugaba con ella, sólo con tocar las cartas, las cuales estaban boca abajo, antes de levantarlas yo ya sabía de antemano qué cartas me iban a salir, y en la mayoría de las ocasiones eran el 3 de Oros y el 4 de Espadas. Pero también es verdad que esto sólo ocurría cuando jugábamos los 2 a las cartas, (pues en otras ocasiones salía la carta que yo necesitaba para el juego, pues yo "la pedía" y la carta salía)… De nuevo pensé en la división entre *4*, su mes *3* de nacimiento, y que sólo ocurría cuando jugábamos los *2*. Y, entonces, junté estos tres números y me vino a la mente el *432*. Rápido me di cuenta, como ya hemos visto, que es un número especial, puesto que se encuentra repetidamente asociado a la Gran Pirámide. Era un número popular en Oriente, y es igual a 6 x 6 x 6 x 2, por lo que se halla asociado al sistema sexagesimal, (incluso malévolamente podríamos decir que es el doble ((x 2)) de potente que el 666 ((la multiplicación del 6 6 6 anterior)), el número del diablo)…

Recordemos que el sistema sexagesimal, que toma como base el número 6 y que se divide en grados, minutos y segundos, es el más común en la medida de los ángulos.

Igual que sucede con 1 hora…, 1 grado (1º) se divide en 60 minutos (60'), y 1 minuto en 60 segundos (60"). A estos minutos y segundos angulares se les llama, respectivamente, minutos de arco y segundos de arco.

El primer hallazgo que permitió la reconstrucción de la Gran Pirámide fue que el ángulo de inclinación exacto que formaba con su base era de 51'84º, (prácticamente 52, mi número favorito al que hice alusión en otro momento). Por tanto, si multiplicamos 51'84º por los 60' de cada grado, y por los 60" de cada minuto de arco, obtendremos 186.624 segundos de arco. Y esta cifra es igual a 432 al cuadrado ($432^2$).

Esta fue la primera aparición del número 432 asociado a la Gran Pirámide que, posteriormente, se transformaría en la proporción clave entre las medidas de la Gran Pirámide y las dimensiones de la Tierra. Porque a partir de la reconstrucción informática del modelo original del monumento se puede afirmar, sin ninguna duda, que algunas de las longitudes de la Gran Pirámide escondían proporciones con las dimensiones de la Tierra a través del número 432.

La Tierra tiene una ligera forma de pera, con el hemisferio sur un poco más ancho que el hemisferio norte. Y llamamos *geoide* a la forma teórica de la Tierra determinada por la geodesia, que es la ciencia matemática que tiene por objeto determinar su forma y dimensiones.

Una aproximación bastante exacta a la configuración de la Tierra es la de una esfera ligeramente aplastada por los polos. Su deformación es similar a la que adquiere un balón de fútbol si lo apretamos con el pie contra el suelo: el balón se estrecha verticalmente, a la vez que se ensancha horizontalmente. Lo mismo que le ha sucedido a la Tierra a causa de su rotación.

Como sabemos, el radio ecuatorial de la Tierra es aquella línea imaginaria que une el centro de nuestro planeta con el ecuador. Del mismo modo que su radio polar es la línea imaginaria que une su centro con el Polo Norte o con el Polo Sur.

A causa del aplastamiento de los polos, el radio ecuatorial de la Tierra (6.378,137 km) es mayor que su radio polar (6.356,752 km). Y es por ello que, el perímetro ecuatorial de la Tierra mide 40.075,017 km, mientras que la longitud del meridiano, que es el círculo máximo que pasa por ambos Polos, sólo llega a 40.007,832 km.

Por tanto, si queremos utilizar la Tierra como punto de referencia para establecer unidades de medida asociadas a las longitudes de sus grados, de sus minutos de arco o de sus segundos de arco, habremos de considerar el perímetro medio de la Tierra que es de 40.030,174 km, y que corresponde al radio medio terrestre, de 6.371 km.

Así pues, si dividimos el perímetro medio de la Tierra entre los 360° de la circunferencia, tendremos la longitud de 1° (111,195 km).

Si lo volvemos a dividir entre los 60' de cada grado, resultará la longitud de 1 minuto de arco (1.853,249 metros).

Finalmente, si lo dividimos de nuevo por los 60" de cada minuto, obtendremos la longitud de 1 segundo de arco (30,887 metros).

En la antigüedad, la medida de 1 segundo de arco del perímetro medio de la Tierra fue una unidad de longitud que recibió el nombre de pletro. Y, esta igualdad entre el pletro y el segundo de arco del perímetro medio de la Tierra era un hecho hasta hoy desconocido.

A su vez, 6 pletros formaban 1 estadio (185,325 metros), una unidad de longitud que en Grecia fue llamada *estadio olímpico*, y que sería la medida de la 10ª parte de 1 minuto de arco (1.853,249 metros) del perímetro medio de la Tierra.

Por tanto, el sistema de medidas sexagesimal que ha llegado hasta nosotros desde la antigüedad a través del pletro y del estadio, demuestra que las medidas de la Tierra ya se conocían en el Antiguo Egipto y en la Grecia clásica, (en estas relaciones métricas vemos que coinciden los autores Miquel Pérez-Sánchez Pla, y, Mario Ruiz Morales), y también demuestra algo inesperado… Y es el hecho de que el número "mágico" 432 guardaría relación con medidas de tiempo y espacio.

Por todo ello, no es tan excepcional, como pueda parecer, que la longitud de 1 estadio ya se hallase en la Gran Pirámide. Pues recordemos que, la apotema es la altura de las caras triangulares de una pirámide. La apotema de la Gran Pirámide alargada hasta el suelo medía 185,314 metros (353,918 cr), por lo que es igual a la longitud de 1 estadio (185,325 metros), con una diferencia de sólo 1,1 cm.

Si la apotema de la Pirámide mide 1 estadio, eso significa que el perímetro medio de la Tierra puede obtenerse a partir de la Gran Pirámide, con una aproximación del 99,994 %, ¿cómo?, pues multiplicando la apotema alargada hasta el suelo por la mitad de 432.000. Para ello habría que tener en cuenta que la longitud de 1 segundo de arco resulta de dividir el perímetro medio de la Tierra por sus 360º, por los 60' de cada grado, y por los 60" de cada minuto. Por tanto, 1 segundo de arco o pletro será igual al perímetro medio de la Tierra dividido por 1.296.000 (igual a 360 x 60 x 60). Entonces 1 estadio será 6 veces mayor, es decir, será igual al perímetro medio de la Tierra dividido por 216.000, una cifra igual a la mitad de 432.000.

Y esta longitud puede obtenerse con una aproximación del 99,997 %, al multiplicar el perímetro total del zócalo de la Gran Pirámide por la mitad de 43.200.

Por lo que al final vemos cómo el número 432 nos ayuda a proporcionar las longitudes de la Gran Pirámide con las dimensiones de nuestro planeta. Y esta sorprendente utilidad aún se manifestará más precisa a través de una nueva proporción entre la Gran Pirámide y el meridiano terrestre.

Veamos por otra parte que, si tomamos el perímetro del meridiano terrestre, de 40.007,832 km, y lo dividimos en 360 partes, obtendremos la longitud de 1º, y si subdividimos cada grado en 60 partes, resultará la medida de 1', que coincide con la definición de la milla náutica, y su longitud será de 1.852,214 metros (longitud de un minuto de arco del meridiano terrestre).

Además, el perímetro total del zócalo de la Gran Pirámide era 1.853,310 metros (3.539,507 cr), por lo que es igual a 10 estadios (1.853,249 metros), es decir, a 1 minuto de arco del perímetro medio de la Tierra, con una diferencia de sólo 6,1 cm.

Curiosamente, el perímetro del zócalo en contacto con el suelo medía la mitad de dicha medida (926,100 metros, igual a 1.768,693 cr), y coincidía con la mitad de 1 minuto de arco del meridiano terrestre, con una ínfima diferencia de 0,7 cm. Esta diferencia repartida entre sus 4 lados representaría una desviación imperceptible en arquitectura: menos de 1,8 milímetros por lado.

Por tanto, el perímetro del meridiano terrestre puede obtenerse con una aproximación del 99,997 %, al multiplicar el perímetro del zócalo de la Gran Pirámide en contacto con el suelo por 43.200.

Esa doble relación entre el zócalo y la Tierra nos revela su excepcional función simbólica: el zócalo, el elemento de contacto entre la Gran Pirámide y la Tierra, a través de sus medidas y con la colaboración del número 43.200, nos ofrece las proporciones entre el monumento y el planeta, y nos permite obtener, a la vez, el perímetro medio de la Tierra y la longitud del meridiano terrestre.

Y esto nos lleva a pensar, por ejemplo, que la elipse que describe la Tierra en su órbita alrededor del Sol mide 930 millones de kilómetros, y el perímetro de la base se aproxima a 928 metros, dos cifras (factor de escala aparte), suficientemente próximas como para preguntarse si es una casualidad, o es algo más.

Otro dato sorprendente, es la coincidencia numérica, a sus escalas respectivas, entre la distancia mínima Tierra-Sol, en el perihelio, que es de 147.098.660 km, y la altura total de la Gran Pirámide, con el zócalo incluido, que es de 147,134 metros. Puesto que, si dividimos el radio polar de la Tierra, de 6.356,752 km, por 43.200, resulta la altura total de la Gran Pirámide, de los anteriormente citados 147,134 metros (281 cr), con una diferencia de solamente 1,3 centímetros.

Nuevamente dos cifras tan similares que parece improbable que esta relación sea casual, dado que, en la aproximación de ambas cifras, la distancia mínima al Sol es de unos 1.000 millones de veces la altura de la Gran Pirámide, y sin embargo la aproximación de ambas cifras se cumple con una exactitud de un 99,98 %.

Por tanto, el radio polar de la Tierra puede obtenerse, con una aproximación del 99,991 %, si multiplicamos la altura de la Gran Pirámide por 43.200.

La relevancia y la magia matemática del número 432 se manifiesta, pues, en las longitudes de la Gran Pirámide, ya que nos permiten calcular las dimensiones de la Tierra.

Las medidas exactas del modelo original de la Gran Pirámide, una vez reconstruido, no dejan dudas al respecto: a través de las longitudes del monumento y mediante múltiplos del número 432, los sacerdotes-arquitectos que diseñaron la Gran Pirámide establecieron proporciones geodésicas que nos permiten deducir el meridiano terrestre, el perímetro medio de la Tierra, y el radio polar del planeta.

Con esta serie de conexiones inmateriales entre las longitudes de la Gran Pirámide y las medidas de la Tierra, los sacerdotes-arquitectos del Antiguo Egipto que la proyectaron y construyeron, nos demuestran que poseían unos conocimientos científicos más cercanos a los de nuestra época de lo que nunca habríamos podido imaginar.

Pero no es sólo eso, sino que esos sabios sacerdotes-arquitectos nos transmiten la sensación de querer enviar al futuro un conceptual mensaje simbólico que podría ser, más o menos así: "Tenemos el don y el privilegio de conocer la forma y las medidas de nuestro planeta, de nuestra Tierra, de nuestra casa cósmica… Y le queremos tributar un rendido homenaje al incluirlas en nuestro monumento. Porque queremos que la Gran Pirámide hoy hable por nosotros, y, más allá del espacio y del tiempo, hable en nombre de la Tierra".

Por lo visto anteriormente, al final vemos que el número 432 asociado a la Gran Pirámide se transformaría en la proporción clave entre las medidas de la Gran Pirámide y las dimensiones de la Tierra.

Porque a partir de la reconstrucción informática del modelo original del monumento, se puede afirmar sin ninguna duda, que algunas de las longitudes de la Gran Pirámide escondían proporciones con las dimensiones de la Tierra a través del número 432.

Para verlo, lo primero de todo, tendríamos que partir de las medidas de tiempo:

12 Horas = ½ día = *43.2*00 segundos

Y, por otro lado, veamos la relación entre la Gran Pirámide y las medidas de la Tierra:

El Perímetro medio de la Tierra es de 40.030,174 km, que es igual a la mitad de **432**.000 apotemas (la apotema de una pirámide es la altura de los triángulos que forman sus caras laterales) alargadas (40.027,802 km), e igual a la mitad de **43.200** perímetros zócalo (40.031,492 km).

El meridiano terrestre (40.007,832 km) es igual a **43.200** perímetro base (40.007,503 km).

El radio polar (6.356,752 km) es igual a **43.200** alturas (6.356,189 km).

Al final, si dividimos el perímetro medio de la Tierra (40.030.174 metros), entre la mitad de **432**.000, tenemos como resultado 185,325 metros, es decir, la longitud de un estadio, que a su vez coincidía con la apotema de la Gran Pirámide, igual a 185,314 metros. Con lo que llegamos a la conclusión que la Gran Pirámide estaba proporcionada con la Tierra mediante el número 432. Y, lo que es más importante, que las medidas de la Tierra ya se conocían en el Antiguo Egipto.

Y no sólo eso, sino que la repetida presencia del número 43.200 como proporción entre la Gran Pirámide y la Tierra, lo transforma en un número del espacio.

No obstante, el 43.200 también es un número popular porque sin saberlo, lo llevamos con nosotros, ¿dónde?... Muy sencillo, millones de personas de todo el planeta llevamos el número 43.200 oculto en nuestros relojes de pulsera. Porque, como hemos dicho antes, 43.200 son los segundos de 12 horas.

Los diseñadores de la Gran Pirámide parecen insistir, pues, en la idea de números comunes al espacio y al tiempo, por lo que hemos de preguntarnos si a través del número 43.200, ¿los sacerdotes-arquitectos de la Gran Pirámide quisieron explicarnos que conocían el concepto de espacio-tiempo?...

Cabe recordar que la idea de espacio-tiempo es un importantísimo avance de la física contemporánea, desarrollado mediante la "Teoría de la Relatividad" de Albert Einstein. Al respecto, hay que señalar que la latitud de la Gran Pirámide, de 29º 58' 45,02" N, nos ofrece un dato realmente sorprendente. Al expresar la latitud del monumento en el sistema decimal, es igual a 29,9791722º N, un número que si lo transformamos en diezmilésimas de grado, resulta 299.791,722. Y la velocidad de la luz en km/s es, nada más y nada menos, 299.792,458.

Por tanto, la latitud de la Gran Pirámide expresada en diezmilésimas de grado... ¡Se aproxima a la velocidad de la luz en km/s en un 99,9998 %! Su nivel de precisión es de casi el 100 %. Y la desviación de ese cálculo respecto del centro de la Gran Pirámide es de -8,2 metros, cuando el error de cálculo del sistema GPS es de entre 5 y 10 metros. Por ello, como con este nivel de precisión es imposible que se trate de una relación casual, resulta una evidencia revolucionaria. El descubrimiento expuesto por Pérez Sánchez, en su tesis doctoral, es excepcional, porque demuestra que ¡la latitud de la Gran Pirámide en diezmilésimas de grado es igual a la velocidad de la luz en km/s!

Y el cálculo de probabilidades de que se trate de una relación casual, da un porcentaje minúsculo. Es por esto que al paralelo de 29,9792458º N que pasa sobre la Gran Pirámide muy cerca de su centro, lo llamaremos por tanto el Paralelo de la Luz.

La velocidad de la luz no fue establecida con exactitud por la física contemporánea hasta bien entrado el siglo XX.

Por lo que surge un nuevo interrogante al preguntarnos si los sacerdotes-arquitectos egipcios conocían la velocidad de la luz. Y al situar el centro de la Gran Pirámide en el Paralelo de la Luz, ¿quisieron indicarnos que ponían la constante universal en el centro de su cosmología científica?

De esta forma, ya hemos visto hasta ahora que, del análisis del modelo original de la Gran Pirámide, se puede deducir el conocimiento de la esfericidad y de las medidas de la Tierra.

Si los sacerdotes-arquitectos de la Gran Pirámide la hubieran situado en el Paralelo de la Luz, significaba que habían podido ubicar exactamente el ecuador terrestre, ya que es a partir del que se mide la latitud: de 0 a +90º de latitud Norte y de 0 a -90º de latitud Sur, correspondiendo los 0º a la latitud del Ecuador y los 90º Norte ó los 90º Sur a la latitud de los Polos.

Ahora bien, tengamos en cuenta que la determinación del Meridiano de Greenwich como primer meridiano de longitud 0º es una convención establecida en la Conferencia Internacional de Washington (1884). Es por esto que hemos de preguntarnos, ¿dónde habría situado el meridiano 0 una civilización con conocimientos científicos a partir de criterios objetivos? Para intentar deducirlo, tomaremos una naranja con una mano y situaremos el dedo índice en su polo superior y el pulgar en su polo inferior. El ecuador de la naranja será muy fácil de establecer: es la circunferencia máxima que equidista de nuestros dedos, de sus polos. Pero ¿dónde podríamos situar un meridiano de referencia que enlazase los polos de la naranja? Si la piel de la naranja fuera totalmente lisa, no tendríamos referencia alguna. Pero, si tuviese una sola imperfección que resaltase sobre la continuidad indeterminada de su piel, este sería un referente objetivo donde establecer el meridiano de la naranja. Extrapolemos ahora este método a la Tierra.

¿Cuáles son las imperfecciones de la Tierra que resaltan sobre su superficie?... Las montañas, sin duda. Por tanto, una posibilidad sería hacer pasar el meridiano terrestre por una cima muy importante o de gran significado simbólico. Entonces, en el improbable caso de que los antiguos egipcios hubieran conocido la totalidad de la Tierra, esa cima podría haber sido su máxima altura: el Monte Everest. Y a pesar de que no fue reconocido como el techo de la Tierra hasta bien entrado el siglo XX, y por increíble que parezca, esta sería la solución...

Las coordenadas del Monte Everest son 27° 59' 18,09"N y 86° 55' 30,73"E, que en el sistema decimal resultan ser 27,988358° N y 86,925203° E.

Como la medida del meridiano terrestre es 40.007,832 km, y la del ecuador 40.075,017 km, y teniendo en cuenta que la distancia entre meridianos, medida sobre los paralelos, es proporcional al coseno de la latitud, resulta que las coordenadas de la Gran Pirámide referidas al ecuador y al meridiano del Monte Everest, expresadas en un número entero de km, serían: latitud norte 3.332 km, longitud oeste 5.380 km.

Este punto al que hemos llegado lo podemos desarrollar de la siguiente manera: Las coordenadas de la Gran Pirámide son 29° 58' 45,02"N y 31° 08' 03,14"E, y las del Monte Everest son 27° 59' 18,09"N y 86° 55' 30,73"E. Por lo tanto, como los 360° del meridiano miden 40.007,832 km, aplicando una sencilla regla de tres, la distancia de la Gran Pirámide al ecuador resulta ser: 40.007,832 x 29,979172° / 360° = 3.331,671 km. Una cifra que expresada en números enteros corresponde a 3.332 km de latitud, (no obstante, los sabios egipcios no consideraron que la medida de 1 grado es menor en el ecuador que en el polo, por lo que la distancia de un punto de la Tierra al ecuador no es exactamente proporcional a su latitud). En el cálculo de la longitud geográfica hay que considerar que las distancias medidas sobre el paralelo entre meridianos disminuyen con la proximidad al Polo proporcionalmente al coseno de la latitud, ya que los meridianos se acercan entre sí al acercarse al Polo. La diferencia de coordenadas entre la Gran Pirámide y el Monte Everest es la siguiente: 86° 55' 30,73" - 31° 08' 03,14"= 55° 47' 27,59" = 55,790997° que en realidad disminuye al multiplicarla por el coseno de la latitud de la Gran Pirámide: 55,790997º x coseno 29,979172º = 48,326558º. Esta medida, sobre los 360º del ecuador que mide 40.075,017 km, representan 40.075,832 x 48,326558º / 360º = 5.379,688 km, una cifra que expresada en números enteros corresponde a 5.380 km de longitud geográfica. Por tanto, las coordenadas de la Gran Pirámide así calculadas y expresadas en un número entero de km respecto del ecuador y del meridiano del Everest serían: latitud 3.332 km, y, longitud 5.380 km.

Estos dos números forman una terna pitagórica, ya que $5.380^2 - 3.332^2 = 4.224^2$.

Las ternas pitagóricas son series de 3 números enteros que – como en el caso del 3.332, el 4.224 y el 5.380 – cumplen el Teorema de Pitágoras: $a^2 + b^2 = c^2$, es decir, $3.332^2 + 4.224^2 = 5.380^2$. Y las ternas pitagóricas son enormemente difíciles de obtener. A la vez que nos lleva también a plantearnos, como ya dijimos, que Pitágoras debió de aprender el teorema que lleva su nombre de sus maestros egipcios después de vivir entre 10 y 20 años en el país del Nilo y ser ungido sacerdote, puesto que los antiguos sacerdotes debían ser maestros en agrimensura, el arte de medir las tierras, porque cada año, después de la crecida del Nilo, tenían que volver a marcar los límites entre propiedades. Y el Teorema de Pitágoras lo que geométricamente nos ofrece es una suma de superficies.

Es prácticamente imposible que sea casualidad el hecho que las coordenadas geográficas de la Gran Pirámide estén relacionadas mediante una terna pitagórica formada por números de cuatro cifras.

Y más aún si los números que determinan la latitud y la longitud de la Gran Pirámide (3.332 y 5.380) pueden obtenerse mediante la diferencia y la suma de los dos mismos cuadrados, puesto que se cumple a la vez que: $3.332 = 66^2 - 32^2$, y por otra parte, también que: $5.380 = 66^2 + 32^2$.

Por si todo ello no fuera suficiente, esta terna pitagórica es tan solo la primera de las tres que pueden obtenerse de las coordenadas de la Gran Pirámide, de tal manera que de ellas resultan hasta 10 cuadrados: $5.380^2$, $3.332^2$, $4.224^2$, $66^2$, $32^2$ y otros 5 más.

Aplicando el Teorema de Pitágoras entre estos 10 números, se obtienen 55 resultados que, tomados en enteros y, sumados, ofrecen una adición insólita: el cubo de 54, un número que, además, ha resultado tener connotaciones astronómicas y matemáticas.

En consecuencia, no hay más remedio que deducir que los sacerdotes-arquitectos de la Gran Pirámide tenían la voluntad consciente de situarla respecto de un sistema de coordenadas referido al ecuador y a un meridiano 0 que pase por la cima del Monte Everest, ya que esta montaña era el techo de la Tierra.

Esta serie de asociaciones matemáticas entre las coordenadas geográficas de la Gran Pirámide, el Teorema de Pitágoras y las ternas pitagóricas, por cálculo de probabilidades, es imposible que fuese casual. Por tanto, si tenemos en cuenta que:

Las coordenadas de la Gran Pirámide son 29º 58' 45,02"N y 31º 08' 03,14"E, y las del Monte Everest son 27º 59' 18,09"N y 86º 55' 30,73"E. Al cambiar el meridiano de referencia cambiará la longitud geográfica de la Gran Pirámide.

Entonces la diferencia de longitudes geográfica, entre la Gran Pirámide y el Monte Everest, nos dará la longitud objetiva de la Gran Pirámide referida al meridiano 0 del Monte Everest: 86º 55' 30,73"E - 31º 08' 03,14"E = 55º 47' 27,59"O = 55,790997º Oeste. Y esta medida, con una aproximación del 99,993 % equivale al perímetro de una circunferencia que tuviera de radio ¡ 8,88º !

Y, 8,88º es lo mismo que 5.328 estadios, el número obtenido de la Tabla de la Gran Pirámide (recordemos que al sumar perímetro, superficie y volumen, nos daba 20.973.231, y después separábamos esta cifra en 2 partes por la mitad, a izquierda y derecha: 2097 y 3231, y luego las sumábamos), que es igual a 888 x 6. Por tanto, el número 888 aparece nuevamente asociado a la longitud geográfica de la Gran Pirámide referida al meridiano 0 del Monte Everest.

Este dato es clave, puesto que 8,88° = 8,88 x 60' = 532,8'. Y, dado que 1 minuto de arco es igual a 10 estadios, entonces 532'8 x 10 estadios = 5.328 estadios.

Es curioso, puesto que el meridiano 0 pasaba por la cima del Monte Everest. A la vez que los sacerdotes-arquitectos de la Gran Pirámide lo situaron respecto de un sistema de coordenadas geográficas referido al ecuador y a un meridiano 0 que pasaba justo por la cima del Monte Everest.

Ante esta suma de evidencias, nacen nuevos interrogantes:

Los sacerdotes-arquitectos de la Gran Pirámide, ¿cómo pudieron saber que el Monte Everest era la cima más alta del planeta? ¿Qué era, o qué representaba el número 888 que se hallaba asociado al espacio, al tiempo, y a la longitud geográfica de la Gran Pirámide?, y, ¿cuál podría ser la procedencia de ese saber científico y enciclopédico que vamos descubriendo al estudiar la Gran Pirámide de Keops?

Antes hemos visto el tema de las ternas pitagóricas, y la dificultad que entraña obtener un número entero que complete, con los otros dos, una terna pitagórica. Un ejemplo clásico de terna pitagórica es 3, 4 y 5, ya que $3^2 + 4^2 = 5^2$. Otro ejemplo es 5, 12 y 13, ya que $5^2 + 12^2 = 13^2$. Y por extraño que parezca, ambas ternas se hallan en el interior de la Gran Pirámide: la primera, en la Cámara del Rey; y la segunda, en la Cámara de la Reina.

Por ejemplo, en la Cámara del Rey, medida en codos reales con el Triángulo Isíaco, nos aparecen las medidas 15, 20 y 25. De donde 20 lo obtendríamos por el lado de la base, mientras que 15 y 25 serían los otros lados. De esta forma, la relación de la Cámara del Rey con el Teorema de Pitágoras la tendríamos en que, sumando los cuadrados de los lados más cortos del triángulo nos daría el cuadrado del lado más largo: $15^2 + 20^2 = 25^2$.

Como decimos, a este triángulo se le llama Isíaco, también llamado el triángulo Sagrado Egipcio. Se trata de un triángulo que fue muy utilizado por los constructores de todas las épocas, desde el tiempo inmemorial hasta incluso hoy en día.

Se conoce con diversos nombres: Egipto le dio el nombre de triángulo Egipcio. Vulgarmente se le conoce como triángulo de Pitágoras, aunque es un caso parecido al teorema del mismo nombre, pues era conocido mucho antes y en las más diversas culturas, y, sin embargo, se le atribuye a Pitágoras, quizás por el prestigio de la figura que representa.

Por otra parte, también se le conoce como triángulo Isíaco por el hecho de haber servido de soporte del mito egipcio de Isis. Además de Triángulo Isíaco, también se le denomina Triángulo Sagrado. Ya en su momento, Plutarco en su tratado sobre los misterios del antiguo Egipto, en el capítulo LVI de su obra "Isis y Osiris" (anexo 1), se refiere a él, diciendo: "Los egipcios tenían en gran estima el más bello de los triángulos, el más cercano a la naturaleza del universo".

Comenta su figura estableciendo una analogía con la divina Trinidad egipcia: "En el triángulo rectángulo, el número tres representa uno de los lados del ángulo recto; el cuatro, la base; el cinco, la hipotenusa, y el cuadrado de ésta es igual a la suma de los cuadrados de los lados que contienen el ángulo recto".

Plutarco asocia este triángulo con el mito egipcio y la idea del saber general: "La naturaleza divina y más perfecta, por tanto, se compone de tres principios: lo Inteligible, la Materia, y la combinación de ambos, que los griegos llaman Cosmos organizado".

Isis se correspondería con la Materia, el terreno, la base como hembra a fecundar.

Osiris sería la Inteligencia o principio creador masculino.

Horus como resultado engendrado o Cosmos.

Platón (427 a 347 a.C.), vemos que coincide con Plutarco en los términos de la naturaleza, aunque lo designa de la siguiente manera: La Idea es el modelo o Padre, refiriéndose al principio inteligible; al principio de la Materia lo denomina Madre, nodriza o base de la generación; y al vástago de ambos, al producto de su unión, le da el nombre de Descendiente o Engendrado.

Platón, en "La República", Libro VIII, utiliza al número 5 para expresar su idea de unión o de matrimonio, y siendo este el valor de la hipotenusa se refiere a él como *"nupcial"*, por ser el resultado de la raíz cuadrada de la suma de los cuadrados de los catetos, al modo pitagórico como el fruto de la relación macho y hembra de los números 3 y 4. También representa la armonía y la mediación entre el Cielo y la Tierra.

Pero, ¿cuál sería el simbolismo de los números que lo componen? Su primera característica es su simplicidad.

Desde el punto de vista geométrico, en primer lugar tenemos que 3 puntos son necesarios y suficientes para determinar un círculo, poniendo de manifiesto la relación de dicha terna con la unidad que representa el círculo. Convirtiéndose así en el principal símbolo de la Trinidad: ser una o única.

Los pitagóricos consideraban a los números pares como femeninos y a los impares como masculinos. El 1 no era considerado como un número, sino como el símbolo de la divinidad antes de la creación. Así, el primer número sería el 2, considerado femenino, y el 3 como primer número masculino. Aún hoy en día, se conserva la costumbre en algunos pueblos españoles de tocar las campanas cuando fallece algún vecino, tocando 2 veces si se trata de una mujer, y 1 si se trata de un hombre.

Para los egipcios, éste era el "Triángulo Sagrado", porque contenía el secreto de todas las medidas. Contiene todo el vocabulario básico de lo simbólico, que pasa por los números enteros, del 1 al 9 más el 12, el 16 y el 25.

El número 1.- El radio del círculo inscrito (círculo Íntimo). Representa a la divinidad antes de la creación, el principio creador por medio de la dualidad diferenciadora luz-oscuridad, masculina-femenina, y yin-yang.

El número 2.- El diámetro del círculo inscrito. La diada primer número femenino, por tanto, perfecto. Es el número de la Tierra Madre.

El número 3.- El cateto Menor que representa a Osiris. Es el primer número impar después de Dios (el Uno), representando al elemento masculino o al Cielo del triángulo Isíaco. Y también simboliza al Padre, el Espíritu, la Energía Viva fecundante, el Gran Macho o "elemento activo". Así, el tres es el primer número impar, masculino y perfecto porque es igual a la suma de los números que lo preceden, y porque es necesario para establecer cualquier relación o proporción. Con tres lados, tres vértices, tres ángulos, tres mediatrices y tres bisectrices, el triángulo es la primera figura perfecta, el polígono más simple.

El número 4.- El cateto Mayor que representa a Isis, el lado Tierra del triángulo Isíaco. También representa a la Materia, la Tierra Madre, el elemento pasivo, receptivo y fecundo. Cuadrado del primer número femenino o par.

El número 5.- La Hipotenusa. El Hijo que representa a Horus, el Demiurgo Creador o Verbo, la Energía activa creadora, el Cosmos. Como suma del primer número femenino, el dos y el primer número masculino, el tres, es el resultado de la unión de los dos primeros números de distinto sexo, símbolo del microcosmos o del hombre realizado.

El número 6.- La Superficie del Triángulo Sagrado. El 6 es el primer número perfecto ya que es el primero de los números naturales que resulta ser igual a la suma de sus divisores, 1, 2 y 3; (6 = 1 + 2 + 3).

El número 7.- La suma de los dos catetos. El 7, como suma de los dos catetos 3 y 4, o la suma del elemento pasivo y el activo. El resultado de esta unión sagrada es el número Siete como símbolo del Matrimonio Sagrado y de la Vida.

El número 8.- Como suma del cateto menor, el 3, o elemento activo o macho como divinidad-padre, dios primigenio, origen de todas las cosas y el 5, el dios-hijo, demiurgo creador. Tiene el sentido de un dios-origen abstracto, infinito, lejano e incognoscible que se concreta y autolimita, en una demostración de amor hacia sus criaturas, para dar paso a la creación del Cosmos.

El número 9.- Como cuadrado del cateto menor $3^2 = 9$. El 9, también como suma del cateto mayor, el 4, o elemento pasivo, hembra fecundada, que da a luz al 5, el Hijo, la Progenitura, el Hombre realizado, imagen de la deidad antropomorfa.

El número 12.- El Perímetro del triángulo. Representa el circuito zodiacal o ciclo fundamental formado por tres veces cuatro. Símbolo de la "plenitud total".

Recordemos que la gran pirámide está alineada con 4 signos zodiacales: escorpio-tauro y leo-acuario. En estos dos últimos, si trazamos una línea imaginaria desde los dos vértices respectivamente a cada signo, tocaría la cabeza de la esfinge, (que justamente es mitad león, mitad humano). En realidad, si trazamos una línea perfecta esto no ocurre, aunque es lógico pensar que sí coincide. Pero sí ocurre si creamos un triángulo isósceles cuyo ángulo de vértice es la cima de la gran pirámide y uno de sus ángulos de la base es la cima de Micerino. Notaremos así cómo es cortado perfectamente por la "pata derecha" de dicho triángulo imaginario. De igual forma ocurre lo mismo al trazar un círculo cuya superficie toque la cima de Keops y Kefrén.

El número 16.- El 16, como el cuadrado del cateto mayor. $4^2 = 16$.

El número 25.- La suma de los cuadrados de los dos primeros es igual al cuadrado del tercero: $9 + 16 = 25$. El cuadrado de cinco da un número igual al número de letras del alfabeto egipcio, e igual al número de años que vivió Apis, (toro sagrado, dios solar, de la fertilidad y, posteriormente funerario, miembro de la corte de los dioses del antiguo Egipto).

Pero el triángulo Egipcio es más que un triángulo simbólico. Su interior contiene tanta geometría que, hasta que no se descubre parece imposible, pues entre otros están: los números √2, √3, √5, y √10, los números Φ, Φ al cuadrado, el codo Sagrado "egipcio", y el número π.

En cuanto a los números irracionales, éstos son de imposible expresión, matemáticamente hablando, dadas sus infinitas cifras decimales. Sin embargo, a través de la geometría se materializan. Pues la geometría hace el portento de darle luz, de materializarlos. Y el Triángulo Sagrado Egipcio materializa los principales números: $\sqrt{2}$, $\sqrt{3}$, $\sqrt{5}$, y $\sqrt{10}$, $\Phi$, y $\pi$...

En cuanto a la estructura del triángulo sagrado, decir que su naturaleza es mucho más complicada de lo que uno pueda imaginarse, es un descubrimiento genial del hombre. Incluso se llegó a sugerir o proponer la relación $3^2 + 4^2 = 5^2$ como un mensaje destinado a otros planetas.

A pesar de su aparente sencillez, este triángulo contiene, o es portador, de numerosas propiedades notables, tanto aritméticas como geométricas, que lo hacen destacar entre las figuras de la Geometría Sagrada, porque a través de él se revelan nociones esenciales de esta práctica.

Se trata de un triángulo "escaleno" (viene del griego y significa desigual, pues todos sus lados y ángulos son diferentes, por lo que no tiene un centro único). Así, según lo que consideremos, nos mostrará diferentes aspectos. Las bisectrices, medianas y mediatrices no ofrecen la misma respuesta o el mismo punto de síntesis o de intersección, reunión o centro, (aunque es más llamativo el estudio de las bisectrices, porque materializan el centro del círculo Inscrito). En este triángulo, cuyos lados miden 3, 4 y 5, sus ángulos medirían 90º el ángulo recto, y los otros dos sumarían 90º: 53,13º y 36,87º. Sus lados están proporcionados con los números 3, 4 y 5, por lo que es el único triángulo rectángulo que presenta una progresión aritmética.

Estos tres números, en primer lugar, forman una terna pitagórica, la más sencilla y conocida de todas, es decir, que la suma de los cuadrados de los dos primeros es igual al cuadrado del tercero: $9 + 16 = 25$.

Es el triángulo rectángulo diofántico (o compuesto por números enteros) menor que pueda ser construido y, además, con un cateto y la hipotenusa números primos. El triángulo contiene el primer par de números primos gemelos.

En cuanto a su superficie, ésta es la mitad de la del rectángulo 3 x 4, ya que por su hipotenusa o la diagonal del rectángulo se divide entre dos: $S = (3 \times 4) / 2 = 6$

Plutarco ya destaca que el área del triángulo da como resultado 6. Comentando que el 6 es el primer número perfecto, ya que es el primero de los números naturales que como dijimos resulta ser igual a la suma de sus divisores: 1, 2 y 3; $(6 = 1 + 2 + 3)$.

Su Perímetro es la suma de sus tres lados: $3 + 4 + 5 = 12$. Es decir, el número Doce, símbolo de la "plenitud total", el circuito zodiacal o ciclo fundamental formado por tres veces cuatro.

Por tanto, la Superficie del Triángulo Sagrado es igual a la mitad de su Perímetro.

Plutarco también comenta que el cubo del área del triángulo, es decir, seis al cubo, es 216, $(6 \times 6 \times 6 = 216)$, resulta ser igual a la suma de los cubos de sus lados $3 \times 3 \times 3 = 27$, sumado a $4 \times 4 \times 4 = 64$, más $5 \times 5 \times 5 = 125$, lo que da como resultado 216.

En cuanto a sus círculos inscrito y circunscrito, hay que decir que al igual que el triángulo, o cualquier polígono regular, define a la vez un círculo inscrito y un círculo circunscrito, estableciendo relaciones significativas con ellos.

El círculo inscrito, también llamado Círculo Íntimo, es de radio 1, por lo tanto, de diámetro 2.

El centro del círculo inscrito es la intersección de las tres bisectrices.

Si aplicamos el teorema de Poncelet, que proporciona el valor del radio del círculo inscrito a un triángulo rectángulo, en función de las longitudes de sus lados observamos que:

"En todo triángulo rectángulo se verifica que la suma de las longitudes de los catetos es igual a la suma de la longitud de la hipotenusa más dos veces el radio del círculo inscrito".

Por lo que, si esto lo llevamos a nuestro triángulo Sagrado, tenemos: $4 + 3 = 5 + 2\pi$. Por tanto: $r = (4 + 3 - 5) / 2$. De donde $r = 2 / 2 = 1$. Es decir, el radio del círculo inscrito es 1 y, por tanto, su diámetro es 2. Y, sorprendentemente, la superficie del círculo inscrito es igual a $\pi$.

Por otra parte, por el Teorema de Tales conocemos que todo triángulo que pueda inscribirse en una semicircunferencia es un triángulo rectángulo con el ángulo recto en el vértice opuesto al diámetro. Por lo tanto el diámetro del círculo circunscrito es igual a la hipotenusa de valor 5.

En cuanto a las bisectrices del triángulo, podemos ver algo sorprendente, y es que las tres bisectrices son las tres diagonales de un simple, un doble, y un triple cuadrado.

La estructura del Triángulo Sagrado se revela como una consecuencia o particularidad de la geometría de las "Parrillas", (o cuadrículas), en otras palabras, una Parrilla permite medir las formas, y, a través del valor de los números, traducirlas al lenguaje humano.

Por lo que, podemos afirmar que las bisectrices del triángulo de lados 3, 4 y 5, son las diagonales de un simple, un doble y un triple cuadrado, materializando, por tanto, los valores de los "números irracionales" $\sqrt{2}$, $\sqrt{5}$, y $\sqrt{10}$.

Por otra parte, trazando el triángulo sobre una Parrilla de 8, (esto es, cuadrícula de 8 x 8), obtenemos fácilmente $\sqrt{3} / 2$ y, por tanto, su doble, la útil $\sqrt{3}$.

Si dibujáramos un círculo dentro de dicho triángulo, podríamos a su vez trazar otro pequeño triángulo en su interior, pues bien la hipotenusa de este sería el radio del Círculo Íntimo, y, por tanto, igual a 1. Y, el cateto menor es la longitud de la cuadrícula de la Parrilla de 8 sobre la que se traza el Triángulo, e igual a la mitad del radio del círculo Íntimo, es decir ½.

Por lo tanto, por Pitágoras sabemos que el cateto mayor vale $\sqrt{3} / 2$, es decir, la mitad del número irracional $\sqrt{3}$.

Dando un paso más, podemos establecer las relaciones del triángulo con el número de oro.

Primero de todo vemos que el Número de Oro no está explícito en los lados del Triángulo, sino en sus estructuras más íntimas.

La geometría de las Parrillas, o cuadrículas, también revela la presencia del Número de Oro, como una consecuencia o particularidad más de las mismas. A través de las Parrillas es como hace su aparición la Proporción Áurea o de Oro, la cual permanece oculta en las profundidades del Triángulo Sagrado.

La $\sqrt{5}$ es la componente esencial del Número de Oro. Podemos decir que es como la mina o el filón del N$^o$ de oro: donde se encuentre la $\sqrt{5}$ cerca estará también el N$^o$ de Oro. Y la $\sqrt{5}$ está ligada a la diagonal del Doble cuadrado, cuadrado de Plata, cuadrado de las gentes o cuadrado Largo, como les gustaba llamarlo a los antiguos Maestros de Obra de la época de las construcciones de las grandes catedrales góticas.

Por otra parte, vemos cómo una de las bisectrices del Triángulo Sagrado conduce de forma natural al Número de Oro. En efecto, si consideramos la bisectriz de orden dos, desde el vértice superior del Triángulo hasta el centro del círculo Íntimo (hemos visto anteriormente que se correspondía con la diagonal de un doble cuadrado), su valor será $\sqrt{5}$.

Si prolongamos esta bisectriz hasta el final del círculo Íntimo, que recordemos tiene de radio 1, su longitud total será ($\sqrt{5}$ + 1), es decir, el doble del número de Oro (2 Ø), que como sabemos, la fórmula de dicho número (esto es, Ø), se corresponde con la expresión 1 + $\sqrt{5}$ / 2. Por esta razón, a esta bisectriz se la denomina "Bisectriz Dorada".

Ahora bien, ¿cómo asociar un rectángulo dorado con el triángulo sagrado? Para ello, hemos de tener en cuenta que un rectángulo con proporciones 2 y 2 Ø, está construido en la bisectriz Dorada del triángulo. Por lo que, es fácil construir un rectángulo Dorado alrededor de esta bisectriz, ya que el diámetro del círculo inscrito, de valor 2, determina su ancho.

La bisectriz prolongada hasta el final del círculo Íntimo se corresponde con la mediana del rectángulo Dorado, proporcionando también su lado mayor, en tanto que el diámetro del círculo da el lado menor.

Otra manera en la que el Triángulo Sagrado manifiesta el número de Oro es que trazando el Triángulo Sagrado, y situándolo sobre una cuadrícula de 8 x 8, vemos cómo la recta que une los centros de los círculos inscrito y circunscrito tiene una longitud de √5 / 2, lo cual ya de por sí es un número significativo.

De esta forma, si ahora trazamos el círculo concéntrico al círculo inscrito, pero de radio la mitad, y prolongamos la recta que une los centros de los círculos inscrito y circunscrito, obtenemos el n° de Oro.

Así, $\sqrt{5} / 2 + ½ = (\sqrt{5} + 1) / 2 = Phi = \emptyset$

El papel de la cuadrícula, o Parrilla, en la geometría sagrada, está aquí explícito: construir, comprender y retener, (y cuanto más simple, mejor).

Y por último, aparece la relación geométrica que más ha sorprendido hasta ahora de este humilde triángulo, y lo sabemos por la representación del trazado clásico del rectángulo áureo, (aquel cuya relación entre los lados es precisamente el n° áureo), a partir de la semidiagonal del cuadrado de lado igual al lado corto del rectángulo áureo. En él, el ángulo que forman las diagonales del rectángulo áureo es de 63°, sorprendentemente el mismo ángulo que forman las bisectrices de orden 1 y orden 3 del Triángulo Egipcio.

Así, cualquier círculo concéntrico al círculo inscrito al triángulo o Círculo Íntimo (incluido lógicamente el mismo) corta a las bisectrices de orden 1 y de orden 3, en cuatro puntos que, unidos, formarán rectángulos áureos.

De esta forma, el Triángulo Sagrado Egipcio está relacionado con el Número y el Rectángulo Áureo. Así, el Triángulo Sagrado Egipcio, en su aparente sencillez, materializa fácilmente los principales números irracionales √2, √3, √5, √10, Φ (número de oro = 1,6180, representado por la letra griega Φ o Phi), y Pi, (que equivale a 3,14159265359 e infinitos decimales más que no siguen ningún patrón, y que se representa por la letra griega $\pi$, que se usa justamente porque se fundamenta en una palabra griega que significa periferia, debido a que es la relación entre la longitud de una circunferencia y su diámetro). Y a todos ellos añadiremos el llamado Codo Sagrado Egipcio.

El ya nombrado "Codo Egipcio" no es una medida antropométrica del codo de algún rey antiguo o faraón, sino una medida perfectamente definida tanto geométrica como matemáticamente igual a la 6ª parte de la longitud de la circunferencia de diámetro 1, o el arco correspondiente al lado del hexágono inscrito en la misma. Obteniendo la medida del lado de un hexágono, que finalmente nos daría un tamaño algo superior a medio metro (0,5236). Esta unidad de medida presenta el inconveniente de que, para determinarla, se hace necesario conocer la longitud de la circunferencia o el arco correspondiente al lado del hexágono inscrito. Lo que nos lleva a pensar que quizás existiera otro método para determinar el llamado "Codo Egipcio".

El "Triángulo Sagrado Egipcio" está íntimamente relacionado con el "Codo Egipcio" a través de $\pi$, puesto que $\pi$ equivale a 6 Codos. Y llegamos a esta conclusión porque la circunferencia circunscrita al Triángulo Egipcio mide exactamente 30 Codos, que dividida por el lado menor es igual a 10 Codos. Al dividir la circunferencia entre el lado mayor, se obtiene un número igual a 7,50 Codos. Y, al dividir la circunferencia entre la hipotenusa obtenemos exactamente el número $\pi$, que es igual a 6 Codos.

Por otra parte, anteriormente hemos obtenido, de diferentes maneras el valor de Phi, utilizando el trazado del Triángulo Egipcio sobre varias Parrillas, o cuadrículas. De esta forma, a partir de esa medida, fácilmente obtendremos también la magnitud Phi$^2$ o lo que es lo mismo Phi + 1. Pues bien, utilizando el Teorema de Tales para dividir Phi + 1 en 5 partes iguales, cada una de ellas tendrá el valor del Codo Egipcio.

Si por último, a las 5 subdivisiones así obtenidas para determinar el Codo, le añadimos una más para obtener 6, habremos obtenido el número Pi, que hemos visto que se corresponde con

6 Codos Egipcios, por la propia definición del Codo como la sexta parte de la circunferencia de diámetro 1.

De esta manera, los números Phi, Pi, y el Codo Egipcio están íntimamente relacionados, y el Triángulo Sagrado Egipcio así lo pone de manifiesto.

En cuando al Triángulo Sagrado, o Triángulo Isíaco, es importante hacer referencia al Mito Isíaco: como ya vimos anteriormente los 3 componentes de la llamada "Triada Isíaca" son Osiris, el dios de la resurrección, Isis, la diosa de la maternidad y del nacimiento, y finalmente Horus, "el elevado", el dios celeste, la hipotenusa.

Precisa, pues, representarse el lado del ángulo recto como la figuración del macho, la base del triángulo como figuración de la hembra, y la hipotenusa como producto de ambos. De la misma manera, debemos considerar a Osiris (o Nº 3), como primer principio, a Isis (o Nº 4), como la sustancia que recibe sus influencias, y, a Horus (o Nº 5), como efecto resultante de la unión del uno y del otro. De ahí el Teorema de Pitágoras, ya antes nombrado: cuadrado de la hipotenusa es igual a la suma del primer cateto al cuadrado más el segundo cateto al cuadrado: $5^2 = 3^2 + 4^2$. Por lo que 25= 9 + 16.

Al final, después de relacionar una ecuación matemática con los dioses, podemos decir que hemos cerrado el círculo, y tal vez ya no quedaría nada más que decir, sino investigar acerca de las revelaciones misteriosas que nos aporta la Gran Pirámide, puesto que podemos creernos grandes por haber medido la Tierra, trazado los meridianos, encontrado la distancia del Sol a la Tierra, y haber calculado la relación de la circunferencia con su diámetro, glorificarnos por estos pretendidos "descubrimientos modernos" y…, ¡saber ahora que ya habían sido conocidos por los antiguos egipcios!, ¿no es una cosa verdaderamente sorprendente?. Por ello, la Gran Pirámide de los desiertos africanos es buena prueba de ello. No obstante, a lo largo de la Historia, siempre ha sido objeto de estudio. Es más, nunca vamos a dejar de sorprendernos, pues los datos que más nos inquietan son los que han salido "relativamente hace poco", concretamente desde hace algo más de un par de siglos, pues las primeras revelaciones sobre la naturaleza de este gigantesco edificio se remontan a finales del siglo XVIII. Así, cuando los sabios de la expedición de Bonaparte resolvieron efectuar la triangulación de Egipto, la Pirámide Mayor les sirvió de punto de partida para un meridiano central que tomaron por origen de las longitudes de esa región.

Y cuál no sería su admiración cuando reconocieron que las diagonales prolongadas de la pirámide encerraban exactamente el delta del Nilo; que el meridiano, es decir, la línea que va de norte a sur, al pasar por la cima, divide el delta en dos sectores rigurosamente iguales; que los constructores de este inmenso monumento eran matemáticos de primera fuerza y geógrafos consumados, pues de todos los meridianos de la Tierra, el de la Pirámide es el meridiano ideal, una vez que es el que atraviesa más continentes y menos mares. Por lo demás, es exclusivamente oceánico a partir del estrecho de Bering, y, una cosa más extraordinaria aún: la extensión de la Tierra habitable por el hombre se encuentra dividida en dos partes rigurosamente iguales. Este meridiano se funda en la naturaleza de las cosas y es el único, por consiguiente, que tiene razón de ser. Si ahora trazamos un círculo paralelo al ecuador, que pase por el de 30º de latitud, podemos ver que este círculo es el que encierra más extensión continental.

Y bien, la latitud de la cima de la Pirámide se aproxima manifiestamente a él, puesto que tiene como valor 29º 58' 51". Se ha creído en un ligero error de determinación, pero no es probable, por el fenómeno conocido con el nombre de refracción atmosférica. Puesto que debido a la densidad de las capas de aire, cuando un rayo luminoso entra en nuestra atmósfera, sufre una desviación, y por consiguiente no podemos verlo en su lugar natural, y en el caso que nos ocupa, la mitad de la Pirámide debe estar teóricamente a 29º 58' 51" 22 centésimas.

Las dos cifras se diferencian únicamente en 22 centésimas de segundo, lo cual es insignificante. La concordancia no puede ser más perfecta.

Conectando con este punto, podríamos decir que de las medidas de la Gran Pirámide se pueden deducir desconcertantes relaciones con los principales astros del Antiguo Egipto: La Luna, el Sol, y Sirio.

La Luna se hallaba asociada a Thoth, el dios de la sabiduría, de las matemáticas, de la arquitectura y de todas las actividades intelectuales.

El Sol representaba a Sa, el dios que infundía la vida con sus rayos fecundantes, y el dios del que se reclamaron hijos los faraones desde la IV Dinastía a partir de Dyedefra, (el hijo y sucesor de Keops).

Y a Sirio se la consideraba la proyección celeste de la diosa Isis, esposa y viuda de Osiris, y madre de Horus, y una de sus divinidades principales que simbolizaba la tierra del Antiguo Egipto. No obstante, modernas investigaciones sugieren la asociación de la constelación del Can Mayor con Isis, y de la estrella Sirio con Horus.

Por otra parte, el número 432, antes nombrado, perfectamente lo podemos asociar a la Luna, pues el número 432 que tantas veces se repite en la Gran Pirámide, y que se halla asociado al sistema sexagesimal al ser igual a 6 x 6 x 6 x 2, era un número de la Luna. Esta correspondencia con la Luna la observamos en las lunaciones. Una lunación es el tiempo que va de una luna nueva a otra luna nueva, o de una luna llena a otra luna llena.

Pues bien, 432.000 lunaciones son exactamente 12.757.214 días, lo que permite el cálculo exacto de una lunación media: 29 días, 12 horas, 44 minutos y 2,8 segundos. Esta igualdad permite establecer una teoría sobre el desconocido origen del sistema sexagesimal asociándolo al sistema decimal, ya que 432.000 es igual a 6 x 6 x 6 x 2 x 10 x 10 x 10.

El ciclo de la Luna se acerca a los 30 días, un número que es el producto de 5 por 6. El 5 era considerado por los pitagóricos como la puerta del infinito ya que el 10, su doble, permitía acceder a los números enormes, las potencias de 10. Y el 6, al multiplicarlo por 5, permitía obtener el 30, el tiempo de la Luna.

Al dividir simbólicamente el día en 12 horas de luz y 12 horas de oscuridad, se conseguía que el tiempo de luz y el tiempo de oscuridad de un mes fuera igual a 360 horas. Y el 360, que es el número aplicado a los grados de una circunferencia, deviene de un símbolo doble de la Luna y de su ciclo.

Además, el calendario solar que era el oficial del Antiguo Egipto, se subdividía en 12 meses de 30 días cada uno, de donde resultan un total de 360 días, a los que se añadían 5 días dedicados al nacimiento de los dioses, para completar los 365 días del año.

Por tanto, en el Antiguo Egipto, el 360, el número que puedes obtener multiplicando 6 x 6 x 10, definía simultáneamente los 360 días de los 12 meses del año solar, las 360 horas de luz, las 360 horas de oscuridad del mes lunar, y los 360 grados de la circunferencia de la Tierra, (¿qué más se le podría pedir al número 360…?).

Con esta combinación, el espacio y el tiempo se asociaban mediante los números que eran las bases del sistema sexagesimal (el 6), y del sistema decimal (el 10), tal como sucedía en las relaciones espaciotemporales que asociaban la Gran Pirámide con el tiempo y la Tierra a través del número 43.200.

El 360, esa singular cifra multiusos, también nos permite interrelacionar el sistema métrico decimal con el sistema métrico egipcio que se hallaba asociado a la base 20, ya que 20.000 codos reales formaban 1 iteru, (la medida para medir el río Nilo). De esta interrelación resulta que 360 iterus eran 3.770 km, con una aproximación del 99,9992 %. Y recordemos que el 377 es el número 14 de la Serie de Fibonacci.

Por otra parte, la palabra iteru más bien parece una palabra griega que una palabra egipcia, ya que significaba "que va hacia adelante", e ir hacia adelante es, justamente, lo que se hace para medir una longitud.

Además, el iteru era una unidad de medida extremadamente grande, ya que 1 iteru era igual a 10,472 km. Esto nos haría plantearnos, ¿para que querrían los antiguos egipcios una unidad de medida de casi 10,5 km en el estrecho valle del Nilo, si nosotros con el kilómetro medimos la distancia al Sol?

En cuanto al astro rey, se sabe que la altura total de la Gran Pirámide era la 1.000 millonésima parte de la distancia al Sol en el perihelio.

No obstante, hay una segunda relación con el Sol: la esfera de coronación de la Gran Pirámide, de 2,7183 cr (1,4233 metros) de diámetro, se halla proporcionada con el Sol a escala 1 / 978 millones.

Y esta proporción, sorprendentemente, adquiere todo su sentido a través de una segunda proporción entre la esfera de coronación de la Gran Pirámide y Sirio.

Si multiplicamos el diámetro de la esfera de coronación de la Gran Pirámide, de 1,4233 metros por 978 millones, resulta 1.391.987,4 kilómetros. El diámetro del Sol se estima en 2 x 696.000 km = 1.392.000 km. Por tanto, a partir de la esfera de coronación de la Gran Pirámide, se podría obtener una aproximación a la medida del Sol de un 99,9991 %, lo que en la práctica representa que el resultado obtenido es exacto.

Antes hablábamos de la Luna y ahora lo hemos hecho del Sol, pero para cerrar el círculo ya sólo nos faltaría un elemento singular, Sirio.

Sirio es la estrella más importante de la constelación del Can Mayor, y la estrella más brillante del firmamento nocturno. Sirio se halla a 8,611 años luz de la Tierra, y es un sistema binario compuesto por 2 estrellas, Sirio A y Sirio B, que giran la una sobre la otra con un período orbital de 50 años y 33,3 días. El diámetro de Sirio A, la mayor de las dos, es equivalente a 1,8 veces el diámetro del Sol, mientras que Sirio B es una estrella enana blanca hiperdensa de tamaño mucho más reducido, ya que es similar a la Tierra.

Su localización es bastante fácil, ya que entre mediados de verano y principios de primavera es visible en el cielo. Para encontrarla sólo es preciso prolongar la línea que une las tres estrellas centrales del Cinturón de Orión en dirección al horizonte, hasta encontrar la intensa luz blanca y azulada de Sirio.

En el imperio Antiguo, el retorno de Sirio antes del alba (un fenómeno conocido como salida helíaca) después de 70 días de invisibilidad, coincidía con el solsticio de verano, y anunciaba la crecida anual del Nilo. Los sacerdotes-astrónomos del Antiguo Egipto utilizaron esta excepcional triple concordancia para situar el inicio de su calendario solar en tan señalada fecha.

Adentrémonos ahora, en las tres principales coincidencias que relacionan la Gran Pirámide con la estrella Sirio:

1.- La esfera de coronación, de 2,7183 cr (1,4233 metros) de diámetro, estaba proporcionada con Sirio a escala 1 / 1.760 millones. Y da la casualidad de que el perímetro de la base de la Gran Pirámide medía exactamente 1.760 cr. Si asociamos las escalas de la esfera con el Sol (1 / 978 millones) y con Sirio (1 / 1.760 millones), veremos que la suma de los números millonarios de las escalas es 978 + 1.760 = 2.738. Y son, justamente, 2.738 los años que corresponden a poco más de un millón de días.

Estas asociaciones de medidas matemáticas con dimensiones y números astronómicos disminuyen la probabilidad de que se trate de relaciones casuales, a la vez que confirman tanto la medida de su diámetro, como la extraordinaria importancia que tenía la esfera de coronación de la Gran Pirámide.

Si multiplicamos el diámetro de la esfera de coronación de la Gran Pirámide, de 1,4233 metros, por 1.760 millones, resulta 2.505.008 kilómetros. El diámetro de Sirio se estima en 1,8 veces el diámetro del Sol, es decir, en 1,8 x 1.392.000 km = 2.505.600 km. Por tanto, a partir de la esfera de coronación de la Gran Pirámide, se podría obtener una aproximación a la medida de Sirio de un 99,98 %, lo que en la práctica vuelve a representar que el resultado obtenido es exacto.

A razón de 365,242217 días por año, para cumplirse un millón de días, han de pasar 1.000.000 / 365,2422 = 2.737,9091 años, cifra que reducida a enteros es 2.738 años.

2.- En cuanto a la relación de la superficie de 100.000 veces $\pi$ $cr^2$, es decir, 314.159 $cr^2$: Vemos que Sirio se halla a 8,611 años luz. Y como 1 año luz es la distancia recorrida por la luz en un año, la luz de Sirio tardará en llegar a la Tierra 8,611 años, que corresponde a un tiempo equivalente a 3.141,6 días, es decir, de 1.000 veces $\pi$ días.

A razón de 365,2422 días por año, a 8,611 años le corresponden 3.141,448 días, una cifra equivalente a 1.000 veces el número $\pi$ (3.141,592) con una aproximación de un 99,995 % y una pequeña oscilación de +/- 0,036 años, es decir, de unos 13 días.

3.- La Gran Pirámide, al tener las apotemas ligeramente hundidas en el centro de los 4 lados de su base, los parte en dos por lo que en realidad se halla compuesta por 8 semilados de 220 cr de longitud. Y la luz de Sirio tarda, justamente, 8 años y 220 días en llegar a la Tierra.

Todas estas coincidencias entre la Gran Pirámide y Sirio nos obligan a plantearnos un inquietante enigma… ¿los antiguos egipcios llegaron a conocer la distancia a Sirio y sus dimensiones?

Todo esto nos lleva a establecer unas relaciones matemáticas de la Gran Pirámide con datos del Mundo y constantes matemáticas muy interesantes:

1.- Dos veces un lado de la base, dividido por la altura, es igual a $\pi$, que es la relación entre la longitud del perímetro de la circunferencia y su diámetro:

$\pi$ es igual a 3,141592… El lado de la base mide 230,38 metros, y la altura era de 146,60 metros.

Por otra parte, 2 x 230,38 = 460,76. Y, 460,76 entre 146,60 = 3,1429. Esta relación se cumple independientemente de la unidad de medida, sea ésta en metros, yardas o codos. En codos, la pirámide tiene 440 de lado por 280 de altura, si se hace la cuenta también se llega al número π con la misma aproximación.

A la vez que 2 veces el lado de la base es la longitud de la línea horizontal visible más larga. Mirando la pirámide desde una esquina, la altura es la longitud de la línea vertical invisible más larga. La inclinación de la pirámide es de 52º (51,84º más precisamente). Y si utilizamos los números 3, 4 y 5, esto es, los números enteros más pequeños con los cuáles se construye un triángulo rectángulo, tenemos que, por ejemplo, si 3 es la base y 4 es la altura, entonces la hipotenusa es 5 (según Pitágoras, la suma del cuadrado de los catetos es igual al cuadrado de la hipotenusa, 3 x 3 + 4 x 4 = 5 x 5 = 25).

Pero para un triángulo de esas relaciones, el ángulo no es 51,84º sino 53,1º. Es aproximado, pero no es exacto, y se nota mucho en la altura final que debería ser de 153 metros en lugar de 146 como fue la altura final (no la de hoy, 137 metros, algo más baja, por las pérdidas de rocas y el robo de piedras). Por lo que podemos decir, sin lugar a dudas, que fue el edificio más alto del mundo hasta la construcción de la catedral de Lincoln (Gran Bretaña), en el año 1300, (con 160 metros).

Como curiosidad, vemos que si tomamos el *52* anterior (de grados de inclinación de la pirámide), tiene un significado múltiple en varios aspectos: 52 semanas tiene el año, en la semana 5 días se trabajan y generalmente 2 no, y además de tener 52 teclas blancas un piano, lo que le da armonía y sentido a la vida.

2.- Otra relación importante tiene lugar entre la suma de las áreas de los 4 lados de la pirámide dividido por el área de la base, que es igual al número de oro, Φ:

El número Φ es la relación a / b, tal que a y b cumplen con la siguiente igualdad: a / b = (a + b) / a. Esa relación se cumple para un único valor de la relación a / b. Y ese valor es 1,61803… Este número se encuentra en muchas relaciones de la naturaleza, de ahí que se le diga número de oro.

Los lados de la pirámide son triángulos de base 230,38 metros, y de altura a determinar. La altura de esos triángulos es la hipotenusa del triángulo rectángulo que forman la mitad de la base y la altura de la pirámide. Y a la suma de los cuadrados de dichos valores se le haría la raíz cuadrada.

Por lo que: 230,38 / 2 = 115,19, y la altura es 146,6. Por otra parte, $115,19^2$ = 13.269, y, $146,6^2$ = 21.491. La suma de estos 2 resultados da = 34.760, y su raíz cuadrada es: 186,44 metros.

Ahora la superficie de cada cara es 230,38 x 186,44 / 2 = 21.476 m², que sería 1 lado, y por 4 lados sería = 85.904 m². Mientras que el área de la base es $230,38^2$= 53.075 m². Y, dividiendo 85.904 / 53.075, obtendríamos 1.6185, (esto es, el número de oro).

Esta relación entre áreas, que da el número $\Phi$, se cumple siempre que la primera relación se cumpla. Es decir, si la relación entre la máxima longitud horizontal visible y la máxima longitud vertical no visible es $\pi$, entonces la relación entre la suma de las áreas de la pirámide y la base es $\Phi$.

3.- Si dividimos la mitad del perímetro de la base, o lo que es lo mismo, 2 veces un lado de la base (la longitud de la línea horizontal visible más larga) por la altura total hasta la cámara subterránea, obtenemos el número $\Phi$ (fi) al cuadrado:

La cámara subterránea está a una profundidad de h/5, siendo $h$ la altura de la Pirámide, es decir, 146,60 metros.

h/5 = 146,60 / 5 = 29,32 metros.

Entonces la altura total sería: Htotal = 146,60 + 29,32 = 175,92 metros.

La longitud de un lado de la base es 230,38 x 2 = 460,76 metros.

La relación 460,76 / 175,92 = 2,619.

El número $\Phi$ es 1,618. Y, al cuadrado daría, $1,618^2$ = 2,618. (Aquí estaría demostrada su relación).

Una curiosidad en cuanto a la cámara subterránea es que, a pesar de que el acceso a las estancias superiores quedó obturado por bloques de granito tras el entierro de keops, los trabajadores que ayudaron a cerrarlo desde la gran galería no quedaron atrapados en la pirámide. Se excavó a modo de pasadizo secreto una salida de emergencia, (lo que fue llamado el pozo de los ladrones).

Se trataba de un corredor casi vertical desde el vestíbulo de la gran galería hasta la entrada a la cámara subterránea. Desde allí, los obreros no tenían más que subir por el túnel descendente para salir de la pirámide. Su entrada quedó sellada inmediatamente después, para ser luego cubierta y disimulada tras un bloque de revestimiento.

4.- Si restamos a la mitad del perímetro de la base en metros (la longitud de la línea horizontal visible más larga) la altura (la longitud de la línea vertical invisible más larga) en metros, nos da 100 veces π, en metros:

Esta relación no da lo mismo en otras unidades. En la primera relación hicimos la división de estas dos mismas longitudes, ahora las restamos, usando como unidad de medida el metro. Esto es: 230,38 metros es un lado de la base, la mitad del perímetro serían 2 lados, lo cual da 460,76 metros. Y la altura es 146,60 metros.

Por lo que la diferencia sería: 460,76 metros menos 146,60 metros = 314,16 metros.

π (Pi) es 3,141592

π (Pi) x 100 = 314,1592

Tal y como hemos visto, el metro se definió en 1792 como la diezmillonésima parte de la distancia que separa el Polo de la línea del Ecuador Terrestre, a través de la superficie terrestre. Es decir, como la diezmillonésima parte de la mitad de un meridiano, el cual mide aproximadamente 20.000 kilómetros, y todo el "círculo" unos 40.000 kilómetros, lo que equivale a la línea del Ecuador, esto es, un círculo con su centro en el mismo centro de la Tierra, (el cual mide aproximadamente 40.075 kilómetros). En la definición del metro está implícito el conocimiento de que la Tierra es esférica (en realidad no es perfectamente esférica, sino algo achatada en los Polos), y como sabemos, eso se descubrió para la gran mayoría en el siglo XV d.C.

5.- El codo, medida egipcia, tiene su relación con $\pi$ (Pi):

Existen diversas aceptaciones de cuánto es un codo, pero con bastante concordancia se puede decir que es 0,5236 metros. Y, $\pi$ (Pi) es 3,141592.

Por lo que, si dividimos $\pi/6$, tenemos que, 3,141592 / 6 = 0,5235986.

Nuevamente, vemos que esta relación no funciona en otro tipo de unidades como yardas, etc.

6.- El codo también se relaciona con una diferencia entre $\pi$ (Pi) menos $\Phi$ (Fi) al cuadrado:

$\pi$ (Pi) es 3,141592

$\Phi$ (Fi) es 1,618. Y, al cuadrado es $1,618033^2 = 2,61803$

La diferencia sería 3,141592 – 2,61803 = 0,52356 metros.

Nuevamente esta diferencia nos da lo mismo en otras unidades.

7.- Otra relación que también es derivada de la primera, se da entre el área de una de las caras de la pirámide, y el cuadrado de la altura:

El área de uno de los lados de la pirámide ya fue calculada en el punto 2, y se determinó que es: 21.476 m$^2$.

El cuadrado de la altura es $146,60^2 = 21.491$ m$^2$, lo que significa una aproximación de 1/1000.

8.- La diferencia entre la longitud del círculo en el cual está inscrita la base de la pirámide y la longitud del círculo en el cual la base está circunscrita, es la velocidad de la luz:

El círculo en el cual está inscrita la base cuadrada tiene un diámetro que es la diagonal de dicho cuadrado. Siendo los lados de la base de 230,30 metros, se puede calcular por Pitágoras o por trigonometría usando el seno o el coseno de 45º, que es 0,707.

Por Pitágoras, es la raíz de 230,30 x 230,30 x 2 = 106.076 m$^2$, cuya raíz cuadrada es = 325,69 metros, y el perímetro es ese valor por $\pi$ (Pi) que es 3,141592.

El círculo exterior tiene una longitud de 325,69 x 3,141592 = 1.023,18 metros.

El diámetro del círculo interior es exactamente la longitud de un lado de la base, es decir, 230,30 metros.

Para obtener la longitud del círculo, hay que multiplicar por 3,141592, lo cual nos da 230,3 x 3,141592 = 723,50 metros.

La diferencia entre esas dos longitudes es:

1.023,18 metros – 723,50 = 299,68 metros. Que, si eso fuera recorrido en 1 segundo, significaría una millonésima parte casi exacta de la velocidad de la luz, siendo esta igual a 299.792.458 metros/segundo.

9.- Relación entre ubicación geográfica, la velocidad de la luz y el metro:

Bien, vemos que la ubicación de la Pirámide de Keops está aproximadamente en el paralelo 30º. En realidad, está casi allí, le falta un poco, pues más precisamente estaría en el paralelo 29º 58' 45". Eso se puede comprobar fácilmente con Google Maps. Eso sería en sistema sexagesimal, que pasado a sistema decimal daría 29,9792. Lo cual, si fuera en metros/segundo, sería exactamente la 10 millonésima parte de la velocidad de la luz, más exacta incluso que la relación anterior.

10.- Relación entre la superficie de la base y la superficie terrestre:

La superficie de la base es 230,30 metros x 230,30 metros = 53.038 m².

La superficie terrestre es 510 M km², que con un error del 4 % es la 10.000 millonésima parte de la superficie terrestre.

11.- Relación entre el peso de la Pirámide, y el peso del planeta Tierra:

El planeta Tierra pesa 6.000 trillones de toneladas. La Gran Pirámide pesa 6,2 millones de toneladas.

Es decir, con un error del 3 % la Gran Pirámide pesa la mil billonésima parte del peso de la Tierra.

12.- Relación entre la altura de la Pirámide y la distancia del Sol:

La altura de la Pirámide es 146,60 metros.

La distancia promedio al Sol es 149.597.870.700 metros.

Es decir, que con un error del 2 % podemos decir que la altura de la Gran Pirámide es la mil millonésima parte de la distancia de la Tierra al Sol. Pero es casi exacta si consideramos la distancia al Sol en el Perihelio, que tiene lugar cuando la Tierra está más cerca del Sol, a 147.090.000.000 metros. (Y a la Pirámide le falta el piramidón de 1 metro, por ende 147 metros, casi 99 % exacta).

13.- Relación de la Pirámide con la velocidad de rotación de la Tierra.

Ya hemos dicho que la longitud de la línea horizontal visible más larga era 2 veces un lado de la base, es decir: 230,30 x 2 = 460,60 metros.

La velocidad tangencial de rotación en el ecuador es la distancia que recorre en 24 horas, dividido entre las 24 horas.

La distancia que recorre en 24 horas, que es un día, es precisamente toda la longitud del ecuador, que es 40.075 kilómetros. Y el tiempo medido en segundos de un día, es 60 x 60 x 24 = 86.400 segundos.

Si dividimos la distancia por el tiempo, tenemos la velocidad tangencial en la superficie terrestre en el ecuador, debido a la rotación terrestre: V = 40.075 kilómetros / 86.400 segundos = 0,4638 km/seg.

Esto es, con error de un 0,7 % podemos decir que es la distancia recorrida en 1 segundo.

14.- Relación entre la Pirámide y la órbita de rotación alrededor del Sol. El perímetro de la Pirámide es 4 veces su lado de la base. Eso sería 4 x 230,38 metros = 921,52 metros.

La órbita de la Tierra alrededor del Sol es de una longitud de 930 Mkm. Es decir, que podemos afirmar con un error del

1 %, que el perímetro de la base de la Gran Pirámide es la mil millonésima parte de la órbita terrestre alrededor del Sol.

15.- Relación de la Gran Pirámide con el cuerpo humano y los números primos:

La Gran Pirámide tenía, cuando estuvo terminada, entre 210 y 211 escalones, (o hileras de piedra). El cuerpo humano tiene 206 huesos, pero en algunas personas aparecen 4 más en el cráneo, resultando un total de 210.

Y, 210 es un número particular, porque es la multiplicación de los 4 primeros números primos: 2 x 3 x 5 x 7 = 210.

16.- Relación de la Gran Pirámide con el Zodíaco:

La Gran Pirámide está prácticamente en el paralelo 30º. Si dividimos los 360º por 30º, nos da 12, que es la cantidad de signos del zodíaco. De este modo, cada 30º tenemos un signo del zodíaco.

17.- El radio polar terrestre es a la altura de la Pirámide como la longitud del ecuador es al perímetro de la base:

El radio polar es 6.357 km, (6.357.000 metros), y la altura de la pirámide es 146,60 metros, por lo que, dividiendo ambas cifras nos da una relación de 43.363.

Mientras que la relación entre el ecuador de 40.075 km, y el perímetro de la pirámide de 921,52 metros, es de 43.487. Con un error del 0,3 % es la misma relación, como si la Pirámide fuera en escala una representación del planeta Tierra.

18.- El área de las cuatro caras de la Pirámide en unidades egipcias está relacionada con $\pi$ (Pi):

El área de una cara de la Pirámide ya fue calculada en la relación 2. Es 21.491 m² x 4 = 85.906 m². El codo egipcio equivale a 0,5236 metros. Y, el codo al cuadrado sería $0,5236^2$ = 0,27415 m², es decir, que para obtener la superficie en codos cuadrados habría que dividir el área en m² por la equivalencia. Esto es: 85.906 / 0,27415 = 313.354 codos cuadrados, lo cual dividido por 100.000 nos da 3,1354, con un error del 0,25 % el valor de $\pi$ (Pi).

19.- Relación entre la Pirámide y la Tierra con la Luna:

El radio de la Luna, más el radio Terrestre, es el diámetro Terrestre como la altura de la Pirámide es a un lado de la base de la Pirámide.

Si el diámetro de la Luna es 3.474 km, su radio es 1.737 km. El radio Polar es 6.357 km y el diámetro Ecuatorial es 12.756 km. Vemos que la suma del radio Polar más el radio de la Luna es 1.737 km + 6.357 km es igual a 8.094 km. La relación con el diámetro Ecuatorial es 8.094 / 12.756 igual a 0,6345. La relación entre la altura de la Pirámide y un lado de la base es 146,60 / 230,30, que sería igual a 0,6365. Por lo que, con un error del 0,3 % es la misma relación. Gráficamente sería como poner a la Luna sobre la Tierra (por eso se tomó el radio Polar, que es menor que el Ecuatorial) y dibujar la Pirámide en el ecuador con el ancho de todo el ecuador y el vértice de la cúspide en el centro de la Luna.

20.- Ubicación particular en el planeta Tierra. Igual distancia al centro de la Tierra que al Polo Norte:

Esto es en línea recta, no a través de la superficie terrestre. Ya que allí la distancia es mayor. Esta situación sólo se produce en el paralelo 29,8911º. Si la Tierra fuese una esfera perfecta, eso se produciría exactamente a 30º, es decir, en el paralelo 30º. Pero debido al achatamiento de los Polos se produce en un paralelo más próximo a la línea del Ecuador. La Gran Pirámide está en el paralelo 29,9792º. La diferencia de grados es del 0,3 %. Ahora bien, si tomamos las longitudes, la diferencia es menor. La distancia al centro de la Tierra es 6.378 km, y al Polo Norte es 6.369 km, lo que da un 0,15 % de diferencia. Es decir, con un error de entre 0,3 % y 0,15 %, podemos decir que se encuentra equidistante del centro de la Tierra y del Polo Norte.

21.- Relación derivada o implícita de la relación 1:

Si la relación 1 entre 2 veces un lado de la base, y la altura de la Pirámide es $\pi$, entonces en el triángulo que forma la altura con la mitad de un lado de la base que pasa por su centro, dicho cateto horizontal es $\pi/4$ de la altura, que sería el cateto vertical.

El cateto horizontal de ese triángulo es la mitad del lado de la base de la Pirámide, es decir, es la 4ª parte de 2 veces un lado de la base. Entonces si la relación entre 2 veces el lado de la base y la altura es π, la 4ª parte de eso es π/4, y la 4ª parte de esos 2 lados es justamente el cateto horizontal del triángulo mencionado.

Si la altura fuese 4, el cateto horizontal sería π. Y esta relación puede verse como anterior a la relación 1. Y explicada una, estaría implícita la otra.

22.- Relación derivada o implícita de la relación 2:

Así como la relación 1 y la 21 son distintas explicaciones de la misma relación, y que implícitamente en una está la otra, lo mismo sucede con la relación 2 y lo siguiente:

Si la relación de dichas áreas relacionadas en la relación 2 es igual a Φ, también podemos decir que en el mismo triángulo utilizado en la relación 21 la hipotenusa guarda una relación Φ con el cateto horizontal. La superficie de los 4 triángulos, que son las caras de la pirámide, es igual a 2 x (b x h). Siendo b el lado de la base de la Pirámide, y h la altura del triángulo de cada cara de la Pirámide, que es precisamente la hipotenusa del triángulo de la relación 21. Entonces la suma de los 4 lados de la pirámide sería:

Superficie de los lados = 4 x b x h/2 = 2 bxh

Superficie de la base = bxb

Superficie lados / superficie base = 2 bxh / (bxb) = 2 h/b = h / (b/2)

Entonces, si aceptamos que la relación entre áreas es igual a Φ, la relación h / (b/2) es también Φ, siendo h la hipotenusa del triángulo mencionado, y b/2 el cateto horizontal. Si en dicho triángulo b/2 es π, entonces la hipotenusa h es π x Φ. Donde h sería 5, y la altura 4.

23.- La aparición del número *e* de Euler:

En un corte vertical de la Pirámide por su centro, y en forma ortogonal, podemos ver un triángulo de base igual a un lado de la base de la Pirámide. Si la base de ese triángulo fuese 2 veces π, entonces, por lo que vimos en la relación 21, la altura debería ser 4. Por otra parte, los ángulos de inclinación de las caras de la Pirámide tienen 51,85º, quedando por determinar el ángulo del vértice de la cúspide de la Pirámide, que sería 180º - (51,85º x 2) = 76,30º. La relación entre este ángulo, y el ángulo de inclinación de la Pirámide sería = (51,85 / 76,30) = 0,679554 que multiplicado por 4 (la altura para base 2 π) daría 2,718216 muy aproximado al número de Euler, $e$ = 2,7182818284…

El número de Euler fue reconocido en el año 1600. Es una constante matemática muy importante, pues aparece en muchas fórmulas matemáticas. Se define como un límite de (1 + 1/n) elevado a n, cuando n tiende a infinito.

24.- La altura de la Pirámide es el radio de un círculo que tiene la misma longitud que el perímetro de la base de la Pirámide:

Esta relación surge de la relación inicial entre la mitad del perímetro de la base (la longitud de 2 lados de la base) y la altura. Esa relación es π.

Con ello tenemos la relación 2 L/h = π. Siendo L un lado de la base, y h la altura de la pirámide. De donde 2 L = π x h. El perímetro de la base de la pirámide es p = 4 L, es decir p = 2 π x h. Siendo el perímetro de un círculo p = 2 π x R. Siendo R el radio del círculo. Por lo que, si dibujamos un círculo con el mismo perímetro que la base de la pirámide, entonces las dos $p$ son iguales. Por ello, 2 π x h = 2 π x R. Es decir, el radio de ese círculo es la altura de la pirámide.

Ya finalizando con el tema de curiosidades, continuamos ahora con la revisión de la idea de que en las dimensiones de la Gran Pirámide de Egipto se encuentran cifrados dos números: Φ (el número áureo), y π (la razón entre el perímetro y el diámetro de una circunferencia). A pesar del hecho de que la razón áurea en Egipto no se menciona en ninguna parte, y el número π no es conocido como precisamente lo encontramos cifrado en las dimensiones de la Gran Pirámide, vamos a demostrar que la coincidencia aleatoria es mucho más probable de lo que parece a primera vista, tratando de explicar cómo los constructores determinaron las dimensiones de esta pirámide y el por qué son como son. En particular, nos centraremos en la razón del triángulo rectángulo formado por la mitad del lado de la base de la pirámide, su altura, y la altura de su cara lateral. Nuestro supuesto es que las dimensiones de las pirámides se determinaron principalmente por pragmatismo, como un compromiso entre las propiedades físicas del material utilizado, las instrucciones simples para su construcción, y por supuesto, por la escasez de recursos.

El número áureo $\Phi$ es muy interesante, sobre todo porque es un número irracional, y en cierta medida es el más irracional de todos los irracionales. Este número resulta ser crucial y es frecuente que lo encontremos en la naturaleza. Por ejemplo, lo hallamos cuando queremos encontrar la distribución óptima que deben tener las hojas alrededor de los tallos en las plantas, y en la distribución de las semillas en la inflorescencia del girasol. Aunque menos convincentes son las conexiones del número áureo con las estructuras helicoidales en la naturaleza, como la estructura en forma de espiral en la concha del ya mencionado nautilus, o en la estructura espiral de las galaxias.

El siguiente paso es saber qué es exactamente la razón áurea. Para ello, si tomamos un segmento de línea recta y lo dividimos en dos partes con longitudes distintas, de tal forma que la razón entre la parte mayor y la parte menor sea igual a la razón entre el segmento inicial y la parte mayor… tendremos que esta razón o proporción es llamada la *razón áurea*.

Anotamos *razón áurea* como $\Phi$, en honor a Fidias, quien fue el primero en definirla. Por lo que si asumimos que la longitud del segmento inicial es $\Phi$ y la longitud de la parte mayor es 1, podemos expresar la definición anterior por medio de la fórmula:

$\dfrac{1}{\Phi-1} = \dfrac{\Phi}{1}$ , la cual conduce a la ecuación: $\Phi^2 - \Phi - 1 = 0$

Cuya única solución positiva es:

$\Phi = \dfrac{1+\sqrt{5}}{2} \approx 1{,}61803398874989\ldots$

De esta forma, cuando construimos un rectángulo que tiene como aspecto la razón áurea, tenemos la siguiente propiedad: un rectángulo áureo o dorado es aquel rectángulo que resulta de restarle la figura de un cuadrado de lado igual al de su lado menor. Para comprobarlo, tenemos en cuenta que la longitud del lado del cuadrado inicial es 1, de acuerdo con el teorema de Pitágoras, por lo que el radio de la circunferencia es $\sqrt{(1 + 1/4)}=$ $\sqrt{5} / 2$. Por tanto, la longitud del lado mayor del rectángulo es $(1 + \sqrt{5}) /2 = \Phi$, el cual es la razón áurea.

Es por este motivo que la razón áurea está inmersa en las dimensiones de la pirámide de Keops (o Khufu), o al menos éste es uno de los mitos más comunes en cuanto a las dimensiones de las pirámides de Egipto, atribuido al propio Heródoto, pues parece ser que un Sacerdote egipcio le confió a él el secreto de la pirámide Keops de Guiza, diciéndole "las dimensiones de la Gran Pirámide fueron elegidas de tal manera que, el área del cuadrado que tiene como lado la altura de la pirámide es igual al área de una de sus caras triangulares".

Todas las pirámides egipcias son pirámides rectas, y en su mayoría con base cuadrada, como en el caso de la Gran Pirámide. Siendo $h$ la altura de la pirámide, $b$ el lado de la base cuadrada, y $s$ la altura de la cara lateral.

Con un simple cálculo algebraico, obtenemos:

$$h^2 = \frac{bs}{2}, \; s^2 = h^2 + \frac{b^2}{4}$$

Dividiendo por $\frac{b^2}{4}$ obtenemos:

$(2h/b)^4 = (2h/b)^2 + 1$, $r = (2h/b)^2$, y finalmente $r^2 - r - 1 = 0$

La única solución positiva de la ecuación anterior es $r = \Phi = (1 + \sqrt{5})/2$. Lo que implica que $2h / b = \sqrt{\Phi}$

El triángulo (b/2, h, s) es un triángulo de Kepler (caso particular de triángulo rectángulo, por ser un triángulo cuyos lados están en progresión geométrica, esto es, que cuya razón entre sus lados es 1: $\sqrt{\Phi} : \Phi$).

De hecho, en el libro "Historia" de Heródoto, existe un único párrafo que nombra a la Gran Pirámide. En él se dice que "La Pirámide en sí demoró veinte años en su construcción. Es cuadrada donde cada lado mide 800 pies, lo mismo que la altura. Su superficie está hecha de piedra pulida unida con muchísimo cuidado. Cada una de las piedras con que está compuesta no tiene menos de 30 pies de longitud".

Heródoto escribió estas líneas en el año 440 a.C., dos mil años después que la pirámide hubiera sido construida, siguiendo seguramente la tradición oral o sus propias especulaciones. Si distorsionamos, de manera intencionada el significado de sus palabras, podemos concluir que el área del cuadrado que tiene como lado a la altura de la pirámide, coincide con el área de sus caras triangulares. Aquí tenemos todas las palabras clave que son necesarias: la altura y el área (superficie), mientras que el resto es dejado a la imaginación y al deseo de encontrar la razón áurea.

En la Gran Pirámide, la razón entre la altura y la mitad del lado de la base es 14/11, el cual es muy cercano a $\sqrt{\Phi}$, y sugiere que en las dimensiones de la Pirámide está cifrada la razón áurea. Por otro lado, el valor $4 / \sqrt{\Phi}$ es muy cercano a $\pi$, y por ello algunas personas argumentan que la Gran Pirámide tiene también codificado al número $\pi$, o a su valor aproximado 22/7, el cual era la aproximación más cercana a $\pi$ en ese momento en el Antiguo Egipto. Aunque durante casi mil años, por los documentos aparecidos en el Nuevo Egipto, se sabe que utilizaron el valor 256 / 81 como una aproximación a $\pi$, (más alejado a $\pi$ que el valor 22/7).

De esta forma llegamos a la conclusión que las dimensiones de la Gran Pirámide son extremadamente precisas. Los lados de la base difieren sólo en algunos centímetros, al igual que los ángulos entre los lados de la base difieren en menos de 2'. El seked (a efectos prácticos el cateto, puesto que ésta fue una antigua unidad de medida egipcia usada para medir la inclinación de las caras triangulares de una pirámide recta) del ángulo de inclinación de la Gran Pirámide es 22 pulgadas, y la desviación es menor a 1', e incluso también la pirámide de Kefrén de Guiza (la 2ª en mayor tamaño) tiene dimensiones muy exactas, puesto que su seked del ángulo de inclinación es 22 pulgadas, y la desviación es menor a 1'.

Debemos tener en cuenta que incluso un seked de 21 pulgadas estaría "bastante bien", y por otra parte sería comprensible, ya que está dentro de los límites para construir una pirámide de forma segura, y además, la razón en el triángulo central recto es 3 : 4 : 5 (esto es, la tripla Pitagórica).

Por todo lo mencionado, concluimos que, en la construcción de las grandes pirámides, únicamente cuentan aquellas que tienen sekeds de 21 ó 22 pulgadas. Con sekeds más pequeños se tiene más riesgo, y con sekeds más grandes demasiado desperdicio en términos del material para su construcción. Con una misma altura, el volumen de una pirámide con seked 22 es aproximadamente un 10 % más grande que una con seked 21. Vemos entonces que no hay muchas posibilidades para elegir. Antes del inicio de la construcción de la pirámide de Keops, no se había logrado construir con éxito una pirámide más grande con seked menor de 22 pulgadas, así que, quienes planearon la construcción de la pirámide de Keops, sabiendo que se ocupaban de la mayor pirámide nunca antes construida, decidieron arriesgarse, y en lugar de un seked de 21 pulgadas (la tripla Pitagórica), escogieron un seked de 22 pulgadas.

Después del éxito en la construcción de la pirámide de Keops, decidieron arriesgarse con la construcción de la Pirámide de Jafra, o Kefrén en griego, con un seked de 21 pulgadas.

Por otra parte, se sabe que la Gran Pirámide, no es un bloque macizo, sino que tiene varias cámaras en su interior y los constructores establecieron pasajes a través de roca sólida para enlazar unas con otras, con una precisión extraordinaria, manteniendo el mismo ángulo y medidas a través de esos pasillos, lo cual es sencillamente inexplicable sin el uso de herramientas adecuadas, que no parece que fueran conocidas en aquella época, para trabajos de medición y orientación.

De hecho, el interior de la Gran Pirámide está formado por un sistema de cámaras, túneles, pasillos y galerías. Algunas de esas cámaras son en sí verdaderos enigmas. Y aquí tenemos el ejemplo de la Cámara del Rey, en la que la unión de los bloques y vigas es tan perfecta que no cabe ni una hoja de afeitar entre ellos. La cámara ha sido construida con una alineación perfectamente horizontal y vertical, con *una desviación de menos de 1 milímetro*, para unas dimensiones de 10′481 metros de largo, 5′235 metros de ancho y 5′858 metros de alto. Con una nueva curiosidad: lo único que hay dentro de la cámara es un sarcófago vacío, sin inscripciones.

Eso sí, es igualmente curioso que esta Pirámide sea la única que tiene la cámara funeraria en el centro de la masa del edificio, y no a la altura de la base.

Y, dado que el sarcófago es mucho más grande que la entrada a la cámara, es por lo que se cree que debió ser colocado allí antes de que se cerrara la misma. Y también es muy extraño que no se hayan *encontrado rastros de hollín* en ninguna de las cámaras interiores de la pirámide, por lo que se deduce que *no se han utilizado antorchas para iluminar las áreas de trabajo*. Pero no se tiene constancia que los antiguos egipcios dispusieran de ninguna otra forma de iluminación en la época de su construcción, entonces, ¿qué tipo de iluminación utilizaron para trabajar allí?

Pues, puestos a hacer hipótesis podríamos pensar que se alumbraban con algo parecido a las que se conocen como "Lámparas de Dendera", en Egipto. Sería el nombre pseudocientífico que se da a varios relieves encontrados en el Templo de Hathor, los cuales tienen forma de bombilla incandescente, en los que, echándole un poco de imaginación puede verse a unos operarios manejando lo que podría ser el bulbo de una enorme bombilla, en la que el filamento incandescente parece ser una serpiente, o al menos tener esa forma.

Resulta ciertamente una interpretación muy extraña, que además plantea numerosas cuestiones colaterales, de difícil respuesta. Pero lo cierto es que esto deja abierto el tema a todo tipo de especulaciones, ya que obviamente parece imposible que hayan alcanzado cotas de perfección tan extraordinarias en el interior de una obra que se supone se ha trabajado a oscuras. Pensar que utilizaban lámparas eléctricas para iluminarse y tratar de imaginar las potenciales fuentes de esa energía eléctrica, es algo muy complicado de entender…

Pero, siendo éste un aspecto de difícil explicación, lo cierto es que los enigmas acompañan a nuestra Gran Pirámide desde su nacimiento o, para ser más exactos, desde antes de su nacimiento, puesto que ya resulta poco creíble que los inmensos bloques para construir las pirámides hayan sido transportados mediante rodillos de madera, ya que esto requeriría una enorme cantidad de árboles, de los que no se disponía en Egipto.

Además, según muchos entendidos, la Gran Pirámide fue construida en aproximadamente 20 años, y aceptando incluso la hipótesis de los cien mil obreros, que según dicen habrían trabajado en su construcción, habrían tenido que colocar un bloque cada tres minutos y medio para terminar la obra a tiempo. Pero echando números, resulta que tuvieron que tallar, transportar, subir y colocar, con gran precisión, más de dos millones de enormes bloques de roca, a un ritmo de poco más de tres minutos cada bloque, y así sin parar durante 20 años.

Difícil, muy difícil de creer. De forma que a las curiosidades que antes nos referíamos, habría que añadir una larga serie de auténticos enigmas, para los que tal vez nunca se encuentre una explicación razonable.

## "Salgo del Museo"

Terminada la visita al Museo, me adentro en la calle del Chorro. Me propuse caminar por el barrio de la judería donde se distinguían calles auténticamente medievales, pero también pasear por el barrio de la morería, al otro lado del río, donde las casas eran más anchas en su parte superior por el reducido espacio que dejaba el recinto de la muralla. No me había percatado, pero caminaba por sus calles empedradas de la misma manera que si caminara sobre la fina arena de la playa a la que acudía en verano. Esa paz y tranquilidad por una zona de convivencia de las tres culturas: cristiana, judía y musulmana, unido a la magia del momento, el poder trasladarme al siglo XI, la maravillosa época del Cid en la que incluso ganaba batallas después de muerto, me llevó también a mis orígenes, a mi infancia, a mis 12 años, a aquel fatídico 14 de marzo de 1980, cuando mi admirado Félix Rodríguez de la Fuente falleció en un terrible accidente de avioneta en Alaska…..

Era sábado por la mañana, tenía 12 años. Ya desde pequeño me gustaba estar siempre bien informado, por lo que me puse a escuchar las noticias. Encendí mi pequeña radio Sanyo roja, y me enteré de que había fallecido en un accidente de avioneta mi ídolo, Félix. Lo grité por toda la casa y me puse muy triste. Me encantaba "El Hombre y la Tierra", nunca me lo perdía. Me gustaba la fuerza que daba a los documentales porque era un personaje carismático, humanista y naturalista empedernido. Un trabajador incansable que dejó un legado infinito, tanto audiovisual como de obras y proyectos para la defensa del mundo animal. Incluso hoy en día sigo conservando un autógrafo suyo. El día de su fallecimiento él cumplía precisamente 52 años, y desde entonces ese número, para mí, pasó a ser mi número mágico, (52 semanas tiene el año, 52 teclas blancas tiene el piano, y si lo separas también tiene su gracia: 5 días se trabaja y 2 se descansa; y también al revés, tenemos 2 manos y 2 pies, y 5 dedos en cada), lo sabía todo de ese número, (su cuadrado, cuadrado de su cuadrado, raíz cuadrada), es más, cuando yo cumplí los susodichos 52, mi familia me regaló una camiseta con ese número.

Como la historia es cíclica, 40 años después de aquel 1980, volvía a repetirse la coincidencia, al observar en el calendario de nuevo un 29 de febrero (año bisiesto, al igual que también lo fue mi año de nacimiento, 1968, y claro está, los años de los que hablamos ahora: 2020 y 2024), y además también el 14 de marzo daba la casualidad que volvía a caer en sábado. Aunque no era tanta coincidencia, pues lo llevaba esperando 40 años, y éste sería un período mágico que abarcaría un pequeño intervalo del año 2020, precisamente el comprendido entre el día de hoy 30 de enero, fecha en la que hacía 10 días acababa de cumplir yo los 52, y el 14 de marzo, en homenaje a los 52 cumplidos por Félix cuarenta años atrás. Ese período daría lugar a un cambio, y a partir de ahí imaginaba yo que se produciría un punto de inflexión que sería bueno para mí y la sociedad en general, pues desde ese 14 de marzo de 2020 se empezarían a ver los efectos beneficiosos para todo el Mundo… O al menos eso pensaba yo…

Sin embargo, aquella mañana el día no empezaba con buen pie, dado que lo primero que yo había hecho había sido pesarme, y había dado 66,6 Kg. Por lo que me llamó mucho la atención los 3 seises ("666", "six six six", "The number of the Beast", aquella canción de Iron Maiden). Me fijé más y me di cuenta que la marca de la báscula era "Korona", y el símbolo redondo y rojo que acompañaba a la báscula era desconcertante, como un virus, lo mismo que puedes observar si ves un microorganismo a través de un microscopio.

Da la casualidad que esa misma tarde cortaron la emisión de una película para decir que la Organización Mundial de la Salud (OMS) había declarado al Coronavirus, también llamado Covid-19, emergencia de salud pública de importancia internacional, aunque en un principio no se pensaba que alcanzara semejante magnitud.

Por otra parte, ese mismo día, el Rey Felipe VI cumplía también 52, por tanto, ante tantas señales, estaba ansioso por saber qué ocurriría en ese período de tiempo. Además también quería observar qué pasaría a partir de ese punto de inflexión. Y a la vez estaba inquieto, porque tenía noticias confusas sobre lo que casi 40 años atrás había ocurrido en Alaska…

Iker Jiménez, el conocido presentador de "Cuarto Milenio", cuando ya estaba cercana la mítica fecha de su triste aniversario, acababa de desvelar cómo le censuraron una entrevista en una cadena de televisión por especular sobre la muerte del divulgador naturalista, y el posible sabotaje de la avioneta en la que falleció al poder "resultar molesto para altas esferas". "Empezaba a ser problemático y acabaron con él". "Pasó de ser el amigo de los animales a ser alguien problemático, molesto, por impedir que se construyeran carreteras por determinados sitios…" Todo eso era lo que afirmaba Iker.

Al oír estas afirmaciones, me quedé atónito y perplejo. Ya no sabía si ahora ese período mágico a partir de marzo de 2020 iba a ser el germen de algo bueno, o todo lo contrario. Ya no sabía a qué atenerme. Estaba a punto de conocer qué acontecimiento tendría lugar en el Mundo desde hoy 30 de enero, pero sobre todo qué pasaría aquí, en nuestro país, a partir del día siguiente al 14 de marzo de 2020, pero además, ahora que lo sabía todo del número 52 y que confiaba ciegamente en él, que lo veía como un número mágico, portador de buena suerte… hoy, por fin me había dado cuenta de que el número clave era el 20 y no el 52… día 20, año 20, milenio 20.

Por tanto, no tenía que permanecer en el presente, sino que tenía que remontarme al pasado, pues mi fecha de nacimiento me indicaba que tenía que dirigirme a mi lugar de nacimiento, Tortuera, también en Guadalajara, muy próximo a donde estaba, Molina de Aragón, y casi en el límite con Zaragoza y Teruel.

Estaba tan cerca que no tenía que perder más el tiempo, pues estaba claro que la clave para descifrar el futuro que teníamos por delante estaba en mi pueblo, Tortuera. Estaba claro que sería allí donde encontraría la llave para abrir ese libro antiguo.

Estaba contento, buscaba la clave de todo, y ya casi la había encontrado, pero lo que me faltaba ahora era la llave, abrir el libro y dar de lleno con las respuestas a lo que nos deparaba el futuro. Ya no sabía si era buena idea seguir buscando a través de datos numéricos… Pensé que si la llave finalmente estaba en Tortuera, en la casona palacio de los Moreno, donde nací…, qué mejor pista que aquella fecha que destacaba sobre el lienzo de la casa, en su escudo antiguo. Me puse a sumar los dígitos de aquel año 1604, me daba 11 y al sumar estos dos dígitos me daba 2, (11, ¿como el 11S de las Torres Gemelas?, y 2 era "20" sin el cero, que no vale nada…). Me estaba volviendo loco. Aquí los números no tenían nada que ver, pero, ¿dónde estaría la pista?

Estaba desanimado, quería despejarme y buscar pistas en otro sitio. Recordé que era jueves, y por tanto hoy había mercadillo. Me acerqué a la calle San Felipe. Observé algo que me llamó la atención, era la primera vez que veía dos "puestos de la suerte". El primero guardaba una cola enorme. La gente, con mucha paciencia esperaba a que le dijeran algo de su vida futura simplemente por coger una tablilla de madera y observarse la presión que se ejercía sobre la misma. No tenía tanta paciencia, y además lo consideraba fraudulento, porque estaba convencido que la gente que estrecha la mano con suavidad, en esta ocasión aplastaría la tablilla con todas sus fuerzas, obteniendo un resultado falso. Sin embargo, en el puesto de al lado, casi vacío, sólo mostraban sobre la mesa un mazo de cartas que estaba boca abajo, contra la mesa. Lo único que tenías que hacer era levantar dos cartas, al azar, a la vez que en voz alta decías la carta que pensabas iba a salir, tratando de acertar tanto el número como el palo de la baraja. De esta forma, la persona que regentaba el puesto te interpretaba las cartas sacadas, a la vez que, en el extraño caso que adivinaras alguna carta, te daba pistas para alcanzar tus objetivos.

Fue poner la mano encima del mazo, y un escalofrío recorrió mi espalda y brazos, lo tenía claro: "el 3 de oros" dije en voz alta, y a continuación le di la vuelta. No necesitaba ni mirar la carta, pues de antemano sabía que la había acertado. A continuación otro tanto con la siguiente "el 4 de espadas" grité… La mujer que estaba en el puesto no daba crédito a lo que había sucedido.

Del "3 de Oros" me dijo que "es un arcano menor que trae un mensaje para mí: todo aquel esfuerzo que has puesto en un trabajo o proyecto será reconocido, valorado, remunerado y admirado, pues todo arduo trabajo tiene su recompensa". Por último, del "4 de Espadas" me dijo que "representa el descanso, la relajación y la recuperación. Esta carta significa un momento de respiro después de un período de agitación y desafíos".

Ahora, al haber acertado las dos cartas, había motivos más que de sobra para que me diera algunas pistas o "claves" para que así pudiera encontrar la llave y abriera el dichoso libro que llevaba cargando a mi espalda toda la mañana. A la vez que estaba ansioso por descifrar los tesoros que contenía, que no eran otros que transmitirme el futuro que nos deparaba la vida misma… pues bien, la pitonisa me miró a los ojos, y sólo acertó a decir, con un ligero acento catalán "da un giro a tu vida de 180 grados, gozarás de un viaje enigmático y geométrico aunque no irás a Egipto sino a Gibraltar, no quiero darte más guerra, agita tu mente, sortea el zigzag que tienes ante ti, lo que ves es sólo la punta del iceberg. Relega, niega e ignora aquello en lo que imaginabas te iría bien, por lo general será algo grandioso para ti, si eres inteligente e ingenioso resultarás ganador"…

Aquellas palabras me habían descolocado, pensé que se había equivocado, puesto que por una parte llevaba razón, "no iré a

Egipto" porque ya había ido hace muchos años, y en cuanto a Gibraltar, no tenía ninguna intención de ir por allí...

Por una parte, ya estaba cansado de llevar el peso del libro en la mochila, y agobiado porque estaba temeroso de que en cualquier momento pudieran dar conmigo y detenerme por el hurto que había llevado a cabo. Y, por otra, me había atascado en mis investigaciones para encontrar la llave que abriera el libro antiguo. Pues cuando pensaba que las pistas para encontrarlo eran numéricas, me había dado cuenta de que esto no tenía nada que ver con los números, (¿tal vez ahora serían las palabras?, no lo sé), el caso es que cansado y agobiado, decidí rendirme, muy raro en mí, y volverme a casa. No sin antes esconder el libro en un lugar fácilmente identificable... pensé que un buen sitio sería junto a la Torre de Aragón, pero para eso tendría que subir todo el Coso (las curvas de un pequeño puertecillo), y dado que estaba muy cansado y sería una paliza, me decidí a esconderlo junto a las faldas del Castillo, a la entrada del pueblo, junto a una curva pronunciada que fácilmente recordaría para la siguiente vez...

## "2024"

Ya han pasado 4 años de aquel inicio de 2020 que tantas dudas me generaba. Pienso en aquella exposición del Museo sobre las Pandemias a lo largo de la historia, y en aquella expresión italiana "corsi e ricorsi" tomada del filósofo Giambattista Vico para el que la historia es cíclica, siempre acaba ocurriendo lo mismo una y otra vez, puesto que "se forma de ciclos que se repiten". Por lo que era lógico pensar que tras la pandemia de 1920, el Mundo sufriría la de 2020, como así fue.

La pandemia del Coronavirus, o COVID-19 inicialmente fue llamada "neumonía de Wuhan", puesto que los primeros casos fueron identificados en diciembre de 2019 en dicha ciudad china, al reportarse casos de un grupo de personas enfermas con un tipo de neumonía desconocida. La mayoría de los afectados tenía vinculación con trabajadores del Mercado mayorista de mariscos de Huanan (según Wikipedia). La Organización Mundial de la Salud (OMS) la declaró una emergencia de salud pública de importancia internacional el 30 de enero de 2020, condición que mantuvo hasta el 5 de mayo de 2023, cuando dicha organización decretó el fin de la emergencia sanitaria. Y la declaración de epidemia tuvo lugar el 21 de enero de 2020, (curiosamente al día siguiente de mi 52 cumpleaños, justo cuando pensaba que algo bueno ocurriría en el Mundo). Hubo unos 700 millones de casos confirmados, y 2.000 millones de casos sospechosos en todo el Mundo.

Entre estos casos sospechosos hubo entre 20 y 35 millones de fallecidos. Y como fallecidos confirmados contabilizamos 7 millones. Actualmente el curso de la enfermedad se encuentra en endémico, debido a que ya no se reportan casos con tanta frecuencia como en sus primeros años. Por desgracia todos la padecimos, de una u otra forma, y en mayor o menor grado, desde forma muy grave con el fallecimiento de familiares, hasta leve al resultar contagiados, pasando por intermedia con la hospitalización. Desde el uso de la mascarilla hasta tener que estar encerrados en casa. Resultó una pandemia que no se olvidará nunca y que, estadísticamente hay mucha probabilidad de que se repita en otros 100 años, allá por el 2120…

Una vez la virulencia del Coronavirus había remitido considerablemente, ahora era el momento en que me daba cuenta que el período que venía a continuación no tenía por qué ser un período negativo, lleno de amenazas, porque perfectamente podría transformarse en un período lleno de oportunidades. Pensaba que al Mundo se le estaba dando una nueva ocasión para hacer mejor las cosas. Cuidar la Naturaleza, no vivir con prisas, valorar lo que tenemos, conocernos mejor para ser mejores personas, y que no nos obsesione la idea materialista de acumular más y más, pues "las cosas importantes no son cosas", pues tal y como diría Meik Wiking en su libro "Hygge, la felicidad en las pequeñas cosas": "cuanto más tienes, menos feliz eres", significando la palabra danesa Hygge: "bienestar". Dejando a un lado lo material, tampoco estaría de más no olvidar el aspecto emotivo, y llevar a la práctica el "aprende a perdonar y serás invencible", de Rafael Santandreu. Por todas aquellas ideas, había llegado a la conclusión que en realidad se nos estaba dando la última oportunidad de mejora, por otros 100 años más, hasta el siguiente "20", allá por 2120…

Pero, al fin y al cabo todo esto eran cifras, números y más números… Recordando lo que me dijo la pitonisa, "ahora los números… tenía que ignorarlos"…

Ahora me viene a la mente aquel viaje que realicé recientemente, a primeros de mayo de este 2024, cuando precisamente visité Gibraltar, cuando ni por asomo tenía en mente hace 4 años ir por allí... aquella pitonisa llevaba razón, pensé yo... 4 años después no recordaba con exactitud todas y cada una de las palabras que me dijo aquél día, aunque sí me había llamado la atención que todas las palabras "clave" que me dijo aquella vez contenían la letra "g", (curiosamente fueron 20 las palabras que empleó con la letra "g"... aquel discursito comenzaba por "da un giro a tu vida de 180 grados... y terminaba en... si eres inteligente e ingenioso resultarás ganador"... de nuevo el número 20 desplazaba al 52 que ya no tenía valor para mí, la prueba está que rápidamente pensé en que la letra "g" es la 7ª letra de nuestro abecedario, y 7 es 5 más 2, esto es 52..., pero estaba claro que ya el tema no iba por los números, porque había dicho que ignorara aquello en lo que antes pensaba me iba bien)... Luego si no estaba relacionado con números, ¿estaría relacionado con palabras?). Esto era toda una señal, y de inmediato me puse a pensar dónde estaría la "clave"... De pronto recordé el acento catalán de la pitonisa, y pensé en algo parecido a "clave" que ella querría decirme, pero que no fueran números sino palabras... me detuve un momento y pensé ¿qué palabra más parecida puede haber que "clau", dado que significa "llave" en catalán?

Aparte, tiene su lógica porque proviene del latín "clavis" que dio lugar primero al castellano "llave". Después, como cultismo, aparecería clave, lo que tiene todo el sentido del mundo, porque una clave es, efectivamente, una llave.

Y tanto pensar en la clave..., ¡la Clave!, terminé pensando en aquel término de arquitectura, la "clave". De esta forma estaba matando dos pájaros de un tiro... la llave estaba en la clave, justo debajo del escudo.

Pues rápidamente mi mente se trasladó a aquella casona, donde nací, y me di cuenta de que "la clave" estaba, cómo no, en aquel arco que cubría el portalón de entrada a la casa. Pues en arquitectura, la clave es la piedra angular de un arco, la última y más difícil de colocar, y una vez puesta se cierra el arco. Pero lo curioso de aquel arco es que encima de él destacaba un gran escudo de armas. Me propuse investigar sobre él... La piedra armera estaba fechada en 1604, eso era algo que claramente destacaba. La descripción del mismo decía algo así: "El escudo estaba tallado en piedra, sujeto por correas en su parte inferior, y dividido en 4 cuarteles, en uno un águila pasmada, en otro un castillo aclarado por una puerta y dos ventanas con saeteras en forma de cruz, en otro un escudo tronchado con una flor de lis y una caldera, y en el último un brazo armado con una espada, surmontado en el cantón superior siniestro por una estrella de ocho puntas. Y al timbre, yelmo de caballero del que sale a modo de lambrequines, dos ramos florales".

Efectivamente, me pongo a recordar y visualizo que alrededor del enorme portalón de la antigua casa hay formado un arco de grandes piedras, y justo encima de "la Clave" de la casa del pueblo (también llamada dovela central, o pieza de piedra en forma de cuña que cierra un arco o bóveda, y se caracteriza por su disposición radial), está la fecha del Escudo, en la parte inferior del mismo. Y encima del Escudo, un enorme ventanal. Por detrás, dentro de la casa, creo recordar que había anotaciones y papeles antiguos en el alféizar de la ventana. Todo ello sobre un soporte, algo así como una caja metálica vieja, debajo creo recordar de un balancín para niño con forma de caballo… Mi mente se había aproximado mucho a lo que andaba buscando. Estaba casi convencido de que ahí se encontraban las respuestas a mis preguntas. Por lo que debía ir a mi pueblo cuanto antes…

## "UN DÍA MUY TRISTE"

23 de junio de 2024, me despierto con la triste noticia del fallecimiento de mi madre… Es un día tristísimo para mí que supone un punto de inflexión, un antes y un después. Ahora por desgracia dispongo de más tiempo para pensar. Es una pérdida irreparable e insustituible. El vacío que deja nunca se podrá rellenar…

# "Pongo rumbo a mi pueblo, Tortuera"

A pesar de ello tenía que continuar. No podía pararme pues ya tenía claro que la llave estaba en mi pueblo, Tortuera, pero todavía no había tenido tiempo para ir para allá. Ahora, por desgracia, ya tenía la ocasión de ir, pero no era el momento adecuado, así que dejé pasar unos días, entre semana, pues tenía concedidos esos días en el trabajo…

No tenía ganas de conducir, y de nuevo, otra vez, fui en autocar. Esa mañana me resultó muy larga, tenía tiempo por delante para pensar, y me puse a recordar:

Primero, mi relación con los números, sobre todo para los sorteos. Uno especialmente, el de un Congreso relacionado con los Servicios Públicos, en el cual antes siempre se sorteaban 10 premios (para un total de unos 1.200 asistentes), premios tecnológicos muy buenos, tales como un scanner, un portátil, una impresora, o un iphone…, pero por desgracia este sorteo desde hace muy poco ya no se celebra. Recientemente pregunté el motivo al Director del Congreso, y me dijo que ya habían dejado de celebrarse para evitar suspicacias, "porque al final siempre le acababa tocando al mismo"… Sin lugar a dudas, éste al que "le acababa tocando" podría ser yo perfectamente, porque era el que al final acababa recogiendo el premio… Aunque en realidad al que "le tocaba" era a mi amigo, que había confiado en mí, me había dado su papeleta y luego se había marchado para ver el partido de Champions del Real Madrid, que jugaba siempre un miércoles en esas fechas.

Mi amigo confiaba en mí, porque yo le decía que le iba a tocar, y, es más, le aseguraba incluso en qué número de orden del sorteo sería.

Ni que decir tiene que esto para mí no valía, pues yo no podía "pedir" que me tocara a mí. La primera y única vez yo lo intenté con una papeleta que tenía con el número 652. Pues bien, nada más comenzar el sorteo, los dos primeros números fueron el 651 y el 653… dejándome la suerte o el destino (o quizás "algo más") bien claro que yo no lo podía intentar, porque no podía pedir nada para mí mismo.

El primer año de los sorteos yo pensaba que estaba sincronizado con la misma persona que sacaba la papeleta, que yo sentía lo mismo que la persona que estaba subida en el escenario y sacaba la papeleta… pero no era así, porque al tercer año la cambiaron y… siguió ocurriendo lo mismo. Es más, el segundo año yo soñé que esta azafata, al ir yo a "recoger el premio que no era para mí", me iba a decir que también ella era de Paracuellos, que se acababa de trasladar, y que me preguntaba si podría tener el siguiente niño… y eso mismo fue lo que ocurrió.

Fuera de los sorteos y los números, yo siempre cuento que el mismo año que falleció mi padre, concretamente unos meses antes, me encontraba en casa con mis hijos de casi 4 años, y de 2 años y medio, y de repente, todos los juguetes de los niños que podían moverse con pilas (motos, coches…), se pusieron en marcha y vinieron hacia mí, cogían carrerilla y me daban en los pies, daba igual donde estuviera yo. Pues bien, totalmente desconcertado acabé quitándoles las pilas. En una mano tenía las de los juguetes, y en la otra las de los mandos a distancia, y así siguieron con movimiento, luces y sonido, hasta que se cansaron… A los pocos meses mi padre falleció… Imagino que se estaba despidiendo… Guardamos todos los juguetes en una caja, lógicamente sin pilas, y los ocultamos bien escondidos en el garaje, detrás de muchas otras cosas…

13 años después, el 3 de febrero de 2020, un avión de la compañía Air Canadá, vuelo AC837, un Boeing 767 con 128 pasajeros a bordo, se queda sin una rueda y sin un motor, al poco del despegue y para realizar un aterrizaje de emergencia, empieza a dar vueltas para quemar queroseno. Estando así 5 horas, a 2300 metros de altura, sobrevolando Madrid y Castilla La Mancha a 520 kilómetros por hora. Por otra parte, Paracuellos de Jarama, donde vivo, está al lado del aeropuerto de Barajas. Y da la casualidad que ese día era el cumpleaños de mi hija (cumplía 17 años, un 17 es el día en que falleció mi padre, y 17 es la diferencia de años entre los fallecimientos de mis padres…), casualidades al margen, llamaba la familia para felicitarla, y nos decían que estaban preocupados porque veían por la tele que el avión llevaba 5 horas volando por encima de nosotros… como si en cualquier momento se nos pudiera caer encima… Yo también me llegué a preocupar, por lo que "llegué a pedir una señal" de que todo saldría bien… A continuación empezamos a oír unos ruidos en el garaje… como si de un "Jumanji" se tratara, los mismos juguetes de 13 años atrás, se habían vuelto a poner en funcionamiento, con movimiento, luces y sonido… Al rato el avión aterrizó perfectamente… Ni que decir tiene que ningún juguete tenía pilas…

Un año después, en febrero de 2021 mi madre sufrió un ictus. Estaba ingresada en el hospital. Y ya por la tarde, yo estaba en casa preocupado por ver cómo quedaría después. Me encontraba en el salón hablando por teléfono con mi hermana, y le decía "cómo me gustaría tener una señal de que todo va a ir bien"… cuando se repente se oyó un ruido enorme… En la estantería de una habitación, donde hay juguetes, sin motivo alguno ni causa aparente, se cayeron estos al suelo, curiosamente sin tocar para nada un coche teledirigido (último regalo que mi padre hizo a mi hijo) que estaba delante de todos esos muñecos que cayeron, permaneciendo el coche inmóvil en su sitio… Al día siguiente, a mi madre le dieron el alta.

Volviendo mis pensamientos de nuevo a mi madre. Pienso ahora que tras haber vivido con ella una "prórroga", (pues en 2023, a mitad de año nos dijeron varias veces que en cualquier momento podía fallecer)… a pesar de ello siguió luchando, y estuvo casi medio año en un hospital de cuidados paliativos y… finalmente, a últimos de noviembre le dieron el Alta, algo milagroso, después de haber visto en ese período de tiempo en las habitaciones de la misma planta, unos 30 fallecimientos….. (Da la casualidad que al principio de su estancia en dicho hospital, utilicé el oráculo del Arcángel Rafael y salió la carta de que se aproximaba un milagro. Y finalmente la última carta que salió fue un "sí", a la pregunta de si iba a mejorar – como realmente así ocurrió -, pues justo antes había estado en la UCI, y de ahí había salido sin mover para nada las piernas, y muy poquito los brazos, y curiosamente es significativo conocer que ésta es una carta única entre 44 cartas adivinatorias).

Por todo ello, ya en junio de 2024, ya nos habíamos hecho a la idea, una vez más, que por desgracia en cualquier momento podía suceder el fatal desenlace. Me preguntaba si ¿podría ocurrir un día 17?, por los números de dirección en que vivimos mi hermana y yo. ¿O bien ser un día 21? Al fin y al cabo un número muy relacionado con ella, y nosotros, por el colegio, lugar de trabajo de toda una vida ("Siglo XXI", de ahí el 21, que luego sirvió para claves y contraseñas, y que incluso eran los primeros números de las habitaciones donde estuvo ingresada en el hospital de paliativos en 2023, pues debido a la planta donde estaba ingresada, todas empezaban por 21). ¿O tal vez por la maldita luna llena entre el 21 y el 22?…. Debido a la manía que yo tenía a la luna llena, hice "una última petición a mi padre"… quería que fuera el 23 para así cerrar ciclo y que no cayera en dichas fechas… Y así fue.

Más tarde me di cuenta que la fecha la había tenido delante de mí todo este tiempo y no la había visto, pues la tenía en la matrícula de mi coche (ahora ya de mis hijos): 2361, los tres primeros números serían 23 de junio, mientras que si sumamos los extremos nos daría 24, el año.

Al final todo concuerda. Pareció todo tan organizado como si hubiera elegido la fecha para "molestar" lo menos posible... y además en domingo...

Ya llevo una hora de viaje sentado en el autocar, y ahora es cuando me pongo a recordar señales que me transmitían los guías espirituales días antes de faltar ella, como por ejemplo, cada vez que "pedía a mi padre que la ayudara", era casi peor el remedio que la enfermedad, pues él para transmitirle que estaba con ella ayudándola, hacía que por las noches ella oyera, y bien alto, las canciones de mariachis que tanto le gustaban a los dos, con lo que ella no podía dormir, y al final tenía que "volver a pedirle" que casi mejor no la ayudara, pues no pegaba ojo... Aunque más llamativo fue aquel día que estaba muy malita, y "le pedí" a las 6 de la tarde, que hiciera todo lo posible por ayudarla... pues bien, a las 9 de la noche me llamó mi hermana y me pasó el teléfono para que ella misma me contara lo bien que estaba, y lo primero que me dijo fue "no veas el cambio tan grande que he dado, desde las 6 de la tarde"...

Y ahora también me pongo a recordar las señales tan sutiles que he percibido de mi madre a los pocos días de su fallecimiento. Son coincidencias o casualidades (aunque como yo digo, las casualidades no existen, por tanto, pasan a ser de nuevo señales que nos indican algo...). Éstas tienen que ver con personas, y acciones que ellas llevan a cabo para mejorar mi día a día. Por ejemplo, estoy leyendo mensajes de 2 amigos con el mismo nombre, y en ese momento recibo un tercer mensaje de otro amigo con el mismo nombre. Otra: lucho por conseguir algo complicado en el trabajo, y al final resulta ser una gestión sencilla. O bien, envío una petición a un particular y resulta que se llama igual que otra persona del trabajo al que acabo de pedir otra cosa. Incluso también percibo cómo otras 2 personas con el mismo nombre y en el mismo momento me ayudan de forma desinteresada para conseguir un objetivo específico para mí. Y, más retorcido aún... en casa teníamos un pájaro que no dejaba de piar, y esa tarde llego a pensar que ojalá se callara, pues arma mucho jaleo y no me concentro en mis pensamientos, y de repente esa misma noche vemos que se ha salido de su jaula... O bien, lo más singular, 40 años después, vuelvo a reencontrarme con un amigo del que no había recibido ninguna señal en todo este tiempo.

En estos días recibo mensajes y pienso que en realidad por su contenido, para hacerme pensar, los envía mi madre. Al igual que mi hermana, en el trabajo alguien la elogia y piensa que esas palabras en realidad las está pronunciando mi madre, pues son propias de ella.

Y, es más, por la noche, yo estoy viendo por la tele algo muy interesante que me hace pensar, y de repente la tele se apaga sola un minuto. De la misma forma, igualmente al día siguiente, se volvió a encender sola.

Ese mismo día pasó lo mismo con la luz de la habitación... no funcionaba, y al minuto ya sí.

Un par de días después, a mi hija se le cayeron unas cajas que tenía en su habitación en una estantería... (Y al volver de vacaciones, se había caído su pizarra calendario).

Al día siguiente, mi despertador de pilas se paró durante unas horas, y después siguió funcionando.

Recientemente, dando un paseo por la playa, estaba pensando en los últimos momentos de mi madre, cuando de pronto veo a médicos y guardia civil con un hombre que se acababa de ahogar... Está claro que está todo relacionado.

Continuando ahora con casualidades numéricas destaco que este verano nos fuimos a Valencia, y fuimos a comprar Lotería de Navidad. Yo pensaba en la terminación en 23 por el día de fallecimiento de mi madre. Pero al final preferimos que nos dieron un número al azar... cuando lo cogí, vi que no contenía ningún 3, y que acababa en 5.... Pero daba la casualidad que empezaba por 24. Es decir, su principio era 24, y el final era 5... Y, curiosamente el 24 de mayo es María Auxiliadora, a la que mi madre tenía devoción.....

Unos días después, en otro municipio, compramos otro número, y nos dieron "el de la casa", que curiosamente acababa en "23", y en el medio un "6", como si fuera el mes de junio… (Precisamente, el número que nos dieron en Galicia, donde fuimos a finales de agosto de este 2024, también acababa en 23, y, es más, por otro lado en una visita turística nos hicieron una foto de recuerdo, que nos vendieron al finalizar la misma, y que además incluía un décimo de la Once del 28 de agosto, pues bien, el nuestro acababa en 2, pero el que resultó premiado acabó en… *52*). Como dato anecdótico, qué curioso también que 52 son los minutos estipulados de una sesión de Reiki, como hace poco me comentó Zivar, una de las grandes expertas a nivel mundial de esta disciplina tan beneficiosa para nuestra salud, y que se basa en la autosanación bioenergética a través de la imposición de manos.

Aunque, al final, de los números que forman parte de un sorteo, yo sólo me fijo en las "casualidades" o "coincidencias" que transmiten, no en lo que yo pueda conseguir, pues al ser algo "para mí" sé muy bien que no ganaré nada con ello, como ocurrió hace poco con un sorteo para un concierto que sabía que si me tocaba no podría ir, y por eso participé… al final tocó y lo regalé.

Los números, si estás atento, ves cómo nos transmiten siempre información. Por ejemplo, un día en la segunda mitad de 2023, estando ingresada mi madre en un hospital de paliativos, soñé con el número "362", al día siguiente en mi trabajo consultaron ese expediente. Aunque eso es lo de menos, pues lo más curioso es que lo comenté al voluntario que acudía los lunes a ver a mi madre, y le conté que ese número, como dato anecdótico, era el número de empleado de mis hermanos, y que lo utilizábamos en casa como contraseña de maletas, a lo que acto seguido él me envió una foto en la que se veía que el "362" también era su número de empleado… A continuación, esa misma tarde le propuse escribir un libro a medias (sin haberle visto nunca) y el resultado fue muy positivo. Luego está claro que fue simplemente una señal para poder confiar en él. (Última casualidad: este agosto de 2024, vamos a Galicia, y para ir hasta allí cogemos la A-*52*).

Aparte de los números, también podemos ver señales tan claras que de forma inequívoca te dan a entender lo que va a pasar. Es el caso del 2 de junio de 2022, (al día siguiente era la semifinal de Roland Garros). Yo quería que ganase Nadal, pues posiblemente sería su último Grand Slam en París, puesto que ganar 14 veces en un mismo escenario es prácticamente imposible de batir, pero a la vez no le veía en un gran estado de forma, por eso, aquel día, sin "mala intención" - pues no quería desearle nada malo al rival - visualicé perfectamente cómo el jugador alemán Zverev corría hacia su derecha para devolver una bola de Rafa Nadal. Vi claramente cómo se torcía el tobillo derecho, se iba al vestuario en silla de ruedas y tras unos minutos intentando volver a jugar, al final volvía a la pista con muletas, y ovacionado por la grada, abrazaba a Rafa y se retiraba. Pues bien, al día siguiente, 3 de junio, vi el partido con mi madre, (a ella le encantaba ver partidos de Nadal, la verdad que le gustaba ver partidos de tenis sobre todo después de haber tenido la ocasión de ver en Sidney la final de la Copa Davis en diciembre de 1965, Australia-España, al encontrarse junto con mi padre, los dos allí). Era un partido importante, pues se jugaban las semifinales de Roland Garros, y… efectivamente vi cómo Zverev se rompía los ligamentos del pie derecho corriendo hacia la misma dirección, tal y como yo había visualizado, aunque tengo mis dudas si el partido hubiera acabado igual si no hubiera visto por la tele el partido con mi madre… Y, curiosamente, este partido acabó con el triple "6" … Pues justo hasta donde había llegado con la lesión del alemán, había acabado sin tiempo para llegar al tie-break, con un exacto 7-6 y 6-6. Desde otro punto de vista, es como si el partido hubiera empezado bien, con un 7, (una nota de equilibrio que simboliza la totalidad y la perfección, y también es la suma de 5 y 2), y hubiera acabado con un número fatídico 6-6-6…

Sobre el número 7 podríamos decir que es considerado un número mágico porque se compone del sagrado número 3 (como el 3 de Oros), y del terrenal número 4 (como el 4 de Espadas). Así, de esta forma, se establece un puente entre el cielo y la tierra. Aseguran que para Pitágoras el 7 era el número perfecto; Dante Aligheri lo usaba en sus obras; y la Biblia lo menciona con frecuencia.

Si se asocia el número 4 a la Tierra (con sus 4 elementos y sus 4 puntos cardinales) con el sagrado número 3 que simboliza la perfección, llegamos al número 7 que representa la totalidad del universo en movimiento. Su simbología se obtuvo seguramente a partir del cielo donde los 7 planetas clásicos forman un todo. Por otra parte, la Luna cambia de fase cada 7 días, por tanto, este número influye en todos nosotros.

El 7 ya era el número más místico cuando los judíos declararon que a Dios le costó 6 días hacer el mundo, y al 7º descansó. Incluso la Iglesia Católica romana heredó del judaísmo esa predilección especial por el número 7, que se ve plasmada en los 7 sacramentos de la Iglesia y en los 7 pecados capitales.

Aparte de todas estas señales, al final ves que todo fluye. Y sin hacer nada, y dejándote llevar, ves cómo las personas se ponen en contacto contigo para "solucionar" mis propios problemas.

Además, veo también que ahora el patrón es distinto, pues ya no pasan cosas con juguetes como ocurría antes, sino a través de personas que se relacionan entre sí para hacerme la vida más fácil como está ocurriendo últimamente. Aunque, de una forma o de otra, al final todo esto da igual, pues de lo que se trata es que ambos ya están conmigo y me aportan lo mejor de cada uno…

Seguimos de camino, ya había transcurrido otra media hora y el viaje me resultaba cómodo y placentero. Ahora ya había ordenado mis pensamientos, por lo que únicamente ya sólo me quedaba repasar también mi móvil. Por ello me puse a leer los mensajes que había ido recibiendo todos estos días sin parar:

Fueron muy numerosos y bonitos los mensajes de consuelo y pésame que mis hermanos y yo recibimos los días posteriores, tales como el de R. M. que la cuidaba una horita los sábados: «Tan bella ella con su sonrisa 😍 que desde el cielo nos está viendo… todo lo que la queremos. Tan linda mi Soledad, está ya descansando ella, tranquila Anita que todos sus hijos y nietos, y los que estuvimos con ella la cuidamos y la mimamos; es una ⭐⭐🌙»

«Cocinamos los sábados sopa de marisco y patatas con costillas.... nos faltó la fabada».

De A. S. que también la llegó a cuidar: «Mira que he conocido casas, pero coordinación como la vuestra y lo bien q os lleváis vosotros, ninguna»

De R., que también la cuidaba: «Ana perdona, acabo de enterarme de lo de Soledad que ya no está en vida, y lo lamento y lo siento mucho. Una gran mujer y Señora que he tenido y conocido yo en el trabajo. Mi más sentido pésame a usted y la familia. 💐😌💕 Soledad hermosa!!!» 💖⭐

De D., un primo: «sentí mucho no haber podido ir, la tenía mucho cariño, pero estaba a tope de trabajo. Un beso muy fuerte de su parte».

Del hermano de una cuñada: «Querida Ana, no encontramos las palabras para expresar nuestras más sinceras condolencias, lamentamos muchísimo su pérdida. Piensa que mientras la recordéis nunca se irá del todo. Os enviamos mucha fortaleza en estos duros momentos. Está en nuestros pensamientos. Un abrazo muy fuerte»

De N., una compañera de trabajo de mi hermana: «Querida Ana, ¡me han comunicado el fallecimiento de tu mami… lo siento muchísimo…fíjate que justo lo hablábamos el martes y comentábamos la actitud de tu madre ante la vida… todo un ejemplo desde luego! Todavía me acuerdo del vídeo que le hicieron las enfermeras, el mensaje de Marian Rojas…y es que estoy segura de que sin conocerla era una mujer muy especial… te mando todo mi cariño y un abrazo enorme en estos duros momentos…te llamo más adelante…un beso para ti y toda tu familia».

De S., otra compañera suya: «No tuve el placer de conocer a tu madre, pero sin duda conociéndote, debió de ser una mujer excepcional, porque tú lo eres. Os protege desde el cielo, que le habrán abierto las puertas de par en par, y ya ha dejado de sufrir. Entiendo que es un día de recogimiento, y para estar en familia, te envío todo mi cariño, que sabes lo tienes, y estoy a tu disposición para cualquier cosa que esté en mi mano, ayudarte. Un abrazo muy fuerte».

De M., otra compañera: «Anita, te mando toda la fuerza, cariño y un fuerte abrazo. No me cabe duda que tu madre se ha ido en paz, y plenamente feliz y satisfecha por la familia que ha creado. Hoy no he podido ir a darte un abrazo, estoy volviendo de Cádiz, pero habéis estado en mis pensamientos y corazón». 💕💛🧡🧡

De S. marido de A. S.: «Buenos días Ana!! cómo estás corazón? siento mucho lo acontecido. Me acabo de enterar por A., transmitirte mucha fuerza y ánimo en estos momentos tan difíciles. Y, sí la verdad es que también era para nosotros como de la familia. Siento no estar presente porque estoy en Málaga. Un fuerte abrazo familia, os queremos mucho» 😘😘😘

De C., sobrina de la suegra de mi hermana: 💕»Lo siento mucho Ana. 💕 Ya está en el cielo junto a tu padre» 💕

Sé fuerte....que a ella la gustaría».

De J., un sobrino: «Tío, siento mucho la pérdida de tu madre. Mucho ánimo y un abrazo muy muy fuerte».

De D., un sobrino: «Hola Ricardo, soy D., siento muchísimo la pérdida de tu madre, un abrazo y mucho ánimo».

De P. B., cuñada: «Hola Ricardo!!! Sentimos mucho lo de tu madre. Ya te vemos a la tarde». 🧡🧡🧡

De Á. B., cuñado: «Hola Ricardo, te acompaño en el sentimiento, mucho ánimo y un abrazo enorme».

De M. una prima: «Lo siento de 🧡❤️. Un abrazo para todos, rezaré por ella»

«Hola Ricardo, ya me dirás dónde es el entierro. Ánimo y rezaremos por todos. Un abrazo».

De L. una vecina: «Lamento la pérdida. Rezaré por Soledad y por vosotros. Me alegro mucho de que haya disfrutado de su hogar. Mucha fuerza».

De P., del pueblo: «Hola Ana, os mandamos un fuerte abrazo para ti, tus hermanos y toda la familia. Quedarse huérfano, aunque los últimos años hacemos más de padres que de hijos, deja un gran vacío. Tu madre es un modelo para todos, hemos de agradecer todo el tiempo compartido con ella». 😘😘

De G., del pueblo: «Hola, Ana. Ayer me enteré del fallecimiento de tu madre. Te mando un abrazo muy grande y todo el ánimo del mundo a ti y a tu familia. Seguro que ella os cuida a todos desde donde esté. Un fuerte abrazo» 😊

Y C., la madre de G.: «Buenos días Ana. Me hubiera gustado darte un abrazo en persona, pero me fue imposible ir ayer a Tortuera. Me gustaría que sepas que siempre me sentí muy querida por tu madre, y que la recordaré con mucho cariño. Un beso grande para tus hermanos y toda la familia» 😚😚

De P. P., un profesor del colegio de los nietos: «Que bien que lo hayas vivido con paz, pues al final cuando estás tanto tiempo sin saber cuándo va a ser el momento, tiene que ser agotador. A la madre de su mujer también le pasó con sus padres y al final ya era un sinvivir. Ella se ha ido habiendo vivido una vida plena y os dijo que no estuvieseis tristes. Así que ahora a disfrutar de esos hijos tan buenos que tienes, en verano».

De A. del trabajo: «Lo siento mucho. Siempre se echa de menos a un ser querido. Un abrazo fuerte».

Después me puse a leer los mensajes de apoyo y ánimo de mis compañeros del Grupo de Archiveros, por ejemplo:

De J. Mª R., del Grupo: «Mi más sentido pésame. ¡En mucha paz descanse!, yo lo comunico al Grupo. En misa de hoy pediré por vosotros».

De N., del Grupo: «Lo siento mucho, Ricardo!».

De P., del Grupo: «Ricardo, te acompaño en el sentimiento, DEP».

De P., del Grupo: «Ricardo, te acompaño en el sentimiento. Un fuerte abrazo».

De A., del Grupo: «Ricardo, mis condolencias. Un fuerte abrazo».

De P., del Grupo: «Ricardo, lo siento. Un abrazo».

De T., del Grupo: «Ricardo, un abrazo muy fuerte. Descanse en Paz y brille para ella la luz perpetua».

De L., del Grupo: «Lo siento mucho, Ricardo. Un abrazo enorme».

De P., del Grupo: «Un abrazo muy fuerte Ricardo. Descanse en paz».

De Mª J., del Grupo: «Cuánto lo siento Ricardo. Un abrazo».

De A., del Grupo: «Mis condolencias, Ricardo. Un abrazo enorme».

De Mª J., del Grupo: «Ricardo, te acompaño en el sentimiento en estos momentos tan dolorosos. Descanse en paz. Un fuerte abrazo».

De L., del Grupo: «Ricardo, lo siento mucho. Un fuerte abrazo».

De E., del Grupo: «Ricardo, lo siento mucho, Te acompaño en el sentimiento 😌»

De V., del Grupo: «Un abrazo, Ricardo!. D.e.p.»

De E., del Grupo: «Ricardo, lo siento muchísimo».

De C., del Grupo: «Descanse en paz, Ricardo. Un enorme abrazo y mucho ánimo…».

«Vaya mazazo, por muy delicados que estén, Ricardo!!. Lo siento muchísimo. Me gustaría darte ánimos, pero en este momento nada consuela. Un abrazo enorme para ti, y tu familia. Si sabéis dónde va a estar, me acerco esta tarde, cuando termine en casa de mi suegra. Un besazo».

«Faltaría más… ¡¡Nos tenemos que arropar también en los malos momentos, igual que nos apoyamos en los buenos… Cuidaros mucho y un beso enorme!!» 😘😘😘

De E., del Grupo: «Un abrazo Ricardo, mucho ánimo».

De A., del Grupo: «D.E.P., un abrazo y mucho ánimo, Ricardo».

De L., del Grupo: «Un fuerte abrazo, Ricardo».

De G., del Grupo: «Un fuerte abrazo, Ricardo. Mucho ánimo».

De O., del Grupo: «Cuanto lo siento Ricardo. Qué difícil momento. Mucho ánimo».

De G., del Grupo: «Que descanse en paz. Lo siento mucho, Ricardo. Un beso y ánimo».

De A., del Grupo: «Un abrazo, Ricardo».

De M., del Grupo: «Un gran abrazo, Ricardo, lo siento mucho».

De I., del Grupo: «Ricardo, te acompaño en el sentimiento».

De R., del Grupo: «Un fuerte abrazo, Ricardo, lo siento muchísimo».

De A., del Grupo: «Mis condolencias, Ricardo. Mucho ánimo».

De A., del Grupo: «Ricardo, lo siento muchísimo. En estos momentos no hay palabras de consuelo, pero estamos junto a ti. Un abrazo enorme».

De J., del Grupo: «Mucho ánimo, Ricardo. Un abrazo fuerte».

De S., del Grupo: «Lo siento muchísimo Ricardo, venga mucha resignación y rezaremos por ella. Un fuerte abrazo».

De P., del Grupo: «Ricardo, lo siento mucho. Un fuerte abrazo».

De A., del Grupo: «Un fuerte abrazo para ti y sus seres queridos. Que descanse en paz».

De C., del Grupo: «Mucho ánimo, Ricardo, y un fuerte abrazo».

De P., del Grupo: «Un abrazo muy grande Ricardo, mi más sentido pésame, mucho ánimo para sobrellevar estos momentos tan duros». 🧡💕

De I., del Grupo: «Un abrazo fuerte, mucho ánimo, Ricardo. D.E.P.».

De M., del Grupo: «Lo siento mucho Ricardo, te mando un abrazo muy fuerte».

De L., del Grupo: «Ricardo, lo siento mucho. Te mando un abrazo enorme».

De Á., del Grupo: «Un abrazo grande Ricardo, lo siento mucho».

De G., del Grupo: «Un abrazo muy fuerte».

De M., del Grupo: «Un fuerte abrazo, Ricardo».

De A., del Grupo: «Ricardo, yo he pasado hace unos meses por la misma experiencia vital. Te acompaño en el sentimiento».

De F., del Grupo: «Hola Ricardo, mi más sentido pésame por el fallecimiento de tu madre. Estoy contigo en estos momentos de dolor que yo ya pasé en su día y sé lo que son».

De V., del Grupo: «Estimado Ricardo. Cuánto lo siento. Me he emocionado. Por lo que me contabas era una gran persona. Tendrás un gran dolor que sólo el tiempo paliará, pero siempre estará contigo. Mucho ánimooooo. A ver si nos vemos a la vuelta. Un abrazo enorme». 😊😊😊😘😘😘

De M., del Grupo: «Un fuerte abrazo. Lo siento mucho».

De amigos, como F. M.: «Hola Ricardo, lo siento mucho, sí la verdad es esa, ya ha dejado de sufrir, pero recuerda que ahora está más cerca de vosotros que antes». 😊

De amigos, como F. G.: «Lo siento mucho Ricardo. Todo mi ánimo para ti y tu familia. Fuerte abrazo».

De amigos, como F. T.: «Hola Ricardo, siento mucho lo de tu madre».

De amigos, como F. M.: «Lo siento mucho Ricardo. Dime cuándo estará en el tanatorio para acompañaros. 😘»

De amigos, como R. M.: «Lo sentimos en el alma, Ricardo. No tengo palabras para expresar todo lo que ha significado para mí tu madre. Os queremos mucho. 😢😢😢😢»

De amigos, como V. G.: «Lo siento. ¿En qué tanatorio está? Vale, muchos besitos».

De amigos, como A. H.: «Hola Ricardo: veo tu mensaje y trato de reconfortarte, aunque sé que es difícil. Son días muy duros, pero debes de llevarlos adelante porque todo se sobrelleva. Un fuerte abrazo y mi más sentido pésame».

De amigos, como P. N.: «Hola Ricardo y familia. Lamentamos mucho su pérdida. Os mandamos un abrazo enorme. Os tengo presentes, me habéis evocado Ana y tú durante este último año un gran cariño y admiración hacia ella, aún sin haberla conocido, por esa forma de ser extraordinaria hasta el final».

De amigos, como M.: «Ohhh, ¡cuánto lo siento! Mi más profundo pesar. Transmite por favor mi pésame, tanto para ti como para tus hermanos. Y quiero deciros que vuestra madre era una persona increíble, que nos deja un recuerdo muy grato en el corazón. En ley de vida os queda ese vacío, pero habéis tenido mucha suerte de tener esa madre. Un abrazo muy fuerte».

De amigos, como V.: «⭐⭐⭐ Dios os dio «una prórroga» para que pudieseis hacerla feliz unas semanas más, como así ha sido ⭐⭐⭐❤️❤️❤️»

De amigos, como A.: «Buenos días, Ricardo, mi más sentido pésame, te acompaño en el sentimiento, donde va se acabaron los sufrimientos y estará al cuidado de sus hijos y nietos… descanse en paz».

De amigos, como C.: «Ricardo, lo siento muchísimo, pero si como tú dices estaba sufriendo, ya estará tranquila. Ya sé que no es consuelo, pero recuerdo el dolor que sentía cuando falleció mi madre, y solamente me daba paz el sentirla dentro de mí.

Seguro que tu madre te acompañará siempre. Un beso enorme, y sí, puedes contar conmigo siempre, aquí estaré».

De amigos, como J. A.: «Siento su pérdida, amigo, siempre es difícil escoger las palabras para esta situación, no obstante, sin conocerla ten por seguro que estaba orgullosa de la gran persona en la que te has convertido. Y mucho de lo que eres, se lo debes a ella. Yo doy gracias a Dios por contarte como mi amigo, y cada vez que tengo ocasión me fascinan más las cosas de las que hablamos. Sólo quiero decirte que estoy para lo que necesites, que en estos días difíciles sólo tienes que llamar y quedamos a tomar un café o dar un paseo, lo que te pida el cuerpo. Un abrazo fuerte». 😊

De amigos, como Á. L.: «Hola familia, 😢😢😢😢, lamentamos mucho la pérdida de tu madre, habéis estado hasta el último momento con ella, y ya no podíais hacer más. Luego intentaremos hablar. Un abrazo y muchos ánimos».

De amigos, como M. G.: «Lo siento muchísimo, Ricardo. No tengo suficientes palabras de consuelo. ¿Puedo llamarte?».

De amigos, como D. F.: «La vida es energía, y se transforma, no desaparece nada ni nadie, todo sigue en otro lugar al que todos iremos… No te aferres y ten paciencia, es bueno partir a la siguiente fase para ella. Llámame cuando quieras… pero es bueno pasar a lo siguiente… Un abrazo. Cuídate».

De amigos, como M. H.: «Os acompaño en el sentimiento, un abrazo muy fuerte».

De amigos, como L. Y.: «Buenos días, Ricardo, me acabo de enterar del fallecimiento de tu madre. Mis más sentidas condolencias. D.E.P. Un abrazo».

De amigos, como J. N.: «Vaya por Dios… mi más sentido pésame por tan enorme y dolorosa pérdida. Descanse en paz la mujer… Un abrazo, amigo».

De amigos, como Mª. I. Á.: «Cuánto lo siento, me comentó algo P., pero no creí que fuera tan rápido. Mucho ánimo, y besos para ti y toda la familia».

De amigos, como M.: «Cómo lo siento, Ricardo. Una madre es un gran apoyo. Espero y deseo que lo sobrelleves lo mejor que puedas. Muchísimos besos y muchísimo ánimo».

De amigos, como I.: «Buenas noches, Ricardo. Siento muchísimo lo de tu mamá. Espero que poco a poco podáis superar esta pérdida. Mucha fuerza y muchos besos. 💋 Lo siento mucho de verdad…» 🙏

De amigos, como M.: «Querida familia, hoy quiero haceros llegar un fuerte abrazo y toda la fuerza necesaria para sobrellevar tan duros momentos. En unos días que estéis más tranquilos os llamo. Un fuerte abrazo».

De amigos, como B.: «Gracias a vosotros siempre por todo el cariño, amor y acogida en vuestra familia… ❣️😘»

«Ahora vuestros padres juntos serán vuestros guías y ángeles que os protegerán siempre… ❣️ Ellos os darán fuerza y tranquilidad para todo lo que viene ahora…!! Para que sigáis siendo felices, y a ti sobre todo para que des luz, calma y paz a toda la familia. 🙏😘»

De amigos, como A.: «Hola Ricardo. Soy A. de Tortuera. Me ha dado tu teléfono tu hermana. Siento el fallecimiento de tu madre. Era una persona ejemplar hasta el final, sabiendo afrontar la muerte, así como lo ha hecho ella. Un abrazo».

De amigos, como A.: «Hola Jaime. Soy A. de Tortuera. Sólo quería decirte que siento el fallecimiento de tu madre, aunque como le dije a Ana os tenéis que quedar con lo bueno y sobre todo con su manera de afrontar la vida y la muerte. Un abrazo».

De amigos, como I.: «Buenos días, Ana. Me acaba de comentar mi hermana lo de tu madre. Lo siento mucho, cariño. Sé lo que es perder una madre. Os mando mucha fuerza en estos difíciles momentos. Dale un beso muy fuerte a tus hermanos y otro muy fuerte para ti. Lo siento mucho».

«😌 Es muy duro, cariño. Lo sé. Poco a poco encontraréis la paz. Cuesta mucho. Lo sé… Os mando mucha fuerza y un abrazo muy fuerte… 😌».

«No me las tienes que dar, cariño. Aunque no nos veamos mucho por las circunstancias, pero los amigos son los amigos, y para nosotras sois como de la familia. Te mando un beso fuerte. 💋💕»

De amigos, como Mª. P.: «Hola Ricardo. Aunque nos veremos este sábado en el pueblo, te quería decir que siento muchísimo el fallecimiento de tu madre. Sole era una persona muy especial, y muy querida por nuestra familia. Siempre regalaba su sonrisa y sus agradables palabras. Una gran pérdida… Ha sido un ejemplo a seguir, por su fortaleza y valentía, y desde el cielo estará muy orgullosa de la maravillosa familia que ha formado. Un fuerte abrazo y mucho ánimo!».

De amigos, como A.: «Siento lo de vuestra madre. Ya se va marchando una generación muy luchadora para salir adelante. Y conseguir lo que tenemos ahora. Y darnos lo que ellos no tuvieron».

De vecinos, como C. S.: «Hola Ana, lo siento muchísimo. 😔 Sole era una persona muy especial, buena, amable y detallista con todos. Tenerla cerca era un lujo. Me da muchísima pena. Allí donde esté, le envío un enorme beso. Un abrazo para toda la familia a la que ella tanto quería, y mi más sentido pésame para todos. 🧡»

De vecinos, como J.: «Hola Ricardo, lo siento mucho, pero la verdad que para sufrir como estaba ha sido lo mejor para ella y para vosotros, con la impotencia que tenemos al no poder ayudarlas. Lo bueno que has estado con ella y no se ha sentido sola, y estate seguro que siempre estará contigo. Te agradezco mucho que me lo hayas dicho, os apreciamos mucho y me acordaba mucho de vosotros.

Mi madre cada día más agotada. La cuidamos todo lo que podemos, y la beso y le digo que la quiero todo lo que puedo, a veces se da cuenta y me coge la cara como cuando era pequeña. Mucho ánimo y ya sabéis… lo que necesitéis. Un abrazo. 😘 Ricardo, que maja es, está guapísima en la foto».

De primos, como A.: «Hola Ana y a toda la familia, lo siento muchísimo por la tía Sole, lo supe desde el primer momento, pero no quise decir nada porque los primeros instantes son muy dolorosos, y seguro que teníais mucha gente encima, en fin, no sé qué decir. Para mí era como una abuela, cuando la veía todos los veranos, y la quiero muchísimo. Me gustaría haber estado ahí en Tortuera, pero no había vuelos de un día para otro. Besos y mucho ánimo!».

Y, R. del Servicio de Asistencia: «Yo también echo de menos a mi SOLE. Cada mañana veo la foto de tu madre y la saludo con un «¡buen día Sole!». Siempre estará en mi corazón mi SOLE. ¡Qué recuerdos grandes me ha dejado tu madre. Bella persona. Yo también la quería muchísimo a mi Sole. Si nos cuida desde el cielo, para mí, Soledad, es una estrella en el cielo. Una estrella ⭐ que brilla en el cielo. La más brillante de todas las estrellas».

Una vez acabados de leer los mensajes, me puse a pensar que al final, por el cumpleaños de mi hermano y de mi hijo, el mismo día 2 de julio, ella no pudo escribir las tarjetas de felicitación, pues ya estaba muy malita y sin fuerzas, pero hizo que mi hermana escribiera los importes del dinerillo que quería dar a sus nietos y a los cumpleañeros, y el nombre de todos los fue escribiendo en los sobres con mucho dolor de mano y mucho cansancio.

De pronto empezaron a resonar en mi cabeza aquellas citas que había oído más de una vez, como el consejo de George Santayana: "Quienes no recuerdan el pasado están condenados a repetirlo". Y también aquella otra observación de George Bernard Shaw: "De la historia aprendemos que los hombres jamás aprenden nada de la historia"...

Recuerdo también aquella interesante charla que tuve con Punset, en la que me aseguraba que la razón no podía imponerse jamás a las emociones ni a los sentimientos, y ya por fin lo entiendo todo. Ahora, después de tanto pensar en personas y señales, notaba que sí había aprendido bastante del pasado, pues había dejado una huella en mí que me hacía reflexionar. De esta forma, el viaje en autocar al final se me había pasado volando. Casi sin darme cuenta había llegado a mi destino. Pensé en lo acertado de mi decisión de avisar con un día de antelación que quería proseguir mi viaje a Tortuera, en vez de parar en Molina. Así, de esta forma, llegué a mi pueblo directamente. Ahora ya sólo tenía que entrar en la casa, encontrar la llave y leer con tranquilidad aquel libro que en su día "saqué" de la biblioteca.

Recordaba las palabras de Schreiber cuando decía que "el tiempo es algo que no se puede ganar, pero sí se puede perder", y me propuse no perder más tiempo. Por lo que me decidí a correr tan rápido como pude. Mis prisas llamaron la atención en un pueblo muy tranquilo, demasiado tranquilo, y de nuevo volví a caminar lentamente a la vez que cruzaba la plaza del pueblo para enfilar la puerta de casa.

Ya sólo los escalones de casa me separaban de mi viaje a "la verdad", estaba muy cerca de poder encontrar la llave que abriría aquel libro antiguo y poder leer lo que se escondía bajo el título "Profecías, ¿qué nos depara el futuro?", por fin iba a conocer lo que me deparaba a mí, y también al Mundo, con un nuevo destino: El Futuro…

Últimos escalones, 10, 11, 12, 13… 18, 19, y curiosamente, de nuevo qué casualidad, un pequeño y último escalón, el número "20", ya sólo tenía que atravesar la sala de grandes y antiguas fotos, las de la familia junto con los retratos del rey Alfonso XIII y Dª Victoria Eugenia de Battenberg. Ahora tenía que dirigirme hacia la ventana, separar las cortinas y descubrir aquel hueco. Era un hueco pequeño en el que sólo había un pequeño caballo balancín de madera encima de un escalón, y a los lados dos radios, o como se decía antes "transistores" de los años 80, todo ello daba a la parte posterior de la ventana, justo encima del antiguo escudo que a la vez estaba encima de la "clave" del arco que recubría el portalón.

Me fijé en el caballito balancín, y en el hueco que formaban sus patas unidas, (con forma de curioso trineo que bien se podría deslizar por la nieve), me percaté que debajo estaba la caja metálica que había imaginado todo este tiempo. Dentro unas fotos antiguas, y junto a ellas la llave oxidada y muy antigua, alargada y muy fina.

La introduje en la pequeña cerradura de la caja que contenía aquel libro que en su momento "saqué" de la biblioteca, y la giré… Por fin tenía conmigo el ansiado libro…

Plom, plom, plom… esas pisadas me aterraron, a la vez que me imaginaba que era lo que llevaba tiempo suponiendo que podría suceder en cualquier momento…

"Alto, levante las manos y entréguenos el libro muy despacio".

"Su descripción coincide con la del tipo que hizo saltar la alarma de la biblioteca al llevarse un libro antiguo", comentaban entre ellos.

Al cabo de un rato de incertidumbre, las últimas palabras que resonaron en la casona fueron contundentes: "Mi Teniente, técnicamente deberíamos dejarle en libertad… el libro tiene todas sus páginas en blanco"…

# HÍZOSE

Este libro escrito por
Ricardo Herranz Barquinero
a la memoria de sus padres,
en los estudios de la editorial AACHE
de Guadalajara, y acabóse de imprimir
el día 15 de octubre de 2024,
dedicado a la figura de
Santa Teresa de Jesús,
doctora de la Iglesia
y patrona de los
escritores.